DEIN COACH ZUM ERFOLG!

Dein ActiveBook auf My**STARK**:

Du kannst auf alle digitalen Inhalte zu diesem Band online zugreifen. Registriere dich dazu unter **www.stark-verlag.de/mystark** mit deinem **persönlichen Zugangscode**:

C06240-002852

Die Inhalte dieser Auflage stehen bis Schuljahresende zur Verfügung.

MySTARK

Das Active**Book** *bietet dir:*

- Original-Prüfungsaufgaben von 2022 mit vollständigen Lösungsvorschlägen
- Kleinschrittige Aufgaben zur Analyse von literarischen und pragmatischen Texten
- Videos zur Veranschaulichung des Vorgehens bei der Textanalyse
- Sofortige Ergebnisauswertung und Feedback zu einzelnen Aufgaben

DEIN COACH ZUM ERFOLG!

So kannst du interaktiv lernen:

Interaktive Aufgaben

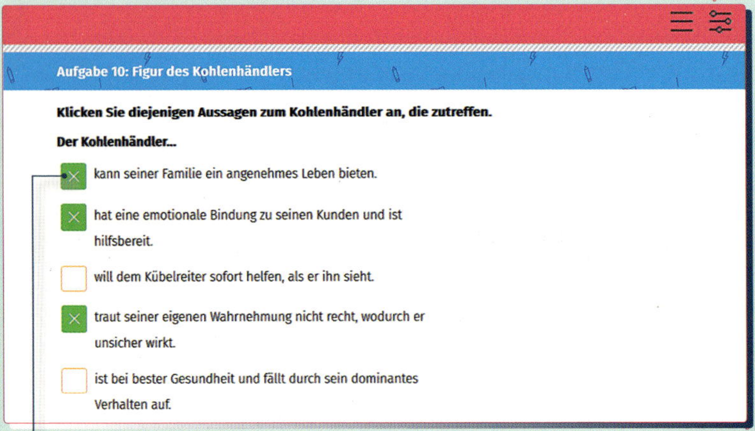

Sofortige Ergebnisauswertung

Lernvideos

Anschauliche Erklärungen zur Textanalyse

Systemvoraussetzungen:

- Mindestens 1024×768 Pixel Bildschirmauflösung
- Chrome, Firefox oder ähnlicher Webbrowser
- Internetzugang

2023

Fachoberschule

Original-Prüfungsaufgaben
mit Lösungen

Hessen

Deutsch

STARK

2. ergänzte Auflage
www.stark-verlag.de

Inhaltsverzeichnis

Vorwort

Hinweise und Tipps zur schriftlichen zentralen Abschlussprüfung

Hinweise und Tipps zum mündlichen Prüfungsteil der Abschlussprüfung

Übungsaufgaben

Aufgabenart: literaturbasierter Prüfungsvorschlag

Aufgabenart: sachtextbezogener Prüfungsvorschlag

Abschlussprüfungsaufgaben 2018

Abschlussprüfungsaufgaben 2019

Abschlussprüfungsaufgaben 2020

Abschlussprüfungsaufgaben 2021

Abschlussprüfungsaufgaben 2022

Sobald die Original-Prüfungsaufgaben 2022 freigegeben sind, können Sie sie als PDF auf der Plattform MyStark herunterladen (Zugangscode vgl. Farbseiten zu Beginn des Buches).

Autorinnen und Autoren

Dr. Katarzyna Glowalla	Hinweise und Tipps; Übungsaufgabe 4; Abschlussprüfungsaufgabe 2021, Vorschlag A
Petra Wurm	Übungsaufgabe 1
Lothar Adam	Übungsaufgabe 2
Dr. Hans-Friedrich Wessels	Übungsaufgabe 2
Arno Hufnagl	Übungsaufgabe 3
Dr. Andrea Godenschwege	Abschlussprüfungsaufgabe 2018, Vorschlag A; Abschlussprüfungsaufgabe 2021, Vorschlag B 2
Christian Berg	Abschlussprüfungsaufgabe 2019, Vorschlag A
Erasmus Ganghofer	Abschlussprüfungsaufgabe 2020, Vorschlag A; Abschlussprüfungsaufgabe 2021, Vorschlag B 1
Alisa Schlegel	Abschlussprüfungsaufgabe 2020, Vorschlag B

Vorwort

Liebe Schülerinnen und Schüler,

mit diesem Buch geben wir Ihnen eine optimale Hilfestellung zur Vorbereitung auf die **zentrale Abschlussprüfung 2023** an der **Fachoberschule** in **Hessen** im Fach **Deutsch**.

- Sie erhalten im ersten Teil des Buches zahlreiche **Informationen zur Abschlussprüfung im Fach Deutsch**, deren Kenntnis für die gezielte Vorbereitung hilfreich und wichtig ist. Dazu gehören u. a. Hinweise zum Ablauf der Prüfung, zu den Operatoren und den Aufgabenformaten sowie alles Wissenswerte zu den Themen der Prüfungsaufgaben. Sie finden dort darüber hinaus viele **praktische Hinweise**, die Ihnen sowohl in der Vorbereitung auf die Abschlussprüfung als auch während der Prüfung dazu verhelfen, die Aufgaben zu meistern.
- Der Band enthält **Übungsaufgaben** zu **Themen der zentralen Abschlussprüfung 2023**. Die Aufgaben sind dabei auf den Stil der Prüfungsaufgaben abgestimmt, d. h., in der Abschlussprüfung werden auf Sie in Umfang, Form und Schwierigkeitsgrad vergleichbare Aufgabenstellungen zukommen.
- Zusätzlich finden Sie in diesem Band eine zielgerichtete Auswahl der **Original-Abschlussprüfungen 2018 bis 2022**. Damit können Sie sich ein genaues Bild davon machen, wie die Prüfung in den letzten Jahren ausgesehen hat.
- Zu sämtlichen Aufgaben im Buch wurden von uns **ausformulierte Lösungsvorschläge** sowie **Bearbeitungshinweise** ausgearbeitet, die Ihnen das selbstständige Üben mit den Aufgaben erleichtern.
- Zudem ist dieses Buch ein **ActiveBook** – das bedeutet, Sie erhalten zusätzliches Übungsmaterial **online bei MyStark:**
  - **Interaktives Training** mit Videos und Aufgaben;
  - **Jahrgang 2022**.

  Ausführliche Infos dazu inkl. Zugangscode zu MyStark finden Sie auf den Farbseiten vorne in diesem Buch.

Active**Book**
Interaktives Training

Wir wünschen Ihnen viel Erfolg bei der Vorbereitung und bei Ihrer Abschlussprüfung!

Die Autorinnen und Autoren sowie der Verlag

HINWEISE UND TIPPS

Hinweise und Tipps zur schriftlichen zentralen Abschlussprüfung

1 Allgemeine Informationen

1.1 Prüfungsbestimmungen

Im Jahr 2023 werden Sie als Schülerin oder Schüler einer hessischen Fachoberschule die **schriftliche zentrale Abschlussprüfung (ZAP)** im Fach Deutsch absolvieren.

Als zentral bezeichnet man die Prüfung, weil sie anhand vorgegebener Prüfungsaufgaben landesweit einheitlich durchgeführt wird. Das bedeutet, der Termin sowie der Ablauf der Prüfung sind in ganz Hessen gleich. Gleich sind außerdem **die beiden Prüfungsvorschläge, die jedem Prüfling vorgelegt werden**, sowie die Erwartungshorizonte, die als Grundlage der Benotung der Prüfungsarbeiten dienen.

Die wichtigsten konkreten Prüfungsbestimmungen für das Jahr 2023 können Sie im **Prüfungserlass 2023** nachlesen. Dieser ist im Internet auf der Fachoberschule-Seite des Hessischen Kultusministeriums im Bereich „Abschlussprüfung"/„Termine, Materialien" unter „Verordnung und Prüfungserlass" zu finden:

https://kultusministerium.hessen.de/Schulsystem/Schulformen-und-Bildungsgaenge/Berufliche-Schulen/Fachoberschule

Auf dieser Internetseite können Sie außerdem die genauen **Termine aller schriftlichen Prüfungen** nachsehen.

1.2 Ablauf der Prüfung

Die Deutschprüfung ist zweiteilig. **Von 9:00 bis 9:30 Uhr** dauert die sogenannte **Einlese- und Auswahlzeit**. In dieser Zeit erhalten Sie Einsicht in beide Prüfungsvorschläge. Damit sind sowohl die Prüfungsaufgaben als auch das Prüfungsmaterial gemeint. Bis 9:30 Uhr wählen Sie einen kompletten Prüfungsvorschlag verbindlich zur Bearbeitung aus. Der andere wird von der aufsichtführenden Person am Ende der Auswahlphase eingesammelt.

Um 9:30 Uhr beginnt die **Bearbeitungszeit**. Sie dauert **240 Minuten**. Innerhalb der vier Stunden sind Sie damit beschäftigt, alle Prüfungsaufgaben des von Ihnen gewählten Prüfungsvorschlags bestmöglich zu lösen. Nach Ablauf der Bearbeitungszeit haben Sie noch **Zeit für das Zählen von Wörtern**.

1.3 Prüfungsanforderungen

Beide Prüfungsvorschläge, die Ihnen in der Prüfung zur Auswahl stehen werden, sind gleichwertig. In beiden ist ein **kompetenter Umgang mit Texten** und darüber hinaus eine **fachkundige Textproduktion** nachzuweisen. Dies entspricht den Zielen und Anforderungen des Lehrplans für das Fach Deutsch in der Fachoberschule und dem geltenden Prüfungserlass.

Die Prüfungsaufgaben werden laut der geltenden „Verordnung über die Ausbildung und Abschlussprüfung an Fachoberschulen (VOFOS)" stets so gestellt, dass Sie in Ihrer Prüfungsarbeit unter Beweis stellen können, inwiefern Sie:

- die Anwendung fachspezifischer Arbeitstechniken und Verfahren beherrschen;
- mit Schlüsselbegriffen, Formeln und Modellen umgehen können;
- fachliche Zusammenhänge erfassen;
- fachspezifische und fachübergreifende Strukturen, Gesetzmäßigkeiten und Prinzipien kennen;
- Urteile selbstständig bilden;
- Vorgänge, Sachverhalte, Zusammenhänge und eigene Überlegungen angemessen und verständlich darstellen sowie
- die gestellten Aufgaben innerhalb der Bearbeitungszeit bewältigen können.

Die Prüfungsaufgaben beider Prüfungsvorschläge sind **nach steigender Komplexität in drei Anforderungsbereiche (AFB) eingeteilt**. Für Ihre strategischen Überlegungen ist dabei besonders wichtig, dass die **Anforderungsbereiche I und II den Schwerpunkt in der zentralen Abschlussprüfung** bilden.

1.3.1 Anforderungsbereich I: Reproduktionsleistungen

Dem AFB I sind Aufgaben zuzuordnen, die auf das **Erfassen und/oder Wiedergeben von Informationen, Sachverhalten, Handlungsaspekten sowie Textaussagen und Problemstellungen** zielen. Dabei wird das Anwenden von Vorwissen sowie von eingeübten Arbeitstechniken erwartet.

In diesem AFB sollen Sie beispielsweise den Aufbau einer Szene *beschreiben*, den Inhalt eines Gespräches zwischen der Figur A und B *wiedergeben*, die Vorgeschichte der Protagonistin A *skizzieren*, eine Szene in den Handlungszusammenhang eines Dramas *einordnen* oder den Inhalt eines Kommentars *zusammenfassen*. Dabei weisen Sie z. B. nach, dass Sie die **Pflichtlektüren** oder die **verschiedenen Sorten von Meinungstexten** kennen, Inhalte sprachlich eigenständig ausdrücken, neu strukturieren oder zielgerichtet herausstellen sowie Bezüge und Zusammenhänge erkennen und fachsprachlich formulieren können.

1.3.2 Anforderungsbereich II: Reorganisations- und Transferleistungen

Im AFB II ist das **Anwenden gelernter Inhalte und Verfahren** zentral und auch deren **Übertragung auf vergleichbare Sachverhalte**. Hier kommt es vor allem auf das Herstellen von Bezügen und Zusammenhängen, das Untersuchen, Erschließen und Auslegen des (Text-)Materials, seiner Teile oder Besonderheiten unter vorgegebenen Fragestellungen oder selbst gewählten Gesichtspunkten an.

In diesem AFB sollen Sie beispielsweise die Aussage eines Zitats *erläutern*, die Intention einer Sachtextautorin oder eines Journalisten *herausarbeiten*, die Beziehung der Figur A und B *charakterisieren*, die Argumentationsstruktur eines Meinungstextes oder das kommunikative Verhalten einer Figur *analysieren*, den Ausgang einer Szene *interpretieren* oder Texte und ihre Aussagen miteinander *vergleichen*.

Dabei zeigen Sie z. B., dass Sie **Sachverhalte, Vorgänge und Merkmale eines literarischen oder pragmatischen Textes** wie auch die **Eigenart literarischer Figuren** verdeutlichen und daraus durch Schlussfolgerungen neue Erkenntnisse gewinnen können. Außerdem wird von Ihnen erwartet, dass Sie die Erkenntnisse zusammenführen, gewichten, in Zusammenhänge bringen oder gegenüberstellen.

1.3.3 Anforderungsbereich III: Reflexion und Problemlösung

Aufgaben aus dem AFB III zielen auf eine **prüfende und wertende Betrachtung von komplexen Zusammenhängen, neuen Problemstellungen oder gewonnenen Erkenntnissen** bzw. auf eine **kreative und produktorientierte Bearbeitung der Aufgaben**.

In diesem AFB sollen Sie beispielsweise die Aktualität eines literarischen Werkes *beurteilen*, zu einer These *Stellung nehmen*, alternative Vorgehensweisen in einer Problemlage *entwickeln*, Chancen und Risiken einer Lösung *erörtern*, die Plausibilität der Handlungsweise einer Figur *diskutieren*. Diese Fähigkeiten demonstrieren Sie, indem Sie die Richtigkeit von Aussagen und Thesen hinterfragen, überzeugende Argumente formulieren, Pro- und Kontraargumente abwägen, begründete Einschätzungen oder Bewertungen sowie eigene Urteile abgeben. Dies sollen Sie ggf. auch in einer besonderen Textform umsetzen können (d. h. etwa einen Leserbrief oder einen inneren Monolog verfassen).

1.4 Operatoren und Aufgabenstellungen

Alle Prüfungsaufgaben der ZAP Deutsch enthalten festgelegte Operatoren (Arbeitsaufforderungen wie *erläutern Sie, diskutieren Sie, verfassen Sie*). Dank der Operatoren sind die jeweiligen **Arbeitsaufträge sowie die erwarteten Leistungen eindeutig formuliert**. Dies sichert die Objektivität, Gerechtigkeit und die Vergleichbarkeit der Bewertung der Prüfungsaufgaben.

Für Sie als Prüfling ist von entscheidender Bedeutung, die Operatoren und ihre Definitionen bei der Bearbeitung der Prüfungsaufgaben genau zu beachten; ihre Missachtung gefährdet das Bestehen der Prüfung. Während der Prüfung steht Ihnen daher **als**

erlaubtes Hilfsmittel die vollständige Operatorenliste für die Abschlussprüfung 2023 zur Verfügung. Diese ist tabellarisch aufgebaut. In der ersten Spalte finden Sie den Operator (wie *anwenden, darstellen, in Beziehung setzen* – alphabetisch geordnet) und in der zweiten seine Definition. Während die dritte Spalte aus Beispielen für die Verwendung der Operatoren in ausgedachten Aufgabenstellungen besteht, enthält die vierte Spalte die Angabe (römische Zahl), zu welchen der drei Anforderungsbereichen der Operator zuzuordnen ist. Die Operatoren werden während des Schuljahres im Unterricht und in den Leistungsnachweisen verwendet.

Bei manchen Operatoren – wie beispielsweise bei dem Operator *in Beziehung setzen*, bei dem „II–III" angegeben ist – finden Sie eine **Zuordnung zu zwei Anforderungsbereichen**. Das ist auf die wechselseitige Abhängigkeit der jeweiligen Anforderungsbereiche zurückzuführen. Prüfungsaufgaben mit solchen Operatoren werden bei der Bewertung anteilig beiden der angegebenen AFB zugeordnet. Ähnliches trifft auf die Operatoren zu, denen der Hinweis „i. d. R." vorangestellt ist (z. B. bei *analysieren* – i. d. R II). Wichtig ist außerdem, dass **in einer Aufgabenstellung auch mehrere Operatoren** verwendet werden können. Es gilt stets, sie alle bestmöglich zu erfüllen.

Die **Operatorenliste** finden Sie online auf der bereits empfohlenen Internetseite (vgl. S. I) im Bereich „Abschlussprüfung"/„Termine, Materialien" unter „Operatoren". Eine **Auswahl der wichtigsten Operatoren für die ZAP Deutsch aus dieser Liste** finden Sie auf den folgenden Seiten (vgl. S. V f.).

Neben der Beachtung der Operatoren ist in der Prüfung auch die genaue Umsetzung der konkreten Aufgabenstellungen von entscheidender Bedeutung, zumal in einigen Aufgabenstellungen **besondere Schwerpunkte bei der Bearbeitung** gesetzt werden. So kann von Ihnen verlangt werden, dass Sie das Verhalten der Figur A und B z. B. in deren Rolle als Töchter vergleichen, aber dabei vor allem auf die Unterschiede eingehen sollen.

Auch geben einige Aufgabenstellungen **inhaltliche Aspekte** vor, unter denen etwa ein Textmaterial analysiert, eine Figur charakterisiert oder zwei Texte miteinander verglichen werden sollen. Diese vorgegebenen Aspekte sind genau zu beachten, d. h. **schwerpunktmäßig, vertieft und differenziert** zu bearbeiten.

Wenn Aufgabenstellungen keine inhaltlichen Aspekte nennen, kann das – je nach Operator – bedeuten, dass Sie bei der Lösung der Aufgabe das gesamte Material ausgewogen berücksichtigen sollten oder dass Sie die Aspekte selbst bestimmen, offenlegen und begründen sollten. Dies ist wesentlich herausfordernder, kommt aber eher selten vor.

Viele Aufgabenstellungen **verlangen nach einer bestimmten Textsorte oder -form für die Lösungsdarstellung**. Dies betrifft vor allem die Aufgaben aus dem AFB III, mit denen auf das Erörtern oder Gestalten abgezielt wird.

Operator	Definition	Beispiel	AFB
analysieren	Merkmale eines Textes, Sachverhalts oder Zusammenhangs kriterienorientiert bzw. aspektgeleitet erschließen und zusammenhängend verdeutlichen	*Analysieren Sie den vorliegenden Zeitungsartikel in Hinblick auf die Wirkung der sprachlichen Mittel.*	i. d. R. II
begründen	einen Sachverhalt bzw. eine Aussage durch Argumente stützen	*Begründen Sie die Zuordnung des Textes in die Epoche der Romantik.*	II
beschreiben	Aussagen, Sachverhalte, Strukturen o. Ä. in eigenen Worten strukturiert und fachsprachlich verdeutlichen	*Beschreiben Sie den Aufbau des Dramas.*	I – II
beurteilen	zu einem Sachverhalt, einer Aussage, einer Figur auf der Basis von Kriterien bzw. Wertmaßstäben eine begründete Einschätzung abgeben	*Beurteilen Sie die heutige Bedeutung des in der Textvorlage dargestellten Menschenbilds.*	III
bewerten / Stellung nehmen	wie Operator „beurteilen", aber zusätzlich die eigenen Maßstäbe begründet darlegen	*Bewerten Sie Noras Handlungsweise im Schlussakt von Ibsens gleichnamigem Drama. Nehmen Sie Stellung zu dem Plädoyer des Autors für die Einführung des Pkw-Führerscheins mit 16.*	III
charakterisieren	Vorgänge, Sachverhalte, Personen / Figuren in ihrer jeweiligen Eigenart treffend und anschaulich kennzeichnen und ggf. unter einem bestimmten Gesichtspunkt zusammenführen	*Charakterisieren Sie die Figur der Clara in E.T.A. Hoffmanns „Der Sandmann".*	II
darstellen	Sachverhalte o. Ä. und deren Bezüge sowie Zusammenhänge sachbezogen formulieren	*Stellen Sie die Argumentationsstrategie des Verfassers dar.*	I – II
einordnen / zuordnen	Texte oder Sachverhalte unter Verwendung von Vorwissen begründet in einen genannten Zusammenhang stellen	*Ordnen Sie die vorliegende Szene in den Handlungszusammenhang des Dramas ein.*	I – II
erklären	Materialien, Sachverhalte o. Ä. in einen Begründungszusammenhang stellen, z. B. durch Rückführung auf fachliche Grundprinzipien, Gesetzmäßigkeiten, Funktionszusammenhänge, Modelle oder Regeln	*Erklären Sie die Funktion des Prologs für die Dramenhandlung.*	II
erläutern	Materialien, Sachverhalte o. Ä. mit zusätzlichen Informationen und Beispielen verdeutlichen	*Erläutern Sie anhand des Textauszugs wesentliche Elemente des geschlossenen Dramas.*	II

erörtern	eine These oder Problemstellung unter Abwägen von Pro- und Kontraargumenten hinterfragen und zu einem eigenen Urteil gelangen	*Erörtern Sie Chancen und Risiken der Nutzung elektronischer Medien durch Kinder.*	II – III
gegenüber-stellen / vergleichen	nach vorgegebenen oder selbst gewählten Gesichtspunkten Gemeinsamkeiten, Ähnlichkeiten und Unterschiede begründet darlegen	*Vergleichen Sie den Sandmann im gleich-namigen Märchen mit der Gestaltung des Sandmanns in der Novelle von E.T.A. Hoffmann.*	II – III
gestalten / entwerfen / verfassen	Aufgabenstellungen kreativ und produktorientiert bearbeiten, z. B. auf der Grundlage eines Textes und seiner inhaltlichen Elemente eine kreative Idee in ein eigenständiges sprachlich-literarisches Produkt umsetzen	*Verfassen Sie auf der Grundlage des Material 1 einen Kommentar für eine Tageszeitung.*	III
heraus-arbeiten	aus Materialien nicht explizit genannte Sachverhalte erschließen	*Arbeiten Sie aus der Szene die Vorgeschichte des Protagonisten heraus.*	II
in Beziehung setzen	Zusammenhänge unter vorgegebenen oder selbst gewählten Gesichts-punkten begründet herstellen	*Setzen Sie Nathanaels Einstellung in Beziehung zur Philosophie der Aufklärung.*	II – III
interpretieren	auf der Grundlage einer Analyse Sinnzusammenhänge aus Materialien methodisch reflektiert erschließen, um zu einer schlüssigen Gesamt-auslegung zu gelangen	*Interpretieren Sie die Kurzgeschichte „Das Fenster-Theater" von Ilse Aichinger.*	i. d. R. III
sich auseinander-setzen mit / diskutieren	zu einer Aussage, Problemstellung oder These eine Argumentation entwickeln, die zu einer begründeten Bewertung führt	*Setzen Sie sich mit der Position der Autorin / des Autors auseinander.*	III
wiedergeben	ausgehend von einem Einleitungssatz Informationen aus dem vorliegenden Material unter Verwendung der Fachsprache in eigenen Worten ausdrücken	*Geben Sie die Grundzüge der vorliegenden Kommunikationstheorie wieder.*	I
zusammen-fassen	ausgehend von einem Einleitungssatz die wesentlichen Aussagen eines Textes in strukturierter und komprimierter Form unter Verwendung der Fachsprache herausstellen	*Fassen Sie den vorliegenden Text in eigenen Worten zusammen.*	I – II

Quelle: https://kultusministerium.hessen.de/sites/kultusministerium.hessen.de/files/2021-10/fos_zap22-operatoren-deu-soz.pdf

1.5 Allgemeine Vorbereitungs- und Prüfungstipps I

1.5.1 Für das Schuljahr

Die Vorbereitung auf die ZAP findet bereits im Deutschunterricht in der 12 FOS statt. Ihr Lernengagement ist gefragt:

- Sorgen Sie für die eigene Entlastung und nehmen Sie daher **aktiv am Unterricht** teil.
- Bearbeiten Sie bestmöglich die im Unterricht laufend gestellten Aufgaben, auch um im **Umgang mit Operatoren und Aufgabenstellungen** sicher zu werden.
- Bereiten Sie den Unterricht nach, um den Stoff laufend zu festigen bzw. bei Unklarheiten Ihrer Lehrkraft **gezielte Fragen** stellen zu können.
- Fertigen Sie Ihre **Mitschriften** so an, dass diese auch für eine erst später erfolgende Wiederholung brauchbar sind.
- Heften Sie Ihre **Unterrichtsunterlagen und alle Materialien geordnet** ab, um den Überblick zu behalten und sich die individuelle Prüfungsvorbereitung zu erleichtern.

Keine Lehrkraft kennt im Voraus die Prüfungsaufgaben und Erwartungshorizonte, aber jede Lehrkraft möchte Sie bei der Prüfungsvorbereitung bestmöglich unterstützen:

- Nehmen Sie die **Lernangebote Ihrer Lehrkraft** an. Beachten Sie dabei die Schwerpunkte, die sie setzt, um die individuelle Prüfungsvorbereitung optimal planen zu können und diese ggf. gezielt um Inhalte zu erweitern, auf die im Unterricht nur verhältnismäßig kurz eingegangen werden konnte.

Lassen Sie alle Optionen offen:

- Bei der Auswahl des Prüfungsvorschlags kommt es vor allem auf die konkreten Aufgabenstellungen und Materialvorlagen an. Schränken Sie Ihre Wahlmöglichkeiten nicht bereits im Vorhinein ein: **Bereiten Sie sich bestmöglich auf beide Prüfungsvorschläge vor.**

1.5.2 Für die Einlese- und Auswahlzeit

Lesen Sie alle Aufgabenstellungen der beiden Prüfungsvorschläge gründlich durch und **markieren Sie** darin auf eine jeweils andere Art und Weise

- die verwendeten **Operatoren**, z. B.: „**Verfassen** Sie einen inneren Monolog aus Sicht der Figur A und **begründen** Sie darin auch das Verhalten der Figur gegenüber ihrem Vater“;
- die inhaltlichen **Schwerpunkte**, z. B.: „Verfassen Sie einen inneren Monolog **aus Sicht der Figur A** und begründen darin auch **das Verhalten der Figur gegenüber ihrem Vater**“;
- die **Vorgaben zu geforderter Textform** z. B.: „Verfassen Sie **einen inneren Monolog** aus Sicht der Figur A und begründen darin auch das Verhalten der Figur gegenüber ihrem Vater.“

Schlagen Sie die genaue **Bedeutung der Operatoren** mithilfe der Operatorenliste nach. Auf der Operatorenliste dürfen Sie weitere Markierungen oder Randnotizen vornehmen.

- Inwieweit sind Ihnen die Aufgabenstellungen mit ihren Arbeitsanweisungen und Leistungserwartungen klar?

Lesen Sie die Text- bzw. Materialvorlage der beiden Prüfungsvorschläge gründlich durch und schätzen Sie ihren **Schwierigkeitsgrad** ein.

- Haben Sie die Materialvorlage inhaltlich und sprachlich gut erfasst?
- Liegt Ihnen das Thema?
- Konnten Sie bereits beim Lesen erste Ideen für die Bearbeitung der jeweiligen Aufgaben entwickeln?

Betrachten Sie kurz, wie die **Bewertungseinheiten** verteilt sind. Bestimmen Sie, auf welchen Aufgaben genau der Arbeitsschwerpunkt liegt. Schätzen Sie nun ein, in welchem Prüfungsvorschlag es Aufgaben, insbesondere **schwerpunktmäßige Aufgaben** gibt, die Sie gut lösen können.

- Bei welchen Aufgaben können Sie Ihr Fachwissen und -können am besten einbringen?
- Wofür reichen Ihre fachlichen Kenntnisse aus?

Nutzen Sie das **Konzeptpapier**, das Ihnen ausgeteilt wird, um Ihre Ersteinschätzung oder spontane Präferenz für einen der beiden Prüfungsvorschläge zu prüfen. Fertigen Sie **aufgabenbezogene Notizen und Stoffsammlungen** an. Entscheiden Sie auf dieser Grundlage, wofür Ihre fachlichen Kenntnisse wirklich ausreichen. Diese prüfende Vorgehensweise empfiehlt sich auch,

- wenn Ihnen die Prüfungsaufgaben prinzipiell einfach erscheinen;
- wenn Sie sich zwischen den beiden Prüfungsvorschlägen kaum entscheiden können, weil Ihnen beispielsweise beide gut lösbar vorkommen;
- wenn Sie eine Vorliebe für bestimmte Aufgabentypen haben – hinterfragen Sie diese im Hinblick auf die konkreten Aufgabenstellungen und Materialvorlagen.

Wenn Ihre bisherigen schriftlichen Leistungen eher schwach waren, wählen Sie den Prüfungsvorschlag aus, der Ihnen die meiste Sicherheit bietet, auch wenn dieser Ihnen vielleicht langweiliger erscheint.

Gut zu wissen: Die Aufzeichnungen auf dem Konzeptpapier werden nicht bewertet, auch wenn dieses mit der Prüfungsarbeit abzugeben ist. In die Benotung fließen nur die Textproduktionen ein, die auf dem **Reinschriftpapier** stehen. Dieses wird erst zu Beginn der Bearbeitungszeit ausgeteilt.

Eine individuelle **Verkürzung der Auswahlzeit ist nicht vorgesehen**. Wer aber bereits vor dem Ende der Einlese- und Auswahlzeit seine Entscheidung für einen der beiden Prüfungsvorschläge trifft, darf auf dem Konzeptpapier seine Notizen, Stoff- und Ideensammlungen vervollständigen und verfeinern oder grobe Gliederungen für die gewählten Aufgaben anfertigen und sich auch „warmschreiben".

2.1 Besonderheiten der Prüfungsvorschläge

In der ZAP haben Sie die Wahl zwischen einem literaturbasierten und einem sachtextbezogenen Prüfungsvorschlag.

2.1.1 Literaturbasierter Prüfungsvorschlag

Die Bearbeitungsgrundlage in diesem Prüfungsvorschlag ist laut Prüfungserlass das Drama *Kabale und Liebe* von Friedrich Schiller oder der Roman *Corpus Delicti* von Juli Zeh . Das sind zugleich die **Pflichtlektüren**, die im Schuljahr 2022/23 in der 12 FOS im Deutschunterricht behandelt werden.

Friedrich Schiller: Kabale und Liebe (Drama, 1784)
Dieses Stück Schillers wird der literaturgeschichtlichen Epoche **Sturm und Drang** zugeordnet, die unter anderem durch die **Betonung des subjektiven Empfindens** gekennzeichnet war. In *Kabale und Liebe* geht es in erster Linie um die Empfindungen von Luise und Ferdinand, um ihre standesübergreifende **Liebesbeziehung** und ihr Scheitern. Luises Vater, Miller, ein Bürgerlicher, misstraut prinzipiell der Aufrichtigkeit der Gefühle Ferdinands. Ferdinands Vater wiederum, ein Adeliger und die rechte Hand des Fürsten, sieht von Anfang an in der Liebesbeziehung zu Luise lediglich einen Zeitvertreib seines Sohnes. Beide Väter eint das Verlangen, die Liebesbeziehung ihrer Kinder zu beenden, wobei **religiöse Vorstellungen**, **Standesordnung** und **Karrierestreben** eine wesentliche Rolle in dem Liebesdrama spielen. Der Konflikt zwischen Eltern und Kindern, der **Zusammenstoß der höfischen und bürgerlichen Welt**, aber auch das Aufeinanderprallen der Individuen und der gesellschaftlichen Realität sowie die verschiedenen Vorstellungen über das persönliche Glück der Liebenden selbst gehören zu einigen der zentralen Themen des Dramas und führen zu Verwicklungen. Da Schillers Drama ein Beispiel für ein **bürgerliches Trauerspiel** darstellt, ahnen Sie vielleicht bereits, wie diese Verwicklungen enden.
Seien Sie gespannt auf die Kabale (Intrige), die der Privatsekretär des Vaters von Ferdinand, Wurm, einfädelt und auf dessen Beweggründe. Verfolgen Sie aufmerksam die Auftritte von Lady Milford, der Geliebten des Fürsten, mit denen auch **zeitkritische Aspekte** in das Drama einfließen, und entdecken Sie ggf. auch die weiterhin aktuellen Themen des Dramas.

Juli Zeh: Corpus Delicti (Roman, 2009)
Der Handlungsort des zeitgenössischen Romans ist ein **Zukunftsland**. In diesem wird die **gesundheitliche Prävention zum Staatsprinzip erhoben**, das als **METHODE** bezeichnet wird. Zum einen treibt dies den Umweltschutz und die medizinische Forschung voran, zum anderen mündet die METHODE in strengen Hygienegesetzen und einer entsprechenden Erziehung der Bürgerinnen und Bürger – samt staatlicher **Überwachung** ihrer gesundheitlichen Fürsorge. In einem solchen Land gehören Wälder zu Sperrgebieten und der Kontakt mit Tieren kann schnell zum Hochverrat erklärt werden. Die politisch engagierte Autorin Juli Zeh zeichnet in ihrer **Dystopie**

ein düsteres Bild des totalitären Staates und vor diesem Hintergrund den **Weg zur Selbsterkenntnis der Hauptfigur Mia Holl**. Ausgelöst wird diese Selbstsuche durch den Suizid ihres Bruders Moritz. Dieser wurde – fälschlich, wie sich im Nachhinein herausstellt – einer Vergewaltigung und eines Mordes schuldig gesprochen. Mit seinem **Suizid** widersetzt er sich der staatlichen Macht, die als Höchststrafe ausschließlich das Einfrieren für eine unbestimmte Zeit vorsieht. Moritz wird nach seinem Freitod zu einer Ikone der Opposition, der Staat hingegen versucht in Person seines Theoretikers Heinrich Kramer, Mia für seine Zwecke zu gewinnen. Aus der jungen Naturwissenschaftlerin Mia, die dem System der METHODE angepasst ist, wird allmählich eine **Kämpferin für die individuelle Freiheit**, die in dieser Rolle die Lebenseinstellung und die Ziele ihres verstorbenen Bruders immer besser versteht und sich ihm umso näher fühlt.
Verfolgen Sie aufmerksam Mias Verwahrlosung, die zum politischen Statement wird, ihre Entwicklung sowie den Schauprozess gegen sie und reflektieren Sie dabei das **Spannungsverhältnis zwischen dem persönlichen und dem allgemeinen Wohl**.

2.1.2 Sachtextbezogener Prüfungsvorschlag

Die Bearbeitungsgrundlage in diesem Prüfungsvorschlag wird ein pragmatischer Text (Sachtext) sein. Das kann beispielsweise ein **journalistischer Text, ein Auszug aus einem Sachbuch oder ein sonstiger Fachtext** sein. Dieser wird sich laut Prüfungserlass schwerpunktmäßig auf Themen wie **Frauen- und Männerbilder**, **Geschlechterrollen** sowie **Probleme der Globalisierung, der Chancengleichheit und sozialen Gerechtigkeit** beziehen. Das Prüfungsmaterial kann ferner den **Umweltschutz und Klimawandel** sowie **Werbung, Konsum und Medien** betreffen. Es kann aber auch den **Sprachgebrauch** als Themenschwerpunkt haben.

Die Themenschwerpunkte sind facettenreich. So kann ein Textmaterial, das dem Schwerpunkt Sprachgebrauch zuzuordnen ist, Phänomene wie Hate Speech, Denglisch, Berufsjargon, Jugendsprache, Gendern, diskriminierungsfreie Sprache, Migrantensprache o. Ä. betreffen. Im Unterricht kann daher nur eine Auswahl an Aspekten eines Schwerpunkts abgedeckt werden.

2.2 Aufgabenformate

Für die ZAP 2023 werden im Prüfungserlass die Aufgabenformate Textwiedergabe, Textanalyse, Textinterpretation, Textvergleich, Stellungnahme sowie kreative Textformen festgesetzt. In der Prüfung stehen die einzelnen Aufgabenformate i. d. R. nicht für sich, sondern sie **bauen aufeinander auf**. So bereiten beispielsweise die verschiedenen Formen der Textwiedergabe auf die darauffolgenden Arbeitsaufträge vor – wie Textvergleich, Textanalyse und -interpretation.

Als Material, das z. B. wiederzugeben, zu analysieren oder zu dessen Aussagen Stellung zu nehmen ist, werden Ihnen im sachtextbezogenen Prüfungsvorschlag ein oder mehrere (evtl. gekürzte) **pragmatische Texte** vorliegen. Allerdings kann auch im literaturbezogenen Prüfungsvorschlag das Material aus einem Sachtext bestehen.

Häufig besteht das Material aber aus einem literarischen Text – einem **Auszug aus einem Roman, einer Kurzgeschichte, einer Novelle oder aus einer Dramenszene**.

2.2.1 Textwiedergabe

Ganz häufig wird das Zusammenfassen (I–II) des Prüfungsmaterials **als erste Aufgabe gestellt**. Textzusammenfassungen sind so zu gestalten, dass ihr Leser sich auch **ohne Kenntnis des zugrunde liegenden Textes** ein klares Bild über dessen Inhalt und Grundaufbau machen kann. Wichtig ist, dass Sie in Ihrer Zusammenfassung die wesentlichen Konflikte, Problemstellungen, Entwicklungen o. Ä. in literarischen Texten und die zentralen Aussagen, Thesen und Argumente pragmatischer Texte herausstellen.

Zusammenfassungen sind allerdings **mehr als eine Angabe der wesentlichen Textaussagen in zwei bis drei Sätzen**. Inhalte, die zwar nicht zentral, dennoch im Handlungszusammenhang oder in der Argumentationsstruktur wichtig sind, dürfen daher nicht ausgelassen, sondern sollten komprimiert (verdichtet, gekürzt) präsentiert werden, damit die inhaltlichen Zusammenhänge nachvollziehbar sind.

Der Leser Ihrer Ausführungen kann sich ein Gesamtbild von der Textvorlage erst dann machen, wenn er Ihrer Zusammenfassung z. B. entnehmen kann, wie die Textvorlage eingeleitet wird, wie darin zu dem grundlegenden Thema hingeführt wird, woraus sein Mittelteil besteht, wie die Textvorlage endet, ob die Hauptthese in einem argumentativen Text bereits einleitend oder erst zum Schluss formuliert wird. Sie fassen also erst dann strukturiert zusammen, wenn Sie eine **gewichtete Inhaltsdarstellung mit knappen Angaben zum Grundaufbau bzw. zur Gliederung der Textvorlage** kombinieren. Dabei erhält auch Ihre eigene Textproduktion eine Struktur. Denken Sie in diesem Zusammenhang auch an eine entsprechende **Einleitung und Hinführung zum Text oder Thema**.

Indirekte Redewiedergabe und **wertneutrales Formulieren im Präsens** stellen die wesentlichen formalen Merkmale einer Textzusammenfassung dar. Geben Sie also die Äußerungen und Gedanken literarischer Figuren bzw. die Aussagen der Autoren pragmatischer Texte mithilfe des Konjunktivs I indirekt wieder. Treffen Sie selbst keine deutenden und wertenden Aussagen, sondern formulieren sachlich und unpersönlich. Wandeln Sie ggf. das Präteritum als Zeitform, in der viele epische Texte verfasst werden, in Ihrer Zusammenfassung ins Präsens um. Damit setzen Sie die formalen Merkmale einer Zusammenfassung um und weisen außerdem die Beherrschung erforderlicher Arbeitstechniken nach. Viele Aufgabenstellungen mit dem Operator *zusammenfassen* geben Ihnen zusätzlich vor, **in eigenen Worten zusammenzufassen** – dies ist aber auch ohne diese Vorgabe stets zu empfehlen.

Liegen in einem Prüfungsvorschlag beispielsweise zwei Textmaterialien vor, kann von Ihnen verlangt werden, dass Sie eines davon zusammenfassen und das zweite wiedergeben. Das **Wiedergeben** (I) des Prüfungsmaterials stellt eine einfachere, aber in der Prüfung eher seltene Aufgabe dar. Aufgaben mit dem Operator *wiedergeben* beziehen sich häufig auf **eher kürzere Textausschnitte und -auszüge**, die allerdings inhaltlich auch sehr kompakt sein können. Hier besteht Ihre Aufgabe darin, die Textinhalte **eigenständig zu umschreiben**. Im Vergleich mit einer Zusammenfassung entfällt bei dieser Form der Inhaltsdarstellung das Herausstellen zentraler Informationen und Aussagen. Textwiedergaben fallen daher auch i. d. R. etwas ausführlicher als Zusammenfassungen aus. Es gelten aber die gleichen formalen Vorgaben wie bei Textzusammenfassungen. Selbstverständlich sollen Sie Ihre Textwiedergaben auch passend einleiten, den Leser zum Text oder Thema hinführen und die Informationen zusammenhängend und auf der Gliederung der Textvorlage gestützt darstellen.

Eine auf Textwiedergabe zielende Aufgabe gilt in der Prüfung als nicht erfüllt und das erwartete Leistungsniveau als **nicht nachgewiesen, wenn Sie anstatt einer Textzusammenfassung oder -wiedergabe eine Nacherzählung verfassen**. Das ist der Fall, wenn Sie beispielsweise den Handlungsverlauf einer Textvorlage oder die Gedankenführung einer Autorin oder eines Autors kaum verändert abbilden, die sachliche Distanz nicht wahren, Aussagen direkt wiedergeben, aus der Textvorlage ggf. spannungserzeugende Formulierungen, Appelle in Du-Form oder Aufrufe in Wir-Form übernehmen.

Beachten Sie, dass auch Aufgaben mit den Operatoren *beschreiben*, *darstellen*, *einordnen*, *skizzieren*, *zuordnen* auf Inhalts-, Zusammenhangs- sowie Aufbaudarstellungen in der Prüfung abzielen können.

2.2.2 Textanalyse und Textinterpretation

Das Analysieren (i. d. R. II) stellt eine klassische Prüfungsaufgabe dar, wobei auch Aufgabenstellungen mit den Operatoren *charakterisieren*, *herausarbeiten*, ggf. *beschreiben*, *darstellen*, *einordnen*, *veranschaulichen*, *zuordnen* u. v. m. eine analytische Vorgehensweise voraussetzen können. Da auf analytische (untersuchende, texterschließende) Aufgaben in beiden Prüfungsvorschlägen erfahrungsgemäß die meisten Bewertungseinheiten anfallen, ist es von grundlegender Bedeutung, im Umgang mit literarischen und pragmatischen Texten das Analyseverfahren sicher anwenden zu können.

Beim Analysieren wird von Ihnen erwartet, dass Sie Textmerkmale, also **Besonderheiten und Auffälligkeiten eines Textes**, erschließen, d. h. zugänglich und verständlich machen, und darüber hinaus durch Schlussfolgerungen ihre **Bedeutung und Funktion im Textzusammenhang** sowie ihre **Wirkung auf die Adressaten** ermitteln. Analysen sollten kriterienorientiert bzw. aspektgeleitet durchgeführt werden. Ob Sie den **Inhalt**, den **Aufbau**, die **Form** oder auch die **sprachliche Gestaltung** eines Textes analysieren sollten, entnehmen Sie der Aufgabenstellung. Diese gibt meist auch vor, was genau Sie auf der Ebene des Inhalts, des Aufbaus, der Form und der Sprache analysieren sollen.

Das Erkennen, Bestimmen und Untersuchen von Textmerkmalen bedarf einer kompetenten **Textbeobachtung** und darüber hinaus eines grundlegenden fachlichen Wissens, wie beispielsweise der **Kenntnis verschiedener Textgattungen und -sorten, der Erzähltechnik, der Aufbaumodelle von Dramen, der Argumenttypen, der Aufbauprinzipien von Argumentationen, der Beeinflussungsstrategien und der rhetori-**

schen Mittel. Bei einer Szenenanalyse kann auch die **Kenntnis von Kommunikationsmodellen** hilfreich werden.

Wer analysiert, betreibt einen **Wechsel zwischen beschreibenden und deutenden Aussagen** über einen Text und seine Beschaffenheit. Er stellt konkrete Textmerkmale fest, aus denen er Schlüsse bezüglich ihrer Bedeutung, Funktion und Wirkung zieht. Machen Sie sich also im Analyseverlauf stets Gedanken darüber, wozu (zu welchem Zweck, mit welcher Absicht) der zu analysierende Text genau diese Informationen und Äußerungen enthält und wozu er auf die von Ihnen festgestellte Weise gegliedert und verfasst wurde.

- **Beispiel 1** (zu einem erdachten Drama): *Auffällig an der Sprechweise der Figur A im Gespräch mit B ist, dass sie laut Regieanweisungen nur langsam antwortet und auch viele Pausen beim Sprechen macht. Sie unterbricht immer wieder einen bereits angefangenen Satz, um neu anzusetzen. Auch spricht A in gebeugter Haltung* (= Textbeobachtungen und -merkmale). *Das kommunikative Verhalten von A zeigt, dass A sich B untergeordnet und in Bs Anwesenheit unwohl fühlt. Auch scheint A während des Gespräches stets vorsichtig zu agieren und zu kontrollieren, was sie sagt* (= Deutungen).
- **Beispiel 2** (zu einem erdachten Sachtext): *Die Autorin beginnt ihren Kommentar mit einer kurzen Definition des Begriffs X. Anschließend zählt sie alltägliche Beispiele für X auf* (= Textbeobachtungen und -merkmale). *Mit dieser Vorgehensweise sorgt sie dafür, dass der Leser ihrem Kommentar von Anfang an inhaltlich folgen kann. Die anschaulichen und einschlägigen Beispiele ziehen zudem die Aufmerksamkeit auf sich und animieren den Leser zu einer ersten gedanklichen Auseinandersetzung mit X* (= Deutungen).

Bereits bei der Textanalyse und im entscheidenden Maße bei der Textinterpretation (i. d. R. III) geht es auch darum, die **Textmerkmale und ihre Deutung in übergeordnete Sinnzusammenhänge** zu bringen, d. h. diese z. B. in Beziehung zu dem Thema bzw. den Themen des zu analysierenden Textes zu setzen. Die Hilfsfrage kann dabei lauten: Inwiefern fügt sich das Beobachtbare in den Gesamtzusammenhang ein? Geht aus dem erdachten Text in Beispiel 1 hervor, dass die Figur B unverhältnismäßig machtvoll ist und über die Figur A willkürlich verfügen kann, so kann die an konkreten Textmerkmalen (wie Satzbau) festgestellte Vorsicht der Figur A im Gespräch mit B davon zeugen, wie ungleiche Machtverhältnisse Misstrauen und Selbstzensur hervorrufen und die aufrichtigen zwischenmenschlichen Beziehungen zerstören (= übergeordnete Sinneszusammenhänge).

Das Erkennen übergeordneter Zusammenhänge erleichtert das **Aufstellen von Deutungshypothesen** (d. h. von Annahmen, die man im Verlauf der Analyse zu beweisen versuchen wird). Insbesondere bei einer Textinterpretation, die laut Operator ohnehin auf der Grundlage einer Analyse zu leisten ist, wird erwartet, dass eingangs eine Deutungshypothese formuliert wird. Um bei Beispiel 1 zu bleiben: *Das zeitkritische Werk X richtet sich unter anderem gegen die Willkür der Machthaber und zeigt den damit verbundenen Zerfall des gesellschaftlichen Zusammenhalts auf* (= Angabe des Themas der erdachten Textvorlage). *In dem zu analysierenden/interpretierenden*

Textausschnitt wird anhand der Figur A ihre Angst im Umgang mit den Mächtigen dargestellt (= Deutungshypothese). *Diese Angst zeigt sich bereits in ihrem Verhalten gegenüber B, insbesondere in der Selbstzensur, die sie während des Gespräches mit B betreibt. Anzeichen dieser sind …* und hier sollten konkrete und differenzierte Textbeobachtungen folgen, die die Deutungshypothese erklärbar machen.

Das Ergebnis einer Textinterpretation soll eine **schlüssige Gesamtauslegung** sein, was die Komplexität interpretatorischer Aufgaben ausmacht. In Beispiel 1 können dies beispielsweise Erkenntnisse darüber sein, inwiefern das Verhalten von A typisch oder untypisch ist und was dies über die dargestellte Welt aussagt.

Dem Leser Ihrer Analyse bzw. Interpretation müssen Sie **eindeutig und überzeugend darlegen, wie Sie zu Ihren Aussagen und Deutungen gekommen sind**. Erwartet werden laut Operator zusammenhängende Verdeutlichungen und schlüssige Auslegungen. Die Nachvollziehbarkeit und Überprüfbarkeit Ihrer Analyse und/oder Interpretation sichern Sie **mithilfe von Zitaten und Textverweisen**, wobei es auf die richtige und korrekte Anwendung der Zitiertechnik ankommt, eine grundlegende Arbeitstechnik bei diesen und allen vergleichbaren Aufgaben.

Belegstellen sollten stets überlegt ausgewählt werden und eine eigenständige Wiedergabe der Sachverhalte in eigenen Worten nicht ersetzen. Für die Nachvollziehbarkeit sorgen Sie daher auch, indem Sie **zielgerichtet konkrete Inhalte paraphrasieren** (umschreiben). Verinnerlichen Sie allerdings, dass eine Nacherzählung des Inhalts noch keine Analyse ist. Auch eine Aneinanderreihung von Einzelbeobachtungen oder eine Aufzählung einzelner Fachbegriffe stellt noch keine Analyse dar.

2.2.3 Textvergleich

Dieses Aufgabenformat kommt in der Prüfung ziemlich häufig vor. Beim Vergleichen (auch: Gegenüberstellen; II–III) befassen Sie sich laut Operator mit **Gemeinsamkeiten, Ähnlichkeiten und Unterschieden zwischen meist zwei Texten oder Textauszügen**. Dass Ihnen zum Vergleichen zwei Auszüge aus demselben Werk, z. B. zwei Szenen aus *Kabale und Liebe*, in der Prüfung vorgelegt werden, ist zwar denkbar, aber eher unwahrscheinlich. In der Prüfung wird üblicherweise verlangt, dass Sie **ein für Sie neues Textmaterial** – eine Kurzgeschichte, einen Auszug aus einer Erzählung, einem Roman oder einem Sachtext, auch aus einem Interview, einem Buchvorwort, einer Rede oder Rezension o. Ä. – **mit Ihrer Pflichtlektüre vergleichen**, deren Kenntnis vorausgesetzt wird. Auch im sachtextbezogenen Prüfungsvorschlag können mehrere Prüfungsmaterialien vorgelegt und deren Vergleich gefordert werden. Dem Vergleich werden normalerweise Aufgaben vorangestellt, die durch eine intensive Beschäftigung mit dem Textmaterial (z. B. durch Zusammenfassung oder Analyse) auf den Vergleich vorbereiten.

Von der grundlegenden Vorgehensweise her ist dem Operator *vergleichen* der Operator *in Beziehung setzen* (II–III) ähnlich, bei dem die **Herstellung von Zusammenhängen** erwartet wird. Auch beim Vergleichen gehört es zu Ihrer Aufgabe, Zusammenhänge, Bezüge, Verbindungen zwischen dem Prüfungsmaterial und der Pflichtlektüre oder zwischen Prüfungsmaterialien festzustellen. Deren gemeinsame, ähnliche oder unterschiedliche Merkmale sind darzulegen, d. h. ausführlich zu erläutern. Daher gehören Textvergleiche auch zu den analytischen (untersuchenden, erschließenden) Aufgaben (mehr dazu unter 2.2.2). Die gemeinsamen, ähnlichen oder unterschiedlichen Merkmale sind also **zielgerichtet darzustellen und aufgabenbezogen zu deuten**. Häufig entscheidet auch die Herstellung übergeordneter Zusammenhänge über die Qualität eines Textvergleichs.

Laut Operator sollen Sie Ihren Textvergleich **nach Gesichtspunkten durchführen, die entweder in der Aufgabenstellung vorgegeben werden oder von Ihnen selbst gewählt** sein sollten. Bei vorgegebenen Vergleichsaspekten überlegen Sie bereits im Vorfeld, was diese inhaltlich umfassen, um passende und ergiebige Ansatzpunkte für Ihren Vergleich entwickeln zu können. Auch bei selbst gewählten Vergleichsaspekten kommt es auf deren Ergiebigkeit an. Vergleichen Sie in erster Linie das, was bedeutsam ist und sich gut ausdifferenzieren lässt.

In der Prüfung reicht es nicht aus, Gemeinsamkeiten und Unterschiede lediglich aufzuzählen. Laut Operator ist beim Vergleichen deren begründete Darlegung vorzunehmen. Dafür sorgen Sie u. a. mit passend ausgewählten Textbelegen und der richtigen Zitiertechnik sowie schlüssigen Folgerungen (mehr zum Begründen finden Sie unter 2.2.4.).

2.2.4 Stellungnahme

Wenn Sie in der Prüfung zu einer These, Aussage, Textposition oder z. B. zu einer Entscheidung einer literarischen Figur Stellung nehmen (bzw. diese bewerten; III) sollen, dann wird von Ihnen laut Operator eine Einschätzung (d. h. Beurteilung oder Bewertung) erwartet. Diese Erwartung ist nicht nur dem Operator *Stellung nehmen* (und *bewerten*), sondern den meisten Operatoren aus dem AFB III wie *beurteilen*, *diskutieren*, *sich auseinandersetzen* sowie dem Operator *erörtern* (II–III) eigen. Dabei reicht es nicht aus, sich ein Urteil zu bilden und dieses abzugeben. Der Operator sieht vor, dass Sie **Ihre Einschätzung begründen**.

Das Begründen (Argumentieren) ist eine grundlegende Arbeitstechnik im AFB III (zum Teil auch im AFB II bei Operatoren wie *entwickeln*, *gegenüberstellen*, *in Beziehung setzen*, *veranschaulichen* oder *vergleichen*). Argumentieren bedeutet, **überzeugende Argumente / Begründungen zu finden, auszuformulieren und zielgerichtet anzuordnen**. Beim Aufbau einer Argumentation (d. h. einer Darlegung der Argumente) sollen Sie einerseits die einzelnen Thesen (Behauptungen), Einschätzungen oder Lösungsvorschläge formulieren und mithilfe der jeweiligen Argumente begründen. Andererseits wird erwartet, dass Sie die Argumente zusätzlich stützen, entfalten oder verstärken. Das tun Sie, indem Sie **zusätzliche Erläuterungen liefern, anschauliche Beispiele angeben, einleuchtende Analogien bilden, auf stichhaltige Erfahrungen zurückgreifen, Belege wie Fakten oder anerkannte Autoritäten** anführen. Je nach Aussageabsicht und Textsorte können Argumenten außerdem Folgerungen wie auch Appelle angefügt werden.

Wenn Sie in der Prüfung Aufgaben mit den Operatoren *beurteilen*, *bewerten* und *Stellung nehmen* und darüber hinaus *entwickeln* bearbeiten, reicht es meist aus, **für**

Ihre Position zu argumentieren (für Ihren Standpunkt, Ihre Einschätzung, Ihr Urteil, Ihre Bewertung, Ihre Lösungsvorschläge). Selbstverständlich können Sie auch indirekt argumentieren und auf Einwände der Gegenposition und ihre Argumente eingehen, diese vorwegnehmend anzweifeln bzw. entkräften. Gelingt es Ihnen, dabei zielführend und überzeugend zu sein, wird das sicherlich Ihren Text aufwerten. Der Vollständigkeit halber: Geht es in Ihrer Aufgabe um den Operator *erörtern*, *diskutieren* oder *sich auseinandersetzen*, wird das Einbeziehen der Gegenposition in die eigene Argumentation und das Abwägen der Pro- und Kontraargumente unumgänglich.

Laut Prüfungserlass kann Ihnen in der Prüfung eine **besondere Form der Stellungnahme** vorgegeben werden. Im Erlass werden als Beispiele hierfür der Leserbrief und der Kommentar genannt. Obwohl Leserbriefe auch an (lebende) Autorinnen und Autoren von literarischen Werken geschrieben werden, werden in der Prüfung eher (Zeitungs-)Leserbriefe erwartet, die – wie Kommentare – zum sachtextbezogenen Prüfungsvorschlag passen. Häufig werden sie auf Standpunkte, Aspekte, Themenkomplexe und Problemstellungen bezogen, die im Prüfungsmaterial beispielsweise angedeutet, umrissen und andiskutiert werden. Sowohl im Leserbrief als auch im Kommentar ist in dem Fall ein **klarer Bezug zum Ausgangstext** herzustellen und darüber hinaus unmissverständlich darauf hinzuweisen, wenn Aussagen, Argumente oder Einwände aus dem Prüfungsmaterial von Ihnen übernommen werden. Bedenken Sie in diesem Zusammenhang aber: Eine Begründung, die aus Argumenten besteht, die bereits in der Textvorlage zu finden sind, stellt noch keine eigenständige argumentative Leistung dar.

Leserbrief

In einem Leserbrief treten Sie **in der Rolle als Leserin oder Leser** auf und wenden sich in der Sie-Form an die Verfasserin oder den Verfasser eines meist journalistischen Textes (oder an die Zeitungsredaktion, die diesen veröffentlicht hat). An diese Adressaten schreiben Sie **einen für die Öffentlichkeit bestimmten Brief** (tatsächliche Leserbriefe werden in Zeitungen abgedruckt), mit den für Briefe typischen **Angaben zu Ort und Datum**. Sie formulieren eingangs auch eine **höfliche Anrede**, beenden Ihren Brief mit einer ebenfalls passenden **Grußformel**, unter welche Sie Ihre **Unterschrift** bzw. Ihren Namen setzen. Sie schreiben in der **Ich-Form**, dürfen – wie bei allen Stellungnahmen – einen persönlichen Ton anschlagen und mit durchdacht eingesetzten **rhetorischen Mitteln** sowie Beeinflussungsstrategien für einen lebendigen Schreibstil sorgen. Über die Inhalte des Leserbriefs entscheidet die konkrete Aufgabenstellung. Prinzipiell gilt: In einem Leserbrief reagiert eine Leserin oder ein Leser auf einen Zeitungsartikel, seine Machart, seine Aussagen, die darin vertretenen Positionen, die Gedankenführung und positioniert sich dazu. Die Leserin oder der Leser stellt also begründet ihre bzw. seine **zustimmende oder ablehnende Einstellung gegenüber dem Standpunkt oder ausgewählten Aussagen der Verfasserin oder des Verfassers** dar. Dabei können Sie im Leserbrief von Ihren Leseerfahrungen berichten und den gelesenen Text begründet loben und/oder kritisieren. Sie können **Anmerkungen** oder **Ergänzungen** zu seinem Inhalt machen oder **Vorschläge** und **Wünsche** an die Redaktion oder die Autorin bzw. den Autor äußern.

Kommentar
Das Wort „Kommentar“ steht einerseits für eine persönliche Anmerkung, andererseits für eine kritische Stellungnahme. In der Prüfung wird von Ihnen das Letztgenannte erwartet. Da aber Kommentare, den Leserbriefen ähnlich, **meinungsbetont** sind, sollen Sie darin **Informationen, Aussagen und Argumente anderer gewichten** und außerdem **urteilen, bewerten, Positionen anderer kritisieren, gerne auch polarisieren** (Gegensätzliches hervorheben). Dabei sollen Sie Ihren eigenen Standpunkt klar beziehen und für diesen mit griffigen Begründungen werben. Dafür können Sie den sogenannten **Geradeaus-Kommentar** als Form wählen: Ihre Position vertreten und überzeugend begründen. Wenn Sie gut im Erörtern (Diskutieren und Abwägen des Für und Wider) sind, können Sie auch ggf. den ausführlichen und herausfordernden **Pro-und-Kontra-Kommentar** verfassen: Ansichten gegeneinander stellen und gewichten und auf dieser Grundlage zu einem Ergebnis kommen. Wie Leserbriefe können Kommentare ausdrucksstark, auch ironisch sein, sollten jedoch stets respektvoll bleiben. Stellen Sie sich vor, Sie sind selbst journalistisch tätig und schreiben für eine Zeitung mit dem Ziel, Ihre Leserschaft zu erreichen und von der eigenen Meinung zu überzeugen: Es empfiehlt sich die Gestaltung eines wirkungsvollen, überraschenden, Aufmerksamkeit erregenden Einstiegs. Dieser kann auch aus einem Zitat oder einem Spruch bestehen. Wer seine Position oder seine Hauptthese gut komprimieren (verdichten) und prägnant formulieren kann, kann sie gerne als **Überschrift** verwenden. Nach der schlüssigen Argumentation im Hauptteil ist die **eigene Meinung auch abschließend deutlich herauszustellen**, wobei häufig auf den Anfang des Kommentars Bezug genommen wird. Auch ein **Schlussappell** oder eine **Frage, die zum Nachdenken anregt**, kann Ihren Kommentar gut abrunden.

2.2.5 Kreative Textformen

Eine einfallsreiche Bearbeitung von Aufgaben haben die Operatoren *verfassen*, *entwerfen* und *gestalten* (III) zum Ziel. Sie fordern eine **eigenständige Textproduktion**, die auch **durch ihre inhaltliche und sprachliche Gestaltung bestechen** sollte. Häufig verlangen sie außerdem, dass Ihr Text eine **literarische Form** erhält. Im Prüfungserlass werden als Beispiele für solche literarischen Formen **Brief und innerer Monolog** (Selbstgespräch) genannt.

Innere Monologe und Briefe dienen der inhaltlichen und sprachlichen **Auseinandersetzung mit dem Ausgangstext, der Vertiefung des Verständnisses von seinen Schlüsselstellen bzw. -szenen, der Herausarbeitung ihrer Bedeutung für die Figur bzw. für den weiteren Handlungsverlauf**. Gute Kenntnisse der Pflichtlektüre ermöglichen Ihnen, in Ihrem Brief oder inneren Monolog ggf. auf mehrere passende Textstellen anzuspielen. Häufig werden Aufgaben mit den Operatoren *verfassen*, *entwerfen* und *gestalten* mit weiteren Arbeitsanweisungen kombiniert wie z. B.: „*Verfassen* Sie aus Sicht von A einen Brief an B und *erklären* Sie darin X.“ Die genaue Beachtung der Aufgabenstellung ist darüber hinaus wichtig, da innere Monologe und Briefe verschiedene Funktionen erfüllen können. So dient der innere Monolog häufig der **Wiedergabe der inneren gedanklichen Vorgänge einer Figur und der Dar-**

stellung ihrer Gefühle. In ihrem Selbstgespräch kann eine Figur aber auch ihre momentane Lage reflektieren, diese bewerten, Pläne schmieden, Handlungsoptionen abwägen, Entschlüsse fassen. Sie kann auch tiefste Wünsche, Sehnsüchte und all das äußern und ausformulieren, was in der Textvorlage verschwiegen, nur angedeutet oder symbolisch dargestellt wird.

Beim Verfassen eines Briefs und eines inneren Monologs sollen Sie vermutlich **in der Rolle einer in der Aufgabenstellung genannten Figur** auftreten und aus ihrer subjektiven Perspektive schreiben. Im Fall des Briefs kann Ihnen auch der Adressat vorgegeben werden. Wählen Sie passend dazu die Anredeformen. Beim Sich-Hineinversetzen in eine Figur sollten Sie bei der Gestaltung eines Briefs (auch eines inneren Monologs) ggf. die **typische Sprech- und Ausdrucksweise der Figur** berücksichtigen. Beachten Sie also z. B. die Anreden in *Kabale und Liebe*: Von dem Präsidenten von Walter wird in Gesprächen mit Wurm oder von Luise in Gesprächen mit ihrem Vater auch die Er-Form verwendet (weitere formale Briefmerkmale finden Sie unter 2.2.4 Leserbrief).

Im inneren Monolog (eher als im Brief) kann das Geschehene und Erlebte – wenn dies zu der Gefühlslage der Figur passt – auch **sprunghaft, ungeordnet, ohne die Beachtung der chronologischen Abfolge der Ereignisse** geschildert werden. Ist eine Figur emotional aufgewühlt, kann man diese Gefühllage z. B. durch elliptische (unvollständige) Äußerungen zum Ausdruck bringen. Dies sollte aber als Stilmittel stets durchdacht eingesetzt werden und das Verstehen nicht beeinträchtigen. Die **Gefühlslage der Figur** kann auch mithilfe von Inversionen (Veränderungen der Wortfolge in Sätzen), Interjektionen wie *oh*, *huch*, *hoppla*, Ausrufen, Fragen, Vergleichen, Häufungen sowie gezielt eingesetzten Gedankenstrichen oder Auslassungspunkten wirkungsvoll dargestellt werden.

2.3 Allgemeine Vorbereitungs- und Prüfungstipps II

2.3.1 Für das Schuljahr

In der ZAP wird die **Kenntnis der Pflichtlektüren** vorausgesetzt:

- **Lesen Sie Schillers Drama und Zehs Roman** den Vorgaben Ihrer Lehrkraft entsprechend selbst durch. Verlassen Sie sich nicht auf die zahlreichen Internet-Materialien z. B. zu *Kabale und Liebe*. Ohne die tatsächliche Kenntnis der Werke können Sie die Qualität der Online-Angebote nicht richtig beurteilen. Fällt es Ihnen schwer, das Drama oder den Roman zu verstehen, hören Sie eine Hörbuch-Version davon an und folgen Sie dabei dem Text.
- Es empfiehlt sich, das Drama und den Roman vor der Prüfung erneut zu lesen, um die Textkenntnis aufzufrischen. Nach der intensiven Beschäftigung mit den Werken im Unterricht werden Ihnen dabei sicherlich auch neue Einzelheiten und Zusammenhänge auffallen.

Die **Themenschwerpunkte der Sachtexte** für die ZAP in Deutsch (s. 2.1.2) sind fächerübergreifend:

- **Überschneidungen** bestehen z. B. zwischen Deutsch und Englisch bei den Themen *Globalisierung*, *Umwelt*, *Konsum*. Möglicherweise wird auch in anderen Fächern Stoff behandelt, der zu den Themenschwerpunkten in Deutsch passt. Nutzen Sie ggf. die dort gewonnenen Informationen und Erkenntnisse zielgerichtet in der Prüfung.

Die **Prüfungsmaterialien** im sachtextbezogenen Prüfungsvorschlag sind häufig ziemlich **aktuell:**

- Verfolgen Sie regelmäßig **Nachrichten renommierter Fernseh- und Rundfunksender:** Diese geben Ihnen Einblicke in das aktuelle politische und gesellschaftliche Geschehen und darüber hinaus gerafft formulierte Hintergrundinformationen, gut strukturierte Erklärungen von Zusammenhängen, bei strittigen Themen auch Einsicht in die laufenden Diskussionen, die Positionen der jeweiligen Lager und deren Argumente. Bei Gelegenheit können Sie auch die Verwendung des Konjunktivs I in den Nachrichten verfolgen, um ein besseres Gespür dafür zu bekommen.
- Lesen Sie immer wieder **aktuelle Pressebeiträge** nicht nur des Inhalts wegen, sondern auch, um ggf. Ihre Lesefertigkeit generell zu verbessern oder um mit Aufbauprinzipien journalistischer Textsorten vertraut zu werden. Sie können aus diesen Texten auch hilfreiche Ausdrücke und Formulierungen in das eigene Repertoire übernehmen.

Ergänzend zu den unter 1.5.1 formulierten Tipps empfiehlt sich Folgendes:

- Nutzen Sie das **unterrichtliche Angebot**, um die erforderlichen **Arbeitstechniken und Aufgabenformate** in allen notwendigen Einzelheiten zu erlernen.
- Erledigen Sie im Verlauf des Schuljahres Ihre **schriftlichen Hausaufgaben**, um die grundlegenden Arbeitsschritte, Arbeitstechniken sowie die Gestaltung der geforderten Textsorten und -formen einzuüben.
- Halten Sie bei umfangreichen Schreibaufgaben im Unterricht bzw. zu Hause fest, wie lange Sie diese vorbereiten und verfassen, um in der Prüfung einen erfüllbaren **Zeitplan erstellen** zu können.

2.3.2 Für die Bearbeitungszeit

Erstellen Sie einen Zeitplan für die Bearbeitungszeit und **reservieren Sie den größten Anteil der verfügbaren Zeit für die Schwerpunktaufgaben**. Bedenken Sie dabei, dass zum Schreibprozess Phasen der Überprüfung des bereits Geschriebenen und der gedanklichen Planung des weiteren Schreibvorgehens gehören, die das eigentliche Schreiben unterbrechen. Kalkulieren Sie also nicht zu knapp.

Setzen Sie sich (ggf. erneut, s. 1.5.2) mit den Operatoren, Aufgabenstellungen und dem Material Ihres Prüfungsvorschlags vertieft auseinander. **Schlagen Sie unbekannte Wörter im Fremdwörterbuch nach** (erlaubtes Hilfsmittel).

Bereiten Sie die Bearbeitung der konkreten Aufgaben vor, indem Sie geeignete Arbeitsschritte, -methoden und -techniken anwenden, darunter ausgewählte **Lesestrategien** einsetzen und gezielte **Markierungen oder Randnotizen** im Prüfungsmaterial vornehmen.

Falls noch nicht erfolgt (s. 1.5.2), erstellen Sie auf dem Konzeptpapier **Notizen, Stoff- und Ideensammlungen**. Ordnen Sie diese anschließend, indem Sie sie z. B. gewichten und zum Teil bereits logisch miteinander verknüpfen. Hierfür können Sie mehr Konzeptpapier anfordern. Lesen Sie ggf. wichtige Textabschnitte erneut, um Ihre Notizen und Entwürfe ergänzen zu können.

Kümmern Sie sich in erster Linie um eine gute **Vorbereitung der jeweiligen Hauptteile**, sammeln Sie aber auch **Ideen für den Einstieg und Schluss sowie für Überleitungen**. Erstellen Sie zumindest grobe Gliederungen oder Schreibpläne für die Aufgaben. Überprüfen Sie diese auf Vollständigkeit: Haben Sie an alle Aufbauelemente gedacht?

Wenn Sie der Meinung sind, genug Stoff und ein brauchbares Gerüst für dessen Darstellung zu haben, **fügen Sie die Notizen, Textteile und Ideen zusammen und übertragen diese in eine Reinschrift**. Da die Prüfungsaufgaben meist aufeinander aufbauen, ist es zu empfehlen, bei der Vorbereitung und Bearbeitung **in der vorgegebenen Reihenfolge** Aufgabe für Aufgabe vorzugehen. Beim Schreiben z. B. einer Zusammenfassung kommen Ihnen möglicherweise noch weitere Ideen für eine anschließende Analyse. Auch stellen Sie vielleicht fest, dass einige Ihrer ursprünglichen Dieen für die Folgeaufgaben doch noch kritisch zu betrachten oder zu korrigieren sind.

Nehmen Sie sich **genug Zeit für eine abschließende Durchsicht Ihres Textes:** Prüfen Sie, ob Ihre Sätze vollständig sind und die Zeichensetzung stimmt. Teilen Sie ggf. die Sätze auf, die zu lang geraten sind. Verändern Sie Satzanfänge, wenn Sie merken, dass diese stellenweise gleich sind. Ersetzen Sie wiederkehrende Formulierungen durch gleichbedeutende. Nehmen Sie auch inhaltliche Präzisierungen, Ergänzungen oder Korrekturen vor. Prüfen Sie ebenfalls Grammatik und Rechtschreibung: Ein Wörterbuch der deutschen Rechtschreibung und ein Fremdwörterbuch sind erlaubte Hilfsmittel in der Prüfung.

3 Anregungen für die Arbeit mit den Übungs- und Prüfungsaufgaben

Sie suchen in den Lösungsvorschlägen zu den Übungs- und Prüfungsaufgaben in diesem Band nach **Beispielen und Anregungen**?

- Lesen Sie in diesem Fall die für Sie interessante Aufgabe und den Lösungsweg dazu. Analysieren Sie diesen im Hinblick auf die Aufgabe, achten Sie auf **Inhalt, Aufbau und Gestaltung**. Woraus besteht der Einstieg? Wie geht man von der Hinführung zum Hauptteil über? Welche Ansätze werden entfaltet? Wie wird die Figur charakterisiert und die Charakteristik strukturiert? Wie werden Schlüsse gezogen? Wie wird der Dialog analysiert oder die Argumentation aufgebaut?

Welche Argumente werden verwendet? Was ist dem Schlussteil entnehmbar? Wie wird der Text abgerundet? Wie werden Zusammenhänge hergestellt? Wie wird erreicht, dass die geforderte Textsorte eindeutig erkennbar ist?

Sie haben viele Ideen und passende Ansätze, aber **Schwierigkeiten mit ihrer Verschriftlichung**?

- Analysieren Sie verstärkt auch die sprachliche Gestaltung des Lösungswegs. Sie können eine eigene – funktional zusammengestellte – **Liste von übertragbaren Textbausteinen** (z. B. Überleitungen, Formulierungen, Wendungen) anfertigen, um diese in Ihrer nächsten Textproduktion auszuprobieren. Schreiben Sie aus dem Lösungsvorschlag Wörter ab, die gleichbedeutend sind, und versuchen Sie, mit deren Hilfe beim Verfassen Ihrer nächsten Texte **Ihre eigene Ausdrucksweise** zu **variieren**.

Sie wundern sich über die **Schreibung vieler Wörter**?

- Machen Sie sich eine **Liste mit Wörtern, die Sie anders geschrieben hätten**. Schreiben Sie diese Wörter auf die Liste in korrekter Weise auf. Nutzen Sie die Liste beim Schreiben im Unterricht oder von Hausaufgaben.

Sie **lesen ungern, mit Mühe oder sehr langsam**? Sie verstehen Texte nur teilweise?

- Sie sollten fürs Erste die **Textmaterialien, deren Inhalt wiedergegeben oder zusammengefasst wurde, lesen**. Versuchen Sie, den Text selbst – so gut es geht – wiederzugeben oder zusammenzufassen. Vergleichen Sie anschließend Ihre Lösung mit der vorgeschlagenen: Was haben Sie erfasst? Was haben Sie anders oder gar nicht erfasst? Beim erneuten Lesen des Textmaterials können Sie nun ermitteln, woher die Schwierigkeiten kamen, und überlegen, was Sie ggf. dagegen unternehmen können. Geben Sie nicht auf: **Lesen Sie weitere Texte, um nach und nach konzentrierter, schneller und sicherer beim Lesen zu werden**.

Sie möchten mithilfe dieses Bandes **intensiv üben**?

- Wählen Sie die Aufgaben, die Sie trainieren möchten, aus. Sie sollten sich in das Thema und den Text eindenken, eigene Ansätze und Ideen entwerfen, auch Stoffsammlungen oder grobe Gliederungen anfertigen (s. 1.5.2). Je nachdem, wie intensiv Sie üben wollen: **Vergleichen Sie Ihre Notizen mit den ausformulierten Lösungswegen oder verfassen Sie Ihre eigenen Lösungen**. Die Lösungen in diesem Band werden in den meisten Fällen ausführlicher und differenzierter als Ihre eigenen ausfallen, was aber kein Grund zur Sorge ist. Wenn Ihre eigene Lösung der fremden inhaltlich und formal weitgehend ähnelt, können Sie vermutlich mit Ihrer Leistung ziemlich zufrieden sein. Halten Sie fest, wie viel Zeit Ihre Vorarbeit und das Verfassen Ihrer Lösungen in Anspruch nimmt, um in der Prüfung einen guten Zeitplan erstellen zu können.

Hinweise und Tipps zum mündlichen Prüfungsteil der Abschlussprüfung

1 Allgemeine Informationen

Im mündlichen Prüfungsteil wird **dezentral geprüft:** Alle geplanten mündlichen Prüfungen sind Einzelprüfungen und werden nach einem in Ihrer Schule erstellten Plan durchgeführt. Für die Aufgabenstellung ist üblicherweise **Ihre Lehrkraft in Deutsch zuständig** (Ihre Prüferin/Ihr Prüfer). Die Aufgaben werden so gestellt, dass Sie während der Prüfung **zunächst in einem Kurzvortrag, anschließend in einem Prüfungsgespräch** Folgendes zeigen können:

- Ihre Auffassungsgabe und Urteilsfähigkeit,
- Ihre Kenntnisse und Arbeitsweise,
- Ihr Darstellungsvermögen und
- Ihre kommunikativen Fähigkeiten.

Auch für die mündliche Prüfung gelten die **Vorgaben des Prüfungserlasses**. Die Aufgaben decken daher alle drei Anforderungsbereiche ab, wobei der Schwerpunkt auf den AFB I–II gesetzt wird. Eine Abfrage auswendig gelernter Inhalte ist in der mündlichen Prüfung unzulässig. Häufig **ähneln die Prüfungsaufgaben formal den Aufgabenblättern der schriftlichen Leistungsnachweise oder Prüfungen**. Ihr Umfang und ihr Schwierigkeitsgrad sind aber an dic Gegebenheiten des mündlichen Prüfungsteils angepasst.

Die **Dauer** einer mündlichen Prüfung beträgt in der Regel **zwanzig Minuten**. Sie treten vor einen sogenannten **Fachausschuss**, der aus einer vorsitzenden, einer prüfenden und einer protokollierenden Fachlehrkraft besteht. Der Fachausschuss berät im Anschluss an die mündliche Prüfung über die Leistung und bewertet sie auf Vorschlag der Prüferin oder des Prüfers. Die Notenbekanntgabe erfolgt nicht im Anschluss, sondern zu einem festgelegten Termin.

Direkt vor der Prüfung haben Sie innerhalb der **Vorbereitungszeit (20 Min.)** die Möglichkeit, sich mit den Prüfungsaufgaben und dem Prüfungsmaterial auseinanderzusetzen. Zu diesem Zweck werden sie Ihnen schriftlich vorgelegt.

2 Tipps für die Vorbereitungszeit

- Beachten Sie die **Operatoren** und die konkreten **Aufgabenstellungen**.
- **Lesen Sie das Material gründlich** durch. Nehmen Sie gezielte **Markierungen** vor, fertigen Sie kurze aufgabenbezogene **Randnotizen** an, auch um sich während der Prüfung in dem Text schnell orientieren und **Textstellen ohne lange Suche zitieren** zu können.
- Nutzen Sie ggf. die erlaubten **Hilfsmittel** – das Fremdwörterbuch oder das Rechtschreibwörterbuch, in dem manche Begriffserklärungen zu finden sind –, wenn Sie sich eine Wortbedeutung aus dem Textzusammenhang nicht erschließen können. Werden Sie nicht fündig, dann können Sie auch **im Prüfungsgespräch nachfragen**.
- Fertigen Sie **vorbereitende Notizen** an. Auf diese dürfen Sie während der Prüfung zurückgreifen. Beschränken Sie sich dabei auf das Allerwichtigste, formulieren Sie nur stichwortartig und in Halbsätzen – für Ausformulierungen reicht die Vorbereitungszeit nicht aus. Außerdem sind die Notizen in der Prüfung nicht dazu da, um von Ihnen abgelesen zu werden.
- Nummerieren Sie gegen Ende der Vorbereitungszeit Ihre Notizen durch, um sie geordnet vortragen zu können.
- Am Prüfungsanfang werden Sie vermutlich aufgeregt sein: Überlegen Sie sich daher im Voraus einen **kurzen Einstieg**, das verleiht Sicherheit. Worin besteht Ihre erste Aufgabe? Wie werden Sie vorgehen?

3 Tipps für den Kurzvortrag

- Die Lehrkräfte des Fachausschusses werden förmlicher als sonst auftreten. Sie werden abwarten, bis Sie bequem Platz genommen sowie **Ihr Material und Ihre Uhr zurechtgelegt** haben. Dann werden sie Sie vermutlich offiziell begrüßen und die Zusammensetzung des Fachausschusses vorstellen, bevor sie das Wort an Sie übergeben. Nutzen Sie die Zeit, um ruhig ein- und besonders ruhig auszuatmen. Fällt es Ihnen schwer, Augenkontakt herzustellen, fokussieren Sie zunächst Ihnen bekannte oder sympathisch erscheinende Gesichter. Lächeln Sie!
- Überzeugen Sie in Ihrem Kurzvortrag inhaltlich. Bringen Sie Ihre aufgabenbezogenen Beobachtungen, Erkenntnisse, Deutungen und sonstige Ergebnisse **auf den Punkt und in einen begründeten Zusammenhang**.
- **Strukturieren Sie Ihren Vortrag**, indem Sie eingangs knapp mitteilen, worin Ihre Aufgabe besteht und wie Sie dabei vorgehen werden. Gewichten Sie Ihre Ergebnisse und stellen Sie die wichtigsten heraus. Leiten Sie eigenständig ein Fazit ein und formulieren dieses anschließend aus.

- Denken Sie daran, dass beispielswiese für Zusammenfassungen **mündlich und schriftlich die gleichen Vorgaben** gelten (etwa die Verwendung des Präsens und des Konjunktivs I).
- Überzeugen Sie in Ihrem Kurzvortrag auch sprachlich: Sorgen Sie für eine **angemessene Ausdrucksweise** und zeigen Sie, dass Sie die **Fachsprache** beherrschen.
- Kontrollieren Sie während des gesamten Vortrags die Qualität Ihrer eigenen Aussagen. Das können Sie gedanklich nur leisten, wenn Sie **nicht zu schnell sprechen**.
- Zögern Sie nicht, **laut über das bereits Gesagte nachzudenken und es eigenständig zu ergänzen oder zu korrigieren**. Leiten Sie die Selbstkorrekturen gezielt ein (z. B. „Einen Moment bitte, ich möchte gerne nachtragen, dass …"; „Unter Berücksichtigung dieser Textstelle möchte ich meine vorherige Aussage doch abändern.").
- Bilden Sie **keine allzu langen Sätze**.
- Sie haben den Faden verloren? Sie können die passende Textstelle nicht finden? Ihr **souveräner Umgang mit Schwierigkeiten im Gespräch** spricht für Ihre kommunikativen Fähigkeiten (z. B. „Entschuldigung, ich habe gerade den Faden verloren. Ich war doch gerade dabei, X darzustellen. Ich setze neu an"; „Die ausschlaggebende Stelle finde ich jetzt nicht, aber es geht darin darum, dass …").

4 Tipps für das Prüfungsgespräch

- Im Prüfungsgespräch sind alle Mitglieder des Fachausschusses berechtigt, Ihnen Fragen zu stellen. Diese werden entweder nach dem Vortrag oder nach Ihrer Darstellung der Ergebnisse zu den ersten Aufgaben und dann erneut gegen Ende kommen. Haben Sie eine Frage nicht verstanden, **bitten Sie ruhig um eine Wiederholung oder Umformulierung**.
- Die Fragen im Prüfungsgespräch dienen der **Klärung und Vertiefung**. Manche betreffen Aspekte, die Sie in Ihrem Vortrag eventuell nur oberflächlich angesprochen, unzutreffend dargestellt oder übersehen haben. Es hilft, nicht sofort zu antworten, sondern zunächst zu reflektieren, was Sie bereits gesagt haben, und ggf. das Material erneut kritisch zu sichten. Wiederholen Sie hier nicht Ihre vorherigen Antworten, sondern **präzisieren, korrigieren oder ergänzen** Sie diese.
- Wenn eine Frage Sie dazu angeregt, z. B. Ihre bisherigen Deutungen zu überdenken oder einen neuen Bezug, Zusammenhang oder Deutungsansatz zu formulieren, präsentieren und erläutern Sie diese von sich aus. Behalten Sie durch gehaltvolle und ausformulierte Antworten die **Kontrolle über den Verlauf des Gesprächs**.

ÜBUNGSAUFGABEN

Hessen Deutsch ▪ Abschlussprüfung Fachoberschule
Übungsaufgabe 1

FRIEDRICH SCHILLER: KABALE UND LIEBE

LIEBE

Aufgabenstellung

1 Ordnen Sie den vorliegenden Auszug aus Friedrich Schillers Drama *Kabale und Liebe* (Material 1) knapp in die Dramenhandlung ein und fassen Sie den Inhalt in eigenen Worten zusammen. (25 BE)

2 Untersuchen Sie den Auszug aus Schillers Stück im Hinblick auf das Verhältnis von Luise und Ferdinand sowie hinsichtlich der Frage, wie Ferdinand und Luise ihre Liebe sehen. (40 BE)

3 Diskutieren Sie – unter Berücksichtigung des vorliegenden Auszugs –, inwieweit Ferdinands Liebe der Liebesvorstellung entspricht, die das Zitat von Erich Fromm (Material 2) skizziert. (35 BE)

Material 1 **Friedrich Schiller: Kabale und Liebe (1784)**

1. Akt, 4. Szene

Ferdinand von Walter. Luise

(Er fliegt auf sie zu – sie sinkt entfärbt und matt auf einen Sessel! – er bleibt vor ihr stehn – sie sehen sich eine Zeitlang stillschweigend an. Pause.)

FERDINAND. Du bist blass, Luise?

LUISE *(steht auf und fällt ihm um den Hals)*. Es ist nichts. Nichts. Du bist ja da. Es ist vorüber.

FERDINAND *(ihre Hand nehmend und zum Munde führend)*. Und liebt mich meine Luise noch? Mein Herz ist das gestrige, ist's auch das deine noch? Ich fliege nur her, will sehn, ob du heiter bist, und gehn und es auch sein – Du bist's nicht.

LUISE. Doch, doch, mein Geliebter.

FERDINAND. Rede mir Wahrheit. Du bist's nicht. Ich schaue durch deine Seele wie durch das klare Wasser dieses Brillanten. *(Er zeigt auf seinen Ring.)* Hier wirft sich kein Bläschen auf, das ich nicht merkte – kein Gedanke tritt in dies Angesicht, der mir entwischte. Was hast du? Geschwind! Weiß ich nur diesen Spiegel helle, so läuft keine Wolke über die Welt. Was bekümmert dich?

LUISE *(sieht ihn eine Weile stumm und bedeutend an, dann mit Wehmut)*. Ferdinand! Ferdinand! Dass du doch wüsstest, wie schön in dieser Sprache das bürgerliche Mädchen sich ausnimmt –

FERDINAND. Was ist das? *(Befremdet.)* Mädchen! Höre! Wie kommst du auf das? – Du bist meine Luise. Wer sagt dir, dass du noch etwas sein solltest? Siehst du, Falsche, auf welchem Kaltsinn ich dir begegnen muss? Wärest du ganz nur Liebe für mich, wann hättest du Zeit gehabt, eine Vergleichung zu machen? Wenn ich bei dir bin, zerschmilzt meine Vernunft in einen Blick – in einen Traum von dir, wenn ich weg bin, und du hast noch eine Klugheit neben deiner Liebe? – Schäme dich! Jeder Augenblick, den du an diesen Kummer verlorst, war deinem Jüngling gestohlen.

LUISE *(fasst seine Hand, indem sie den Kopf schüttelt)*. Du willst mich einschläfern, Ferdinand – willst meine Augen von diesem Abgrund hinweglocken, in den ich ganz gewiss stürzen muss. Ich seh in die Zukunft – die Stimme des Ruhms – deine Entwürfe – dein Vater – mein Nichts. *(Erschrickt und lässt plötzlich seine Hand fahren.)* Ferdinand! ein Dolch über dir und mir! – Man trennt uns!

FERDINAND. Trennt uns! *(Er springt auf.)* Woher bringst du diese Ahndung, Luise? Trennt uns? – Wer kann den Bund zwoer Herzen lösen oder die Töne eines Akkords auseinanderreißen? – Ich bin ein Edelmann – Lass doch sehen, ob mein Adelbrief älter ist als der Riss zum unendlichen Weltall? oder mein Wappen gültiger als die Handschrift des Himmels in Luisens Augen: Dieses Weib ist für diesen Mann? – Ich bin des Präsidenten Sohn. Ebendarum. Wer als die Liebe kann mir die Flüche versüßen, die mir der Landeswucher meines Vaters vermachen wird?

LUISE. O wie sehr fürcht ich ihn – diesen Vater!

FERDINAND. Ich fürchte nichts – nichts – als die Grenzen deiner Liebe. Lass auch Hindernisse wie Gebirge zwischen uns treten, ich will sie für Treppen nehmen und drüber hin in Luisens Arme fliegen. Die Stürme des widrigen Schicksals sollen meine Empfindungen emporblasen, *Gefahren* werden meine Luise nur reizender machen. – Also nichts mehr von Furcht, meine Liebe. Ich selbst – ich will über dir wachen wie der Zauberdrach' über unterirdischem Golde – *Mir* vertraue dich. Du brauchst keinen Engel mehr – Ich will mich zwischen dich und das Schicksal werfen – empfangen für dich jede Wunde – auffassen für dich jeden Tropfen aus dem Becher der Freude – dir ihn bringen in der Schale der Liebe. *(Sie zärtlich umfassend.)* An diesem Arm soll meine Luise durchs Leben hüpfen; schöner, als er dich von sich ließ, soll der Himmel dich wiederhaben und mit Verwunderung eingestehn, dass nur die Liebe die letzte Hand an die Seelen legte –

LUISE *(drückt ihn von sich, in großer Bewegung)*. Nichts mehr! Ich bitte dich, schweig! – Wüsstest du – Lass mich – du weißt nicht, dass deine Hoffnungen mein Herz wie Furien anfallen. *(Will fort.)*

FERDINAND *(hält sie auf)*. Luise? Wie! Was! Welche Anwandlung?

LUISE. Ich hatte diese Träume vergessen und war glücklich – Jetzt! Jetzt! Von *heut* an – der Friede meines Lebens ist aus – Wilde Wünsche – ich weiß es – werden in meinem Busen rasen. – Geh – Gott vergebe dir's – Du hast den Feuerbrand in mein junges friedsames Herz geworfen, und er wird nimmer, nimmer gelöscht werden.

(Sie stürzt hinaus. Er folgt ihr sprachlos nach.)

In: Friedrich Schiller, Kabale und Liebe (1784). Stuttgart, Reclam (RUB. 33) 1993.

Material 2 Zitat von Erich Fromm[1]

Lieben ist eine produktive Tätigkeit, es impliziert, für jemanden (oder etwas) zu sorgen, ihn zu kennen, auf ihn einzugehen, ihn zu bestätigen, sich an ihm zu erfreuen – sei es ein Mensch, ein Baum, ein Bild, eine Idee. Es bedeutet, ihn (sie, es) zum Leben zu erwecken, seine (ihre) Lebendigkeit zu steigern.

In: Erich Fromm: Haben oder Sein. Stuttgart: DVA 1976. Übersetzt von Brigitte Stein

Anmerkung

1 *Erich Fromm:* deutsch-US-amerikanischer Psychoanalytiker und Philosoph (1900–1980)

TIPP **Bearbeitungshinweise**

Teilaufgabe 1: Es liegt Ihnen ein Auszug aus Friedrich Schillers Drama *Kabale und Liebe* vor, das Ihnen aus dem Unterricht bekannt ist. Die erste Teilaufgabe verlangt zunächst eine **Einordnung des Auszugs** in den Handlungszusammenhang und im Anschluss die **Zusammenfassung von dessen Inhalt**. Beginnen Sie die Aufgabenbearbeitung mit mehrfachen Lesedurchgängen, in denen Sie nach und nach ein tieferes Textverständnis erlangen. Machen Sie sich dann bewusst, an welcher Stelle im Drama sich der Auszug befindet, und überlegen Sie, welche **Handlungselemente zum Verständnis der Textstelle nötig** sind – diese Überlegungen bilden dann die Grundlage für die Einordnung in den Dramenkontext. Zur Vorbereitung der Zusammenfassung sollten Sie den Auszug in **Sinnabschnitte einteilen** und ihnen Überschriften geben.
Ihren Aufsatz beginnen Sie mit einer **Einleitung**, in der Sie die grundlegenden Informationen zum Drama (Titel, Autor, Erscheinungsjahr etc.) nennen und zum Auszug hinführen. Die anschließende **Einordnung in den Kontext** sollten Sie möglichst knapp gestalten, eine ausführliche Inhaltsangabe des Dramas ist hier nicht verlangt. Danach **fassen** Sie den **Inhalt** – entsprechend der eingeteilten Sinnabschnitte – in eigenen Worten **zusammen**.

Teilaufgabe 2: Die Aufgabenstellung fordert, dass Sie den Auszug hinsichtlich des Verhältnisses der beiden Protagonisten und ihrer Sicht auf ihre Liebe untersuchen. Sie können dabei zwei Wege gehen: Entweder Sie strukturieren Ihren Aufsatz **entlang einzelner Unteraspekte** dieser zwei Gesichtspunkte (z. B. „Ferdinands Dominanz", „Luises Zweifel", …) und greifen dabei jeweils auf entsprechende Textstellen zurück, mit denen Sie diese untermauern können. Oder Sie gehen den Auszug **Schritt für Schritt von vorne bis hinten** durch und arbeiten dabei nach und nach die Facetten der geforderten Gesichtspunkte heraus. Der vorliegende Musteraufsatz folgt dem zweiten Vorgehen, das etwas leichter umzusetzen ist.
Der Textauszug ist von einer starken **Bildlichkeit** geprägt. Sie werden nicht darum herumkommen, diese an der einen oder anderen Stelle **zu entschlüsseln** – denn sie gibt insbesondere über Ferdinands Liebesverständnis Aufschluss.

Teilaufgabe 3: Zentraler Bezugspunkt der Aufgabenstellung ist ein **Zitat**, in dem Erich Fromm seine Auffassung von Liebe wiedergibt. Es gilt, dieses **Zitat auf Ferdinands Liebe anzuwenden** – und zwar über den untersuchten Auszug hinaus. Sie sollten sich also am besten zunächst noch einmal bewusst machen, welche Rolle Ferdinand im weiteren Drama spielt. Mit dem Operator „Diskutieren" ist ein **erörternder Ansatz** verbunden: **Entspricht Ferdinands Liebe** der **Liebesdefinition von Erich Fromm**? Wird er dieser Definition gerecht? Es bietet sich an, die einzelnen Aspekte, die Fromm anspricht, **nacheinander** daraufhin zu prüfen, ob sie sich in Ferdinands Liebe zu Luise wiederfinden. So hat Ihr Aufsatz einen sauberen und nachvollziehbaren Aufbau. Schließen Sie den Aufsatz dann am besten mit einer **zusammenfassenden Stellungnahme** ab.

Lösungsvorschlag

TEILAUFGABE 1

Einleitung

Grundinformationen zum Drama und zur Thematik

Der vorliegende Textauszug stammt aus Friedrich Schillers *Kabale und Liebe* (1784). Im Zentrum des Dramas stehen **zwei Liebende**, die **zwei unterschiedlichen sozialen Schichten** angehören – eine solche Beziehung war jedoch in der Zeit der Dramenhandlung alles andere als unproblematisch, wie auch Schiller zeigt.

Hauptteil

Einordnung ins Drama

In der vorliegenden vierten Szene des ersten Aktes treffen erstmals im Drama die beiden Liebenden, Ferdinand und Luise, aufeinander. Aus den vorangehenden Gesprächen im Haus von Luises Familie weiß der Zuschauer, dass die Liebe unter dem **unheilvollen Stern ihres Standesunterschiedes** steht. Ferdinand ist ein **adeliger Major** und zugleich der **Sohn des Präsidenten**, Luise ist die Tochter des **bürgerlichen Musikers** Miller, der aber gegen ihre Beziehung zu Ferdinand ist. Zusätzlich hat der bürgerliche Sekretär des Präsidenten, Wurm, ein Auge auf Luise geworfen. Diese liebt Ferdinand zwar, sie sieht allerdings – da sie sich der Standesgrenzen und der davon ausgehenden Gefahren bewusst ist – keine Möglichkeit, diese Liebe im Diesseits zu leben. In der vorliegenden Szene zeigt sich der **erhebliche Unterschied zur Auffassung Ferdinands**, der alle Widerstände und Hindernisse für ihre Liebe überwinden zu können meint. Der weitere Dramenverlauf, in dem der Präsident zusammen mit Wurm gegen diese Liebe eine Intrige spinnt, die den **Tod der Liebenden** durch Ferdinands Hand zur Folge hat, bestätigt Luises Befürchtungen.

Interpretationshypothese zur Textstelle

Zusammenfassung:

Z. 1–18: Versuch Ferdinands, Luises Stimmung zu ergründen

In der vorliegenden Szene besucht Ferdinand Luise zu Hause. Er bemerkt schnell, dass diese **nicht** in dem von ihm **erwarteten liebestrunken-heiteren Zustand** ist. Er versucht, den **Grund dafür herauszubekommen** (Z. 1–18). Luise jedoch weicht aus und zögert, ihre innere Verfassung einzugestehen.

Z. 19–51: Ferdinands Misstrauen und seine Selbstüberhöhung

Mit Luises Hinweis auf ihre bürgerliche Stellung (Z. 17 f.) schlägt Ferdinands bisherige **Besorgtheit** in **Misstrauen** um: Während Luise ihrer Furcht vor der Zukunft und vor allem vor Ferdinands Vater Ausdruck verleiht, wirft Ferdinand ihr Mangel an Liebe vor und betont die Intensität seiner eigenen Liebe. In einer Art **Vision** veranschaulicht er, wie er die Liebe zu Luise heldenhaft **gegen alle Widerstände durchsetzen** will (vgl. Z. 19–50).

Z. 51–59: Wiederaufleben des Traums von einem gemeinsamen Leben

Luise, von den Liebesschwüren Ferdinands ergriffen, sieht ihre erfolgreich verdrängten Träume von einem Leben mit dem Geliebten im Diesseits wieder aufleben. Davon fühlt sie ihren **inneren Frieden bedroht**, den sie sich mit der Aussicht auf Erfüllung ihrer Liebe im

Jenseits verschafft hatte (vgl. Z. 51–59). Ihre **Flucht** aus der Situation – sie stürzt hinaus – zeigt das ganze Ausmaß ihrer Verzweiflung.

TEILAUFGABE 2

Untersuchung: Verhältnis der Figuren zueinander und ihre Sicht auf ihre Liebe

1. Abschnitt

Ferdinands Aktivität vs. Luises Passivität

Noch bevor ein Wort gesprochen wird, verdeutlicht die Szene schon einen **großen Unterschied zwischen Ferdinand und Luise**. Während dieser **vital** und **aktiv** wirkt (er fliegt auf sie zu), erscheint sie **passiv** und **erschöpft** *(„sinkt entfärbt und matt auf einen Sessel“*, Z. 2). Zwar streitet sie ihre Sorgen ab (vgl. Z. 5 f., 10), doch Ferdinand erkennt ihre Traurigkeit (vgl. Z. 9). Er besteht darauf, den Grund dafür zu erfahren. Aufschlussreich ist der Vergleich mit einem Ringbrillanten. Durch diesen könne er wie durch ihre Seele hindurchsehen. Offenbar glaubt Ferdinand Luise so gut zu kennen, dass er jede Stimmung in ihr wahrnehmen könne. Schon darin kann der Zuschauer einen problematischen Zug erkennen, da die **Kehrseite von Ferdinands aufmerksamem Blick die prüfende Beobachtung** ist, durch die Luise sozusagen überwacht wird. Diese deutet nach kurzem Nachdenken wehmütig an, was ihr zu schaffen macht. Sie bezeichnet sich als „bürgerliche[s] Mädchen“ (Z. 17 f.), verweist so implizit auf die **Standesschranken** zwischen ihnen und damit auf das **Problematische in ihrer Beziehung**.

Ferdinands Selbstbild und sein prüfender Blick

Luises Andeuten der Standesgrenzen

2. Abschnitt

Vereinnahmung und besitzergreifenden Züge der Liebe

Ferdinands befremdete (vgl. Z. 19) Reaktion verdeutlicht die **vereinnahmende Natur seiner Liebe:** Er will Luises Hinweis auf die schwierigen äußeren Umstände nicht gelten lassen und wirft ihr vor, dass sie noch an etwas anderes denke als nur an die Liebe. Er bezeichnet sie als „Falsche“ (Z. 20) und vergleicht sie implizit mit einer Diebin, die ihn bestehle (vgl. Z. 24 f.). Das zeugt von den besitzergreifenden Zügen seiner Liebe. Er stellt seine Gefühle über jede „Vernunft“ (Z. 23), verabsolutiert diese Gefühle und **hält Luise vor**, dass sie ihre Liebe **nicht so absolut sieht wie er**.

Luises Sorge und Furcht

Doch gerade die **Vernunft** ist es, die Luise vor der **Verbindung mit ihm zurückschrecken** lässt. Sie konkretisiert ihre Sorge mit einem Blick in die Zukunft, der die **Realität der Standesunterschiede** und die Rolle von **Ferdinands Vater** berücksichtigt: „die Stimme des Ruhms – deine Entwürfe – dein Vater – mein Nichts.“ (Z. 28 f.) Sie erahnt die **Gefährdung** ihrer Liebe durch den Präsidenten, wie ihre Rede von dem über ihnen schwebenden Dolch zeigt (vgl. Z. 30).

Ferdinands Verabsolutierung ihrer Liebe

Ferdinand setzt Luises Befürchtungen die **Unüberwindbarkeit der Liebe** entgegen. Er ist überzeugt, dass sie niemand auseinanderbringen kann. Der Verbindung mit Luise spricht er **göttliche Züge** zu, wenn er in ihren Augen die „Handschrift des Himmels“ (Z. 35) sieht, in der die Geliebte für ihn bestimmt werde. Ferdinand bekundet seine

Furchtlosigkeit gegenüber allen äußeren Widerständen – er fürchtet nur die „Grenzen [ihrer] Liebe" (Z. 39). Damit betont er, dass ihrer Verbindung allein ein **Mangel an Liebe aufseiten Luises entgegenstehen** könnte. Damit setzt er sie insofern unter Druck, als er ihr unterschwellig die Verantwortung für das mögliche Scheitern der Beziehung zuschreibt.

unterschwelliger Vorwurf

Ferdinand steigert sich sogar in eine Heldenvision, in der er als Beschützer Luises kraft seiner Liebe **alle Hindernisse mit Leichtigkeit überwindet:** Er wolle über sie wachen wie der „Zauberdrach' über unterirdischem Golde" (Z. 44). Sich selbst über- und die äußeren Umstände ihrer Beziehung vollkommen unterschätzend, setzt er sich sogar an die Stelle von Luises Engel (vgl. Z. 45). Auch hier bestätigt sich die **vereinnahmende Liebe** Ferdinands. Denn er schwingt sich damit geradezu zu einer Schutzkraft auf, die Gott und damit einen wichtigen Teil von Luises Weltbild in den Hintergrund treten lässt. Seine **Selbstübersteigerung** mündet in die **Vision vom gemeinsamen Leben**, in dem er ihr alle Freuden bieten möchte.

Heldenvision: Ferdinand als Beschützer

Luise lässt sich **von Ferdinands Liebesbezeugungen beeindrucken** – ihre verdrängten Träume, von denen sie sich schon gelöst zu haben meinte, werden davon wiedererweckt. Weil sie ihr die innere Ruhe nehmen, empfindet sie diese aber als **bedrohlich** („der Friede meines Lebens ist aus", Z. 56; „Feuerbrand in mein junges friedsames Herz", Z. 57 f.). Offenbar hat Luise **keine Hoffnung**, dass die „[w]ilde[n] Wünsche" (Z. 56) erfüllt werden können, und sieht sich in einem **unlösbaren Konflikt** zwischen ihren **Liebesträumen** und dem **Wissen**, dass sich diese **nicht verwirklichen** lassen.

3. Abschnitt

Wirkung auf Luise

Die Textstelle ist symptomatisch für die Perspektive der beiden Figuren auf ihre Liebe: **Luise** blickt insofern **realistisch** darauf, als sie von deren **Unlebbarkeit angesichts der Standesunterschiede** ausgeht. Der Handlungsverlauf wird zeigen, wie recht sie hat – die intrigante Rolle von Ferdinands dominantem Vater deutet sie mehrfach an. Auch nach Ferdinands überschwänglicher Beschreibung ihrer gemeinsamen Zukunft bleibt Luise die Perspektivlosigkeit ihrer Beziehung zu Ferdinand zwar bewusst. Sie kann aber letztlich ihre eigenen starken Gefühle für ihren Geliebten nicht weiter unterdrücken. **Vernunft und Gefühl** befinden sich im **Widerstreit**.

Schlussfolgerung: Verhältnis der Figuren und ihre Perspektiven auf die Beziehung

Die **absolute Liebesauffassung** von Ferdinand, der als dominanter Part in der Beziehung erscheint, trägt fast **wahnhafte Züge:** Er überhöht die eigene Liebe zu einer alles überwindenden Kraft, unterschätzt dabei aber die existierenden **gesellschaftlichen Zwänge** und die **Rolle seines Vaters**. Die **zerstörerische Kehrseite**, die seine **Verabsolutierung der Liebe** hat, deutet sich dabei schon in seinen

Gefahr durch Ferdinands Liebesauffassung

Vorwürfen gegenüber Luise an – sie wird später zu Ferdinands Mord an Luise führen.

TEILAUFGABE 3

Diskussion von Ferdinands Liebesvorstellung in Bezug auf Fromm

Wie Ferdinands Liebe genauer beschaffen ist, lässt sich vor dem Hintergrund des Liebesideals präzisieren, das **Erich Fromm** an einer Stelle in seinem Werk *Haben oder Sein* von 1976 darstellt.

(1) Aktivität und Produktivität als Kennzeichen von Liebe nach Fromm

Für Fromm stehen offenbar nicht die Gefühle im Mittelpunkt seiner Liebesauffassung, sondern das Verhalten: Er spricht vom „Lieben" als einer Tätigkeit. Er betont dadurch das **aktive Handeln**. Er bezeichnet Lieben als „produktiv"; es wird beim Lieben also etwas **geschaffen** – und nicht verbraucht, konsumiert oder nur gefühlt. Etwas zu produzieren heißt auch zu **geben** – und nicht zu nehmen oder zu besitzen. In *Kabale und Liebe* geht die Aktivität – wie auch in der zuvor untersuchten Szene – einseitig von Ferdinand aus: Er umwirbt Luise, er plant, sie zu heiraten, später will er mit ihr fliehen. Er baut also aktiv an der Beziehung. Als aber seine Pläne durch die Intrige vereitelt werden, kämpft er nicht wie ein Liebender produktiv, sondern zerstört **destruktiv** Luises und sein Leben.

(2) Sich-Sorgen

Der Liebende **„sorgt"** nach Fromm für denjenigen, den er liebt. Ferdinand tritt zumindest zeitweise als Sorgender auf: Er schickt Luise Briefe und Bücher, sieht nach ihr und erkundigt sich nach ihrem Befinden. In seinen Vorstellungen von der gemeinsamen Zukunft sieht er sich als **heldenhafter Retter und Wächter** seiner Geliebten. Diesen Zukunftsvisionen steht allerdings die harte Realität der Dramenhandlung entgegen: Denn sobald das Bild der unschuldigen, reinen Luise Risse bekommt, **schlägt seine Zuneigung und Fürsorglichkeit in Hass** um. Die Kehrseite der Sorge um Luise ist Ferdinands **Vereinnahmung der Geliebten als Besitz** – keinem anderen soll sie „gehören".

Wandlung der Gefühle: Ferdinands Hass

(3) Kennen des anderen

Fromm zufolge ist es eine wichtige Bedingung für das Lieben, **den anderen wirklich zu kennen**. Ferdinand ist überzeugt davon, dass er das tut: Er meint, durch Luises Seele schauen und jeden ihrer Gedanken wahrnehmen zu können (vgl. Z. 11–14). Doch sind daran Zweifel angebracht: Denn wenn Ferdinand Luise besser kennen würde, würde er während der Intrige erkennen, dass seine **Eifersucht unberechtigt** ist, auch wenn der Anschein ein anderer ist – zumal der Hofmarschall ja die Intrige gesteht (vgl. IV, 3).

(4/5) Eingehen auf den anderen und Bestätigen des anderen

Auch Fromms Forderung, dass der Liebende auf den anderen **eingehen** und ihn **bestätigen** muss, wird Ferdinand nicht gerecht. Als Luise in der analysierten Szene die gesellschaftlichen Schranken als

Gefährdung ihrer Person und ihrer Liebe anführt, geht er in seiner **dominanten Art** einfach darüber hinweg. In seiner **Selbststilisierung zum Helden** und in seiner **Verabsolutierung der Liebe** nimmt er Luises Sorgen nicht ernst genug. Auch später, als er vorschlägt, zu fliehen, zeigt er für ihre **Bedenken keine echte Rücksicht**. Ferdinand vermag Luise zudem nicht so anzunehmen, wie sie ist. Er hat beispielsweise **keinen Sinn für Luises Religiosität**. Unter anderem die vorliegende Szene deutet darauf hin, dass er an die Stelle ihres Glaubens an Gott den Glauben an die Liebe setzen will. Insofern bestätigt er Luise gerade nicht in ihrer religiösen Identität, sondern versucht, sie zu **verändern** und ihr seine **Weltsicht überzustülpen**.

Ferdinands fehlende Rücksichtnahme auf Luise

Wunsch, Luise zu verändern

Erfreut sich Ferdinand an seiner Luise, wie Fromm es als Kennzeichen von Liebe fordert? Diese Dimension gibt es zwar durchaus: Er sieht sein „Glück“ (I,7) in der Liebe zu Luise. Doch Freude an Luise hat er nur so lange, wie er in der Illusion schwebt, ein gemeinsames Leben über die Standesgrenzen hinweg führen zu können. Aus der **Desillusionierung** im Zuge der Intrige erwachsen seine **Rachegefühle**. Vor lauter **Eifersucht** entsagt er nicht, sondern gönnt es auch keinem anderen Mann, sich an Luise zu „erfreuen“.

(6) sich-Erfreuen am anderen

Jemanden zu lieben heißt Fromm zufolge zuletzt auch, dessen Lebendigkeit zu steigern. Wörtlich genommen trifft das **Gegenteil** auf Ferdinands Liebe zu: Er tötet Luise. Doch zuvor kann man in gewisser Hinsicht durchaus von einer belebenden Wirkung Ferdinands auf Luise sprechen: Davon zeugt in Szene I,3 Luises unter anderem von Frühlingsmetaphorik geprägter Rückblick auf die erste Begegnung mit Ferdinand. Doch ist schon hier die Belebung insofern **nicht ungebrochen**, als Luise sich bereits für die Entsagung im Diesseits entschieden hat und ihre Hoffnung auf das Jenseits, auf den Tod richtet. Auch am Ende der vorliegenden Szene deutet die Bildlichkeit auf eine gewisse Belebung hin, erwachen doch Luises Träume, Hoffnungen und „[w]ilde[n] Wünsche“ (Z. 56) wieder. Doch ist diese Belebung negativ zu sehen, da sie **zerstörerisch** wirkt. Eine wie die von Fromm geforderte positive Lebendigkeit lässt sich hier daher ebenfalls nicht feststellen.

(7) Steigerung der Lebendigkeit des anderen

zerstörerische Kraft der Lebendigkeit

Schluss

Zusammenfassung

Ferdinands Liebe zu Luise entspricht also in den meisten Aspekten nicht Fromms Liebesvorstellung. Sein **Charakter** bietet viel Angriffsfläche, um seine Liebe von außen leicht zu zerstören. In seinem Fall sind es der **Idealismus** und seine **Eifersucht**. Er hängt der **Utopie** einer glücklichen Beziehung über die Standesgrenzen hinweg nach. Als er jedoch eifersüchtig gemacht wird, reagiert er zu leichtgläubig und erweist sich so seiner eigenen Utopie nicht gewachsen.

Vor diesem Hintergrund Ferdinand die Hauptschuld am tödlichen Verlauf des Geschehens zu geben, weil seine Liebe den Merkmalen des Fromm'schen Liebesverständnisses nicht genügt, wäre aber zu kurz gegriffen. Denn man sollte keinesfalls die **gesellschaftlichen Bedingungen**, insbesondere die aus den **Standesschranken resultierenden Konflikte** und die **Intrige**, außer Acht lassen. Gleichwohl trägt die Beschaffenheit von Ferdinands **besitzergreifender**, **egoistischer und verabsolutierter Liebe** entscheidend zum tragischen Tod der Liebenden bei.

abschließende Überlegung

FRIEDRICH SCHILLER: KABALE UND LIEBE

GESELLSCHAFTS- UND HERRSCHAFTSKRITIK

Aufgabenstellung

1 Ordnen Sie den vorliegenden Auszug aus Schillers Drama *Kabale und Liebe* (Material 1) knapp in die Dramenhandlung ein und fassen Sie den Inhalt in eigenen Worten zusammen. (25 BE)

2 Untersuchen Sie, wie Schiller die Figur der Lady Milford v. a. im Dialog mit dem Kammerdiener gestaltet. Erläutern Sie abschließend den Stellenwert dieser Szene für das Drama. (40 BE)

3 Prüfen Sie unter Rückgriff auf das Zitat von Rüdiger Safranski (Material 2) die These, dass gerade in dieser Szene Schillers gesellschafts- und herrschaftskritische Intention von *Kabale und Liebe* deutlich wird. (35 BE)

Material 1 Friedrich Schiller: Kabale und Liebe (1784)

2. Akt, 2. Szene

Ein alter KAMMERDIENER des Fürsten, der ein Schmuckkästchen trägt. Die VORIGEN.

KAMMERDIENER. Seine Durchlaucht der Herzog empfehlen sich Mylady zu Gnaden, und schicken Ihnen diese Brillanten zur Hochzeit. Sie kommen soeben erst aus Venedig.

LADY *(hat das Kästchen geöffnet und fährt erschrocken zurück)*. Mensch! was bezahlt dein Herzog für diese Steine?

KAMMERDIENER *(mit finsterm Gesicht)*. Sie kosten ihn keinen Heller.

LADY. Was? Bist du rasend? N i c h t s? – und *(indem sie einen Schritt von ihm weg tritt)* du wirfst mir ja einen Blick zu, als wenn du mich durchbohren wolltest – N i c h t s kosten ihn diese unermesslich kostbaren Steine?

KAMMERDIENER. Gestern sind siebentausend Landskinder nach Amerika fort – Die zahlen alles.

LADY *(setzt den Schmuck plötzlich nieder, und geht rasch durch den Saal, nach einer Pause zum Kammerdiener)*. Mann, was ist dir? Ich glaube, du weinst?

KAMMERDIENER *(wischt sich die Augen, mit schrecklicher Stimm, alle Glieder zitternd)*. Edelsteine wie d i e s e da – Ich hab' auch ein paar Söhne drunter.

LADY *(wendet sich bebend weg, seine Hand fassend)*. Doch keinen Gezwungenen?

KAMMERDIENER *(lacht fürchterlich).* O Gott – Nein – lauter Freiwillige! Es traten wohl so etliche vorlaute Bursch' vor die Front heraus, und fragten den Obersten, wie teuer der Fürst das Joch Menschen verkaufe? – aber unser gnädigster Landesherr ließ alle Regimenter auf dem Paradeplatz aufmarschieren, und die Maulaffen niederschießen. Wir hörten die Büchsen knallen, sahen ihr Gehirn auf das Pflaster sprützen, und die ganze Armee schrie: Juchhe, nach Amerika! –

LADY *(fällt mit Entsetzen in den Sofa).* Gott! Gott! – Und ich hörte nichts? Und ich merkte nichts?

KAMMERDIENER. Ja, gnädige Frau – warum musstet Ihr denn mit unserm Herrn gerad auf die Bärenhatz reiten, als man den Lärmen[1] zum Aufbruch schlug? – Die Herrlichkeit hättet ihr doch nicht versäumen sollen, wie uns die gellenden Trommeln verkündigten, es ist Zeit, und heulende Waisen dort einen lebendigen Vater verfolgten, und hier eine wütende Mutter lief, ihr saugendes Kind an Bajonetten zu spießen, und wie man Bräutigam und Braut mit Säbelhieben auseinander riss, und wir Graubärte verzweiflungsvoll dastanden, und den Burschen auch zuletzt die Krücken noch nachwarfen in die Neue Welt – Oh, und mitunter das polternde Wirbelschlagen, damit der Allwissende uns nicht sollte beten hören –

LADY *(steht auf, heftig bewegt).* Weg mit diesen Steinen – sie blitzen Höllenflammen in mein Herz. *(Sanfter zum Kammerdiener.)* Mäßige dich, armer alter Mann. Sie werden wiederkommen. Sie werden ihr Vaterland wiedersehen.

KAMMERDIENER *(warm und voll[2]).* Das weiß der Himmel! Das werden sie! – Noch am Stadttor drehten sie sich um, und schrieen: „Gott mit euch, Weib und Kinder – Es leb' unser Landesvater – am Jüngsten Gericht sind wir wieder da!" –

LADY *(mit starkem Schritt auf und nieder gehend).* Abscheulich! Fürchterlich! – Mich beredete man,[3] ich habe sie alle getrocknet die Tränen des Landes – Schrecklich, schrecklich gehen mir die Augen auf – Geh du – Sag deinem Herrn – Ich werd ihm persönlich danken. *(Kammerdiener will gehen, sie wirft ihm ihre Goldbörse in den Hut.)* Und das nimm, weil du mir Wahrheit sagtest –

KAMMERDIENER *(wirft sie verächtlich auf den Tisch zurück).* Legt's zu dem Übrigen. *(Er geht ab.)*

LADY *(sieht ihm erstaunt nach).* Sophie, spring ihm nach, frag ihn um seinen Namen. Er soll seine Söhne wiederhaben. *(Sophie ab. Lady nachdenkend auf und nieder. Pause. Zu Sophien, die wiederkommt.)* Ging nicht jüngst ein Gerüchte, dass das Feuer eine Stadt an der Grenze verwüstet, und bei vierhundert Familien an den Bettelstab gebracht habe? *(Sie klingelt.)*

SOPHIE Wie kommen Sie auf das? Allerdings ist es so, und die mehresten dieser Unglücklichen dienen jetzt ihren Gläubigern als Sklaven, oder verderben in den Schachten der fürstlichen Silberbergwerke.

BEDIENTER *(kommt).* Was befehlen Mylady?

LADY *(gibt ihm den Schmuck).* Dass das ohne Verzug in die Landschaft[4] gebracht werde! – Man soll es sogleich zu Geld machen, befehl ich, und den Gewinst davon unter die Vierhundert verteilen, die der Brand ruiniert hat.

SOPHIE Mylady, bedenken Sie, dass Sie die höchste Ungnade wagen.

LADY *(mit Größe).* Soll ich den Fluch seines Landes in meinen Haaren tragen? *(Sie winkt dem Bedienten, dieser geht.)* Oder willst du, dass ich unter dem schrecklichen

Geschirr solcher Tränen zu Boden sinke? – Geh, Sophie – Es ist besser, falsche Juwelen im Haar, und das Bewusstsein dieser Tat im Herzen zu haben. […]

In: Friedrich Schiller, Kabale und Liebe (1784). Stuttgart, Reclam (RUB. 33) 1993.

Anmerkungen

1 *Lärmen: der Lärmen* von frühnhd. *lerman:* Alarm schlagen
2 mit voller Stimme, gefasst im Vertrauen auf Gott
3 *Mich beredete man:* Mir redete man ein
4 *die Landschaft:* mit Landschaft wurde die Vertretung der Stände bezeichnet. Hier ist wohl ihr Versammlungsgebäude, insbesondere die Kasse gemeint.

Material 2 Zitat von Rüdiger Safranski[1]

Die Kammerdienerszene mit der Anprangerung des Menschenhandels wurde zu Lebzeiten Schillers bei den meisten Aufführungen überhaupt gestrichen.

In: Rüdiger Safranksi: Schiller oder Die Erfindung des Deutschen Idealismus, Hanser: München 2004.

Anmerkung

1 *Rüdiger Safranski:* deutscher Literaturwissenschaftler und Philosoph (*1945)

TIPP **Bearbeitungshinweise**

Teilaufgabe 1: In der ersten Teilaufgabe sollen Sie zunächst **den für das Verständnis der vorliegenden Szene notwendigen Kontext vorstellen**. Machen Sie also deutlich, wo sich die Szene in Schillers bürgerlichem Trauerspiel *Kabale und Liebe* genau befindet und was vor dieser Szene bereits alles passiert ist.
Dann muss der **Inhalt der Szene zusammengefasst** werden. Gehen Sie den Dialog zwischen dem Kammerdiener und der Lady Milford Redebeitrag für Redebeitrag durch und stellen Sie die wichtigsten Punkte **in eigenen Worten** heraus: Worüber sprechen die beiden? Wie reagieren sie auf die Worte des jeweils anderen? Lässt sich eine Entwicklung im Gespräch erkennen?

Teilaufgabe 2: Die geforderte genauere Untersuchung der Szene soll sich vor allem auf die **Charakterisierung von Lady Milford** konzentrieren. Dabei ist die **verbale und gestisch-mimische Interaktion mit dem Kammerdiener** von besonderer Bedeutung – beachten Sie bei Ihrer Analyse also auch **Schillers Regieanweisungen**. Stellen Sie dar, welche Charaktereigenschaften von Lady Milford in der vorliegenden Szene – vielleicht auch erstmals – zum Ausdruck kommen.
Abschließend sollen Sie erläutern, **welche Bedeutung diese Szene im Drama hat** – nicht nur hinsichtlich der Frage, welche Entwicklungen der Handlung hier ihren Ursprung haben, fortgesetzt oder beendet werden, sondern auch im Hinblick darauf, warum Schiller diese Szene unabhängig vom konkreten Handlungsverlauf hier eingefügt haben könnte.

Teilaufgabe 3: Dieser weiterführende Schreibauftrag verlangt von Ihnen eine Entscheidung: Findet sich gerade in der Ihnen vorliegenden Szene der **Schlüssel für Schillers Gesellschafts- und Herrschaftskritik**? Die Frage unterstellt, dass Schillers Stück auf jeden Fall in diesem Sinne kritisch ist. Beziehen Sie die **Aussage von Rüdiger Safranski** bezüglich der Streichung der Szene in Ihre Überlegungen mit ein. Sie können der These zustimmen, weil z. B. die Kritik am Verhalten des Fürsten durch den Kammerdiener und die Reaktion von Lady Milford besonders deutlich wird. Sie können aber auch in Erwägung ziehen, dass die Gesellschaftskritik durchgängig im ganzen Stück oder auch in anderen Szenen zu finden ist. Zum Beispiel könnte man auch die Schlussszene für besonders aufrüttelnd im Sinne von Fürstenkritik und der Propagierung eines humanen Weltbilds halten. Natürlich ist auch ein abwägendes Urteil (einerseits – andererseits) möglich. Bevor Sie sich ans Schreiben machen, sollten Sie sich zunächst entscheiden, welche Argumentationsrichtung Sie wählen möchten.
Am Schluss runden Sie Ihre Ausführungen am besten mit einem kurzen **Fazit** ab, in dem Sie Ihre Position noch einmal deutlich herausstellen.

Lösungsvorschlag

TEILAUFGABE 1

Einleitung

Hinführung zum Thema, Basisinformationen

Wenn jemand heutzutage die deutsche Regierung oder einzelne Politiker für Taten oder Entscheidungen kritisieren möchte, kann er oder sie das **in aller Öffentlichkeit** machen, **ohne Verfolgung oder Bestrafung befürchten zu müssen**. Anders als im 18. Jahrhundert, genauer gesagt im Jahr 1784, als Friedrich Schiller sein bürgerliches Trauerspiel *Kabale und Liebe* verfasst hat. In der vorliegenden Szene II, 2 geht es um das soziale Engagement von Lady Milford, wobei die Kritik Schillers am Absolutismus deutlich wird.

Hauptteil

Einordnung der Szene in Dramenhandlung:

In der Szene II, 2 hat **Lady Milford, die Mätresse des Fürsten**, ihren zweiten Auftritt im Stück. Aus der vorhergehenden Szene wissen wir, dass sie nicht, wie vermutet werden könnte, Opfer der Intrige des Präsidenten – mit Ziel, Ferdinand von Luise zu trennen – ist, sondern dass sie selbst hinter den Heiratsplänen steht. Sie lässt sich als eine attraktive Dame charakterisieren, die gerade dabei ist, ihren Lebensweg radikal zu ändern. **Trotz ihrer herausragenden Position in der Hofgesellschaft und des angehäuften Reichtums** ist sie unzufrieden. Sie spürt eine **innere Leere** und möchte mit ihrer wahren Liebe – Ferdinand – ein **neues Leben weit weg vom Hof** beginnen. Im weiteren Verlauf des Stückes wird es ihr zwar nicht gelingen, Ferdinand für sich zu gewinnen, aber sie wird ein neues tugendhafteres Leben führen. Am Ende der vorliegenden Szene wird ihr Ferdinand angekündigt.

Lady Milfords Plan, ihr Leben zu ändern

Zusammenfassung der Szene:

In Szene II, 2 überbringt der Kammerdiener das **Hochzeitsgeschenk des Fürsten**. Auf Nachfrage von Lady Milford erzählt er, dass das Geld für die Diamanten aus dem Erlös stammt, der durch den **Verkauf von Soldaten** erzielt wurde. Als Lady Milford die Betroffenheit des Kammerdieners bemerkt, fragt sie nach und erfährt, dass auch seine Söhne unter den Verkauften sind. Die von Lady Milford in tröstender Absicht geäußerte Hoffnung bezüglich der Rekrutierungsart und eines späteren Wiedersehens können den Kammerdiener nicht überzeugen. In aller Drastik erzählt er von dem grausamen **Schicksal aufbegehrender Soldaten**, dem makabren Aufbruch des Heeres und der fehlenden Hoffnung auf ein Wiedersehen der Söhne. Lady Milford erkennt, dass sie sich über ihre Möglichkeiten, den Fürsten zum Positiven beeinflusst zu haben, getäuscht hat. Sie will nun dem Kammerdiener unmittelbar helfen und wirft ihm ihre **Geldbörse** zu. Er verweigert die Annahme des Geschenks und geht. Das Ergebnis ihrer folgenden Überlegungen bezüglich einer Wiedergut-

Bericht des Kammerdieners

machung der Schandtaten des Fürsten ist die **Übergabe der Diamanten an einen Bedienten** mit dem Befehl, aus deren Verkaufserlös Brandopfer zu entschädigen. Gegenüber einem kritischen Einwurf von Sophie rechtfertigt sie ihr Verhalten mit dem Hinweis auf die Wichtigkeit der **Reinheit des Herzens**.

Verkauf der Diamanten als Spende

TEILAUFGABE 2

Der Aufbau der Szene verdeutlicht den **Wandel von Lady Milford**. Nachdem sie zunächst von dem menschenverachtenden Verkauf der Soldaten zur Finanzierung ihres Geschenkes erfahren hat (Z. 1–39), **reflektiert sie ihr eigenes Handeln und ihre Situation** (Z. 40–44), um im letzten Drittel der Szene die Konsequenzen zu ziehen und diese vor Sophie zu verteidigen (Z. 45–63).

Gestaltung der Lady Milford:

Die Szene verdeutlicht Lady Milfords charakterliche Anlagen: Sie zeigt **Mitleid** sowohl mit dem Kammerdiener, der seine Söhne durch den Verkauf von Soldaten auf Befehl des Fürsten hin verliert, als auch mit den Bewohnern eines durch einen Brand verwüsteten Dorfes – auch wenn der Kammerdiener die **Empörung von Lady Milford gegen die Entscheidungen des Fürsten** und ihr aufrichtiges Mitleid nicht begreifen kann und das ihm zugedachte Geld abweist (vgl. Z. 45 f.). Lady Milfords Mimik, Gestik und Verhalten, die im Nebentext beschrieben werden, verdeutlichen ihre **Betroffenheit angesichts der Ungerechtigkeiten**, die der Kammerdiener erleiden muss: So wendet sie sich nach Erzählungen des Kammerdieners bebend ab (vgl. Z. 16) oder steht „heftig bewegt" auf (Z. 34). Geradezu spektakulär ist das Nehmen seiner Hand (vgl. Z. 16): Lady Milfords Geste zeigt, dass auch ein einfacher Kammerdiener zur Rührung Anlass geben kann. Darin und in der ausschließlich **negativen Zeichnung des Hofes** zeigt sich Schillers gesellschafts- und herrschaftskritische Perspektive. Auch ist es ungewöhnlich, dass ein Kammerdiener gegenüber einer Lady einen so hohen Redeanteil hat. Auf die gesellschaftskritische Dimension, die mit dem Auftritt des Kammerdieners verbunden ist, werde ich noch ausführlicher zu sprechen kommen.

Mitleid und Empörung angesichts der Gräuel

im Nebentext: Hinweise auf Lady Milfords Emotionen

hoher Redeanteil des Kammerdieners

Mit der Frage von Lady Milford: „Doch keine Gezwungenen?" (Z. 16) wird einerseits ihr ethischer Anspruch, der den Verkauf von Soldaten an fremde Kriegsherren nicht rechtfertigen kann, erkennbar, andererseits offenbart sie aber in ihrer Empörung auch eine **gewisse politische Naivität**. Diese wird auch in der folgenden hilflosen Reaktion: „Gott! Gott! – Und ich hörte nichts? Und ich merkte nichts?" (Z. 23 f.) sichtbar. Der Kammerdiener kommentiert diese Blauäugigkeit ironisch, wenn er darauf hinweist, dass Lady Milford

Lady Milfords politische Blauäugigkeit

es zum Zeitpunkt des Aufbruchs der Soldaten vorgezogen habe, auf eine Bärenhatz zu gehen (vgl. Z. 25–28).

Lady Milfords Positionierung gegen den Fürsten

Andererseits zeigt Lady Milford aber in dieser Szene auch eine **erstaunliche Charakterstärke:** Sie nimmt die Diamanten nicht an, als sie aus der Beschreibung des Kammerdieners erfährt, welchen Preis die Bevölkerung für sie bezahlt hat (vgl. Z. 34 f.). Der elliptische Stil („Weg mit diesen Steinen“) und die drastische Metaphorik („sie blitzen Höllenflammen in mein Herz“) unterstreichen ihre starke Reaktion. Mit ihrer Entscheidung nimmt sie eine **deutliche Gegenposition zu den fürstlichen Zwangsmaßnahmen** ein und riskiert, die Gunst des Fürsten zu verlieren. Ihr Versuch, den Kammerdiener mit positiven Zukunftsaussichten zu trösten (vgl. Z. 35 f.), zeugt von ihrer Fähigkeit zur Empathie. Neben die Fähigkeit zur Empathie tritt die **Reflexionsfähigkeit:** So vermag sie auf das eigene Verhalten – ihre Untätigkeit angesichts der Gräuel, von denen sie aber nichts wusste – einen kritischen Blick zu entwickeln. Die Wiederholung „Schrecklich, schrecklich“ (Z. 41 f.) betont die Bestürzung, die die **Erkenntnis, getäuscht und benutzt worden zu sein** („M i c h beredete man“, Z. 41), in ihr auslöst.

kritische Reflexion des eigenen Verhaltens

Verweis auf das Gewissen

Ihr **emotionales Engagement in Richtung Tugendhaftigkeit** kommt besonders zum Ausdruck, wenn sie am Ende Sophie schildert, was passieren würde, wenn sie nicht ihrem Herzen folgen würde. Die rhetorischen Fragen mit ihren anschaulichen Metaphern verdeutlichen ihre emotionale Betroffenheit und das Besondere der Situation, in der sie „Größe“ (Z. 60) zeigt: „Soll ich den Fluch seines Landes in meinen Haaren tragen? […] Oder willst du, daß ich unter dem schrecklichen Geschirr solcher Thränen zu Boden sinke?“ (Z. 60–62). Die neue Position von Lady Milford findet sich zusammengefasst im letzten Satz des Szenenausschnitts: „Es ist besser, falsche Juwelen im Haar, und das Bewusstsein dieser Tat im Herzen zu haben.“ **Das reine Herz und die Tugendhaftigkeit werden dem Besitz von Luxusgütern gegenübergestellt**. Die Diamanten werden zu einem Symbol des sündhaften höfischen Lebens, dem Lady Milford zukünftig eine Absage erteilt.

Absage an höfischen Luxus

mehrdimensionaler Charakter der Lady Milford

Wie die Analyse der vorgegebenen Szene zeigt, ist Lady Milford daher eine **sehr facettenreiche Figur**. Ihre Bedeutung für das Drama liegt unter anderem darin, dass der Konflikt um die Liebe von Luise und Ferdinand einen neuen Aspekt erhält: Nun hat nicht mehr nur Ferdinand Konkurrenz – den intriganten Wurm –, sondern auch Luise. Auch wenn es im weiteren Verlauf der Handlung **zu keiner Verbindung zwischen Lady Milford und Ferdinand** kommt, wird mit dieser Szene die Grundlage für das spätere Verhalten von Lady Milford gelegt. Mit ihrer **Betonung des Herzens, der Moral und der**

Tugend kann sie nur vor dem Hof und ihrem früheren Leben fliehen. Die Szene hat auch die Funktion, diese ungewöhnliche Entscheidung glaubwürdig zu machen.

Wird der Hof ansonsten durch eher negative Personen repräsentiert, tritt mit Lady Milford eine **positive weibliche Figur** auf. Sie liebt Ferdinand und sieht in ihm ihren zukünftigen Mann, mit dem sie dem Hof entfliehen will. Sie **durchschaut die höfischen Ränkespiele** und hofft, sie in ihrem Sinne nutzen zu können. Allerdings hat sie nicht damit gerechnet, dass Ferdinand sich in eine andere Frau verliebt hat. Die Szene mit dem Kammerdiener hat somit auch eine **retardierende und spannungssteigernde Funktion**, da sie die in der vorangehenden Szene angedeutete Aussprache mit Ferdinand hinauszögert.

retardierende Funktion der Kammerdiener-szene

Die Geschichte um Lady Milford kann vor diesem Hintergrund eher **als Nebenhandlung eingestuft** werden. Warum Schiller ihr dennoch in seinem Drama so viel Raum gibt, erhellt sich, wenn man sich den Stellenwert der Szene noch genauer vergegenwärtigt:

Überleitung

Vor dem zweiten Akt musste der Zuschauer in Lady Milford eher noch eine negative Figur sehen, denn seine Sympathie in der vorausgehenden Szene galt dem Liebespaar: Luise und Ferdinand. Da **Ferdinand mit Lady Milford zwangsverheiratet werden soll**, ist der Zuschauer auf Seiten Luises und gegen die Lady eingestellt. Die Meinung des bürgerlichen Zuschauers ist zudem **durch ihre Stellung als Mätresse des Fürsten negativ beeinflusst**. Und nun wird er im 2. Akt mit einer leidenschaftlichen Person konfrontiert, die für ihre wahre Liebe alle Einflüsse am Hof aufs Spiel setzt, wobei der besser über Ferdinand informierte Zuschauer ahnt, dass Lady Milford bezüglich ihrer Liebespläne scheitern wird.

Stellenwert der Szene für das Drama:

Entscheidend ist aber, dass Schiller mit ihrem Auftreten seine **Kritik am Absolutismus** verbinden kann. Lady Milford wendet sich entschieden gegen die menschenverachtende Politik des Fürsten. Keine Figur kann so glaubwürdig die Kritik an ihm formulieren wie diese **Kennerin des Hofes**. Erkennbar wird Schillers gesellschaftskritisches Anliegen auch dadurch, dass er den Kammerdiener die **Auswahl und den Aufbruch der verkauften Soldaten so ausführlich** beschreiben und Lady Milford die **Schilderungen mitfühlend kommentieren** lässt. Mit einem ironischen Unterton darf der Kammerdiener im Detail beschreiben, wie grausam der Aufbruch der zwangsverkauften Soldaten sich gestaltet. Fast sarkastisch wirkt die **drastische Aufzählung einzelner typischer Schicksale** (vgl. Z. 28–33): den Kindern wird der Vater entrissen, eine Mutter will aus Kummer ihr Baby „an Bajonetten […] spießen“ (Z. 29), aufbe-

durch Lady Milford: glaubwürdige Kritik am Absolutismus

Kommentare der Lady Milford zum Bericht des Kammerdieners

gehrende Soldaten werden einfach erschossen. Lady Milford reagiert mit „Entsetzen“ (Z. 23) – und nimmt damit die Reaktion des Zuschauers vorweg. Dass die **Emotionen des Publikums so gesteuert** werden und die Kritik an der Politik des Hofes zudem noch von einer Frau geäußert wird, die sich vom Hofe abgewandt und den Tugenden des aufkommenden Bürgertums zugewandt hat, birgt eine besondere **politische Brisanz in Schillers Zeit**.

Steuerung der Emotionen des Publikums

Einerseits hat diese Szene im Hinblick auf die Haupthandlung, die Beziehung von Ferdinand und Luise, eine eher untergeordnete Bedeutung. Andererseits wird **durch Lady Milfords Entwicklung Schillers Kritik am Absolutismus besonders deutlich**. Allerdings ist die Kritik am Absolutismus mit den zentralen Kategorien von Mitleid und Tugend eher auf der moralischen Ebene angesiedelt. Auch wenn Lady Milford mit ihrer Spende verändernd auf die Realität einwirkt, so führt diese Aktion ja nur zu einer **punktuellen kurzzeitigen Verbesserung** der Verhältnisse einer begrenzten Zahl von Bauern.

Relativierung: geringe Wirkung von Lady Milfords Handeln

TEILAUFGABE 3

Als Schiller im Herbst 1782 dieses Stück als **23-jähriger junger Mediziner** schreibt, hat er acht Jahre lang die „Militär-Akademie“ des Herzogs Karl Eugen im Herzogtum Württemberg hinter sich. Er kennt aus eigener Anschauung den sogenannten **„Soldatenhandel“, das Mätressenwesen und die Prunksucht des Herzogs**. So nutzt er am 22. September 1782 die Feier anlässlich des Besuchs des Großfürsten von Russland in Stuttgart für seine Flucht nach Mannheim. Die Annahme liegt nahe, dass Schiller mit der Szene II, 2 seines Dramas *Kabale und Liebe* **Kritik an den bestehenden politischen Verhältnissen** übt, die er selbst erfahren hat.

Gesellschafts- und Herrschaftskritik in dieser Szene

Schillers eigene Erfahrungen mit dem Absolutismus

Im Folgenden gilt es zu klären, ob somit gerade in dieser Szene der gesellschaftskritische Pfeil steckt, den Schiller gegen das Establishment schießt. Laut Safranski war den Herrschern diese Szene sogar derart zuwider, dass sie „zu Lebzeiten Schillers bei den meisten Aufführungen überhaupt gestrichen [wurde]“. Zuerst soll noch einmal zusammenfassend dargestellt werden, woran die Szene II, 2 Kritik übt. Es geht zunächst um die Vorkommnisse, die der Kammerdiener berichtet. Dieser richtet sich **gegen die Unterdrückung und Ausbeutung von Untertanen** bei der Entscheidung des Fürsten, siebentausend Landeskinder als Soldaten im amerikanischen Bürgerkrieg zu verkaufen.

Bezug zum Zitat Safranski

Indirekte Kritik wird am Mätressenwesen geübt, da Lady Milford einen neuen Lebensweg einschlägt. Aber auch die Verschwendungs-

Kritik am Mätressenwesen

sucht des Hofes rückt angesichts der Ablehnung des Hochzeitsgeschenks durch die Lady kritisch in den Blick. Eine weitere indirekte Kritik in diese Richtung ergibt sich aus der Spende dieses Geschenks an die Brandopfer. Insgesamt zeigt sich im vorbildhaft mitfühlenden Handeln von Lady Milford gegenüber dem Kammerdiener eine **Überwindung der Standesgrenzen**.

Einvernehmen über Standesgrenzen hinweg

Zusammenfassend kann man also sagen, dass Schiller mit dieser Szene **deutliche Kritik an der Hofgesellschaft und besonders an der Politik des Fürsten** formuliert – somit verwundert es nicht, dass diese Szene zu Schillers Lebzeiten häufig gestrichen wurde. Aber haben nicht auch andere Szenen eine vergleichbare Funktion? Vor dem Hintergrund der folgenden Beispiele lässt sich diese Antwort klar bejahen.

Frage nach weiteren kritischen Szenen in *Kabale und Liebe*

In der Szene I, 7 werden die **Machenschaften des Präsidenten bei dessen Machtergreifung** angedeutet und von Ferdinand verurteilt. Auch bezüglich des Ehrbegriffs vertreten der Präsident und sein Sohn konträre Ansichten, wobei die Einstellung des Hofrepräsentanten schlechter wegkommt.

Beispiel 1

Als der Präsident in den Szenen II, 6 und 7 Luise **wie eine Prostituierte verhört** und an den Pranger stellen will, wird dies von Vater Miller und Ferdinand als **Willkürakt eines absolutistischen Systems** gebrandmarkt.

Beispiel 2

In der Schlussszene wird mit der verzeihenden Geste von Ferdinand ein humanes Menschenbild propagiert, das dem **auf Machterhalt gerichteten Streben des Vaters** entgegengesetzt ist. Dass sich der Präsident in der Schlusswendung des Stückes der Justiz stellt, zeigt einerseits an, dass sein Handeln in der Vergangenheit kriminell war, und andererseits wird dem ganz anderen Wertesystem des Sohnes damit indirekt recht gegeben.

Beispiel 3

Aus der Sicht der Zuschauer könnte man auch argumentieren, dass nach einer Aufführung neben Einzelmomenten gerade der Gesamteindruck, der über das Mitleiden gewonnen wurde, von entscheidender Bedeutung ist. Zu diesem Gesamteindruck gehört es, dass die **obere Gesellschaftsschicht kritisiert** wird, wobei der Maßstab die bürgerliche Moral ist. Relevant ist in diesem Zusammenhang auch die Rolle von Lady Milford, die aus dem Hofleben ausscheidet, um ein tugendhaftes autonomes Leben zu führen.

umfassende Kritik durch Zusammenspiel der Szenen

Es ist nicht einfach, vielleicht auch nicht sinnvoll, die einzelnen in den Szenen sich widerspiegelnden Kritikpunkte bezüglich ihrer gesellschaftskritischen Gewichtung gegeneinander abzuwägen. Deutlich ist bei der obigen Aufzählung aber auf jeden Fall geworden,

keine Abwägung der einzelnen Szenen gegeneinander

dass die konkrete **biografische Situation von Schiller** einen Einfluss auf die Gestaltung der einzelnen Szenen hatte. Dass sich ein junger Mann, der gegen den Fürsten sein Schreibbedürfnis heimlich und mit einer Flucht über die Landesgrenze durchsetzen musste, dessen absolutistisches Verhalten in seinem Theaterstück anklingen lassen würde, war zu erwarten. Dass er aber in so einer unauflösbaren Synthese den Liebeskampf zwischen Luise und Ferdinand mit dem politischen **Kampf der bürgerlichen gegen die höfische Moral** verschmelzen konnte, ist schon erstaunlich.

Verknüpfung einer Liebesgeschichte mit politischem Kampf

Fazit

Abschließend kann also festgehalten werden, dass Schiller **mit seinem gesamten Stück und mit mehreren Einzelszenen** stark die damalige Gesellschaft kritisiert. Einzelne Szenen wie die Kammerdienerszene zu streichen, hat den Herrschenden also nur bedingt geholfen, die massive Kritik unkenntlich zu machen.

JULI ZEH: CORPUS DELICTI

GEFAHREN EINER GESUNDHEITSDIKTATUR

Aufgabenstellung

1 Fassen Sie den Inhalt des Textauszuges aus *Corpus Delicti* von Juli Zeh in eigenen Worten zusammen und ordnen Sie ihn in die Gesamthandlung des Romans ein (Material 1). (35 BE)

2 Charakterisieren Sie anhand des Textauszuges die Protagonistin Mia und arbeiten Sie ihre hier zum Ausdruck kommende Einstellung zur METHODE heraus. (35 BE)

3 Diskutieren Sie das Zitat von Juli Zeh (Material 2) vor dem Hintergrund Ihrer eigenen Erfahrungen und in Bezug auf Mia aus *Corpus Delicti*. (30 BE)

Material 1 **Juli Zeh: Corpus Delicti (2009)**

„Unsere Gesellschaft ist am Ziel", sagt Kramer, während er den Wasserkocher befüllt. „Im Gegensatz zu allen Systemen der Vergangenheit gehorchen wir weder dem Markt noch einer Religion. Wir brauchen keine verstiegenen Ideologien. Wir brauchen nicht einmal den bigotten Glauben an eine Volksherrschaft, um unser System zu legitimieren. Wir gehorchen allein der Vernunft, indem wir uns auf eine Tatsache berufen, die sich unmittelbar aus der Existenz von biologischem Leben ergibt. Denn ein Merkmal ist jedem lebenden Wesen zu eigen. Es zeichnet jedes Tier und jede Pflanze und erst recht den Menschen aus: Der unbedingte, individuelle und kollektive Überlebenswille. Ihn erheben wir zur Grundlage der großen Übereinkunft, auf die sich unsere Gesellschaft stützt. Wir haben eine METHODE entwickelt, die darauf abzielt, jedem Einzelnen ein möglichst langes, störungsfreies, das heißt, gesundes und glückliches Leben zu garantieren. Frei von Schmerz und Leid. Zu diesem Zweck haben wir unseren Staat hochkomplex organisiert, komplexer als jeden anderen vor ihm. Unsere Gesetze funktionieren in filigraner Feinabstimmung, vergleichbar dem Nervensystem eines Organismus. Unser System ist perfekt, auf wundersame Weise lebensfähig und stark wie ein Körper – allerdings ebenso anfällig. Ein simpler Verstoß gegen eine der Grundregeln kann diesen Organismus schwer verletzen oder sogar töten. Zitrone?"

Mia nimmt gern einen Spritzer Zitrone, und das heiße Wasser, das Kramer ihr reicht, tut gut. Er lässt sich ihr gegenüber im Sessel nieder und pustet in seine Tasse.

„Wissen Sie, was ich damit sagen will?“

„Dass es keine rationale Möglichkeit gibt, die Glaubwürdigkeit eines DNA-Tests in Frage zu stellen“, erwidert Mia leise.

Kramer nickt.

„Der DNA-Test ist unfehlbar. Unfehlbarkeit ist ein Grundpfeiler der METHODE. Wie sollten wir den Menschen im Land die Existenz einer Regel erklären, wenn diese Regel nicht vernünftig und in allen Fällen gültig, mit anderen Worten, unfehlbar wäre? Unfehlbarkeit verlangt Konsequenz, auf die uns der gesunde Menschenverstand verpflichtet.“

„Mia“, sagt die ideale Geliebte, „der Mann spricht in Formeln. Der Mann ist eine Maschine!“

„Kann sein.“

„Gesunder Menschenverstand“, ruft die ideale Geliebte, „ist, wenn einer recht haben will und nicht begründen kann, warum.“

„Warte einen Moment.“

„Wie bitte?“, fragt Kramer.

„Was“, fragt Mia, sich ihm zuwendend, „bedeutet Unfehlbarkeit im Angesicht des Menschlichen?“

„Ich weiß, worauf Sie hinauswollen.“

„Wie“, fragt Mia, „sollen denn Regeln, Maßnahmen, Verfahren unfehlbar sein, wenn das alles doch immer nur von Menschen ersonnen wurde? Von Menschen, die alle paar Jahrzehnte ihre Überzeugungen, ihre wissenschaftlichen Ansichten, ihre gesamte *Wahrheit* austauschen? Haben Sie sich nie gefragt, ob mein Bruder nicht *trotz allem* unschuldig sein könnte?“

„Nein“, sagt Kramer.

„Warum nicht?“, fragt die ideale Geliebte.

„Warum nicht?“, fragt Mia.

„Wohin sollte diese Frage führen?“ Kramer stellt seine Tasse ab und beugt sich vor. „Zu Einzelfallentscheidungen? Zu einer Willkürherrschaft des Herzens, wie sie ein König ausüben würde, der nach Belieben gnädig und streng sein kann? Wessen Herz sollte entscheiden? Meines? Ihres? Welches Recht stünde dahinter? Die Macht einer übernatürlichen Gerechtigkeit? Glauben Sie an Gott, Frau Holl?“

„Ich glaube nicht an ihn und er nicht an mich. Das beruht auf Gegenseitigkeit.“

„Und auf was will der Herr Kramer sich berufen?“, fragt die ideale Geliebte. „Auf eine rationale Objektivität, an die er selbst nicht glaubt? Und sie nicht an ihn?“

„Na ja“, sagt Mia. „Das Gefühl ist jedenfalls ein schlechter Berater. Es besitzt *per definitionem* keine Allgemeingültigkeit.“

„Und der Verstand ist eine Illusion“, erwidert die ideale Geliebte schnell. „Nichts weiter als ein Kostüm, in das der Mensch die Summe seiner Gefühle steckt.“

„Du sprichst in romantischen Anachronismen!“[1], ruft Mia.

„Und du in jenen intellektuellen Sophistereien[2], an denen Moritz zugrunde gegangen ist!“

„Frau Holl!“ Kramer winkt mit einer wohlgeformten Hand, als vertreibe er Nebelschwaden. „Hören Sie auf, mit sich selbst zu reden. Sie haben einen Menschen verloren. Nicht aber Ihre Überzeugung.“

„Eine Überzeugung, die Moritz zeit seines Lebens verachtet hat“, sagt die ideale Geliebte.

[...]

„Ich blicke auf eine Kreuzung zwischen zwei Welten“, sagt Mia. „Der eine Weg heißt Unglück, der andere Verderben. Entweder ich verfluche ein System, zu dessen METHODE es keine vernünftige Alternative gibt. Oder ich verrate die Liebe zu meinem Bruder, an dessen Unschuld ich ebenso fest glaube wie an meine Existenz. Verstehen Sie?“ Mit einer heftigen Bewegung dreht sie sich um. „Ich weiß, dass er es nicht getan hat. Was soll ich jetzt machen? Wie mich entscheiden? Für den Sturz oder den Fall? Die Hölle oder das Fegefeuer?“

Juli Zeh, Corpus Delicti, Ein Prozess, Schöffling & Co: Frankfurt am Main 2009, S. 36–40

Anmerkungen

1 *Anachronismus:* etwas, das nicht mehr zeitgemäß ist bzw. durch die Zeit überholt ist oder zeitlich falsch eingeordnet ist

2 *Sophisterei:* abwertender Begriff für haarspalterische und täuschende Argumentation

Material 2 Zitat von Juli Zeh

Wir neigen alle ein bisschen zu so einer Körperegozentrik, als wäre tatsächlich Gesundheit das höchste Gut. Wenn man sich mal überlegt, was dann alles nicht die höchsten Güter sind, so etwas wie Liebe, Solidarität vielleicht, Verantwortung für andere und so weiter, dann wird, glaube ich, auch ziemlich schnell klar, was damit gemeint ist. Menschen, die sich sehr stark auf ihren Körper fixieren, da hängen dann so Begriffe dran [...] wie Schönheit, Jugend, Leistung, Fitness, alles sehr kapitalistische Begriffe. Das ist einfach eine stark ichbezogene egozentrische und irgendwie sozialfeindliche Haltung, von der ich einfach nicht glaube, dass die für den Menschen als Sozialwesen besonders adäquat oder auch nur vernünftig ist.

https://www.deutschlandfunk.de/ein-plaedoyer-gegen-den-gesundheits-und-fitnesswahn.691.de.html?dram:article_id=56526

TIPP **Bearbeitungshinweise**

Teilaufgabe 1: Zunächst sollten Sie den vorliegenden Textauszug aus Juli Zehs *Corpus Delicti* (Lektüre für die ZAP 2023!) mehrmals lesen. Dabei wird Ihnen auffallen, dass der Textauszug vergleichsweise handlungsarm ist und vielmehr ein **Gespräch** wiedergibt – das sollten Sie bei der **Einteilung des Textes in Sinnabschnitte** berücksichtigen: Halten Sie also Ausschau, wo sich das Thema des Gesprächs verändert oder der Sprecher wechselt. Es empfiehlt sich, den einzelnen Sinnabschnitte griffige **Überschriften** zu geben. Verfassen Sie dann Ihre **Einleitung**, indem Sie wichtige Informationen zum Buch nennen und zum Thema des Textauszuges hinführen. Es folgt die **Einordnung des Textauszuges in die Romanhandlung:** Erläutern Sie, an welcher Stelle des Romans der Textauszug zu verorten ist, und geben Sie knapp die Handlung wieder, die vor dem Textauszug liegt. Danach fassen Sie den Textauszug **Abschnitt für Abschnitt und in eigenen Worten** zusammen. Sie sollten dabei z. B. auf die **indirekte Rede** zurückgreifen.

Teilaufgabe 2: Die Zusammenfassung der Handlung dient Ihnen als Grundlage für die zweite Teilaufgabe, in der Sie die **Protagonistin Mia Holl charakterisieren** sollen. Greifen Sie hier auch auf das Wissen über Mia zurück, das Sie aus Ihrer Lektüre von *Corpus Delicti* besitzen. Mit Blick auf den Textauszug sollten Sie sich folgende Fragen stellen: Was sagt Mia? Was tut Mia? Was sagen die anderen Figuren oder der Erzähler über Mia? Wie verhalten sich andere Figuren gegenüber Mia? Welche Einstellung hat Mia zur METHODE? Entwickelt sich Mia innerhalb des Textauszuges oder bleibt sie gleich? Aus all diesen Aspekten und aus Ihrem **Vorwissen zu Mia** können Sie bestimmte Charaktereigenschaften herausarbeiten, die Mia **zu diesem Zeitpunkt der Romanhandlung** aufweist. Belegen Sie Ihre Ausführungen immer mit den entsprechenden Stellen im Textauszug, damit Ihre Aussagen überprüfbar sind. Am Ende dieser Teilaufgabe können Sie einen Ausblick auf den ganzen Roman geben und darlegen, inwiefern sich Mias Charakter über den Textauszug hinaus, also im Laufe der weiteren Handlung noch verändern wird.

Teilaufgabe 3: Lesen Sie das vorliegende Zitat von Juli Zeh mehrmals und fassen Sie es zu Beginn knapp zusammen. Versuchen Sie dabei, **Zehs Kernaussage möglichst präzise zu benennen**, sodass Sie sich in Ihrer anschließenden Diskussion immer wieder darauf beziehen können. Erörtern Sie dann die These von Zeh, indem Sie darlegen, inwiefern Sie dieser zustimmen. Folgende Fragen helfen Ihnen dabei weiter: Welcher Aspekt von Zehs Zitat leuchtet Ihnen ein? In welchen Punkten möchten Sie ihr widersprechen? Begründen Sie **Ihre Zustimmung oder Kritik jeweils mit Beispielen aus Ihrer eigenen Erfahrung und in Bezug auf Mia**. Fassen Sie das Ergebnis Ihrer Diskussion in einem knappen **Fazit** zusammen. In einem **Schlusswort** können Sie z. B. die gesamtgesellschaftliche Bedeutung des Themas Gesundheit aus Ihrer Perspektive darstellen.

Lösungsvorschlag

TEILAUFGABE 1

Einleitung

Basissatz

Juli Zehs 2009 erschienener Roman *Corpus Delicti* präsentiert dem Leser eine Gesellschaft, die in einer **Gesundheitsdiktatur** lebt. Jeder in dieser Gesellschaft hat danach zu streben, möglichst gesund zu leben – dafür werden **gesundheitsrelevante Daten jedes einzelnen Menschen** an den Staat übermittelt, der die Einhaltung der Gesundheits- und Hygienevorgaben überwacht und die Menschen bestraft, die nicht der gesundheitlichen Norm entsprechen. Diese Staatsform wird **METHODE** genannt.

Hinführung zum Textauszug

Im vorliegenden Textauszug diskutieren zwei der Hauptpersonen des Romans, der Journalist Heinrich Kramer und die Biologin Mia Holl, über die vermeintliche Unfehlbarkeit der METHODE.

Hauptteil

Einordnung der Handlung: vor dem Textauszug

Der Textauszug ist zu **Beginn des Romans** zu verorten. Heinrich Kramer sucht Mia Holl in ihrer Wohnung auf, weil er in einer **Gerichtsverhandlung** erfahren hat (vgl. S. 17 ff.), dass Mia ihre gesundheitlichen Meldepflichten verletzt hat. Kramer kennt Mia aus dem **Prozess gegen deren Bruder Moritz:** Dieser wurde mithilfe eines DNA-Tests der Vergewaltigung und Ermordung einer Studentin überführt. Moritz beteuerte dennoch seine Unschuld, was für einen Aufruhr in der Presse gesorgt hat.

Prozess von Moritz und sein Suizid

Er hat schließlich **im Gefängnis Suizid begangen.** In dem Gespräch zwischen der um den Bruder trauernden Mia und Kramer geht es zunächst um die Verantwortung für Moritz' Suizid:

Vorwürfe von Mia und Kramer

Mia wirft Kramer vor, durch eine **Schmutzkampagne der Presse** die Verurteilung von Moritz erst herbeigeführt zu haben. Kramer hält dagegen und weist darauf hin, dass Mia die **Angelschnur**, mit der sich Moritz umgebracht hat, **in das Gefängnis geschmuggelt** habe (vgl. S. 29 ff.). Der heftige Streit sorgt bei der angeschlagenen Mia für einen Schwächeanfall.

Zusammenfassung:

Z. 1–17: Kramers Vortrag

Während Kramer für Mia heißes Wasser zubereitet, hält er vor ihr einen **Kurzvortrag über die METHODE** als perfekten Staat. Die METHODE benötige keine Ideologie und keine Demokratie, nur die Vernunft stehe im Vordergrund. Diese Vernunft befehle dem Menschen, um jeden Preis zu überleben. Deshalb sei es das Ziel der METHODE, den Menschen ein **gesundes und damit langes Leben** zu ermöglichen. Um dieses hohe Ziel erreichen zu können, sei der Staat hochkomplex und wie ein lebendiger Organismus aufgebaut.

Z. 18–35: Mias Reaktion

Mia kann Kramers Gedanken nachvollziehen und schlussfolgert, dass ein DNA-Test nicht angezweifelt werden kann. Dadurch wird das Gespräch wieder auf das Schicksal von Moritz gelenkt. Kramer erläutert weiter, dass die **Unfehlbarkeit dieser wissenschaftlichen**

Vorgehensweise die Voraussetzung dafür sei, dass die Menschen die Regeln der METHODE akzeptieren. Daraufhin schaltet sich die ideale Geliebte ein, die nur in Mias Vorstellung existiert, und weist Mia auf Kramers formelhafte Ausdrucksweise hin. Kramer zeigt sich **irritiert von Mias vermeintlichem Selbstgespräch**.

Widerworte der idealen Geliebten

Mia bringt dann ihre **Zweifel an der METHODE** zum Ausdruck. Deren Regeln und Prinzipien seien schließlich von Menschen erdacht worden und Menschen würden ihre wissenschaftlichen Positionen doch immer wieder ändern. Daher könne die METHODE **keine Unfehlbarkeit beanspruchen** und Moritz könnte **trotz des DNA-Tests unschuldig** sein. Kramer verneint diese Möglichkeit und macht deutlich, dass es keine Alternative zu der auf Vernunft basierenden Vorgehensweise gebe: Entscheidungen, die sich auf Emotionen berufen, könnten keine Rechtmäßigkeit oder Gerechtigkeit für sich beanspruchen, sondern würden zu **Willkür** führen, wie man es z. B. von Königen kenne.

Z. 36 – 52:
Disput über die Unfehlbarkeit der METHODE

Es kommt zu einem weiteren Eingreifen der idealen Geliebten, die **Kramers Fixierung auf den Verstand** kritisiert. Mia widerspricht ihr: Emotionen könnten keinesfalls Objektivität für sich beanspruchen. Die ideale Geliebte erwidert, dass der **Verstand nichts anderes als eine Ansammlung von Gefühlen** sei. Kramer beendet das hitzige Wortgefecht und fordert Mia auf, ihr Selbstgespräch zu unterlassen.

Z. 53 – 66:
Verstand vs. Gefühl

Am Ende des Textauszugs gibt Mia in einer kurzen Rede einen **Einblick in ihr Inneres**. Sie zeigt sich **überzeugt von Moritz' Unschuld** und glaubt, ihn zu verraten, falls sie sich nicht weiter mit den Umständen seiner Verurteilung auseinandersetzt. Dennoch gibt sie zu, dass sie die **METHODE als einzig vernünftige Staatsform** betrachtet. Infolgedessen weiß sie nicht, wie sie sich weiter verhalten soll: Jede Entscheidung würde zu ihrem **Untergang** führen.

Z. 67 – 73:
Mias verzweifelte Schlussrede

Im weiteren Verlauf der Romanhandlung stellt sich heraus, dass **Mias Verdacht berechtigt** war. Ihr Anwalt Rosentreter kann beweisen, dass **Moritz zu Unrecht verurteilt** wurde, obwohl der DNA-Test korrekt war. Der wahre Mörder der Studentin ist der Mann, der dem damals leukämiekranken Moritz Knochenmark gespendet hat. Nach der Aufdeckung dieses Justizirrtums kommt es zu **Protesten gegen die METHODE innerhalb der Bevölkerung**. Durch das Fälschen von Beweisen und Zeugenaussagen gelingt es Kramer jedoch, Mia als Terroristin darzustellen, welche die METHODE angeblich gewaltsam stürzen wolle. **Mia wird verurteilt**, jedoch nicht wie geplant eingefroren, sondern umerzogen.

Einordnung der Handlung: nach dem Textauszug

Vollstreckung des Urteils gegen Mia

TEILAUFGABE 2

Charakterisierung: grundlegende Informationen zu Mia

Vor dem Prozess gegen Moritz ist die **ca. 30-jährige Mia Holl** eine vorbildliche und unauffällige Bürgerin der METHODE. Sie macht **Karriere als Biologin** und befolgt die gesundheitlichen Vorschriften des Staates aus voller Überzeugung. In den Streitgesprächen mit ihrem rebellischen Bruder, der die METHODE verachtet und stattdessen für Werte wie Freiheit und Liebe eintritt, verteidigt Mia den Staat – **Vernunft** stellt die Richtschnur ihres Handelns dar. Mias Loyalität zur METHODE hat auch einen persönlichen Grund: Als Kind konnte Moritz **von Leukämie geheilt** werden. Dass ein passender Knochenmarkspender gefunden werden konnte, schreibt Mia der umfassenden Datenbank des Staates zu.

Mias Einstellung zur METHODE

Erst Moritz' Suizid und die damit einhergehende **Trauer** lassen in Mia Zweifel an der METHODE aufkommen. Der vorliegende Textauszug zeigt eine **schwache Mia in ihrem inneren Zwiespalt und ihrer Hilflosigkeit**. Unmittelbar vor dem Textauszug erleidet Mia einen Schwächeanfall, weshalb Kramer für sie heißes Wasser zubereitet (vgl. Z. 1). Mia hört sich geduldig Kramers Vortrag über die METHODE an, das Getränk samt Zitrone nimmt sie „gerne" an und es tut ihr gut (vgl. Z. 18 f.). All das sind Anzeichen dafür, wie geschwächt und hilfsbedürftig Mia in diesem Augenblick ist. Kramers Frage, die auf die Unfehlbarkeit des DNA-Tests abzielt, beantwortet sie „leise" (Z. 22). Mia zeigt sich hier **beinahe kleinlaut**, sie hat Kramer nichts entgegenzusetzen. Als Biologin kennt sie die Vorteile der Wissenschaft nur zu gut. Und auch in ihrer Trauer um Moritz kann sie sich nicht von dieser Sichtweise trennen, sondern muss Kramer, wenn auch **widerwillig**, zustimmen.

geschwächte und hilfsbedürftige Mia

Zustimmung zu Kramers Vortrag

Zu einer kritischen Rückfrage an Kramer kann sich Mia erst aufraffen, als sich die ideale Geliebte einmischt (vgl. Z. 29 f.). Doch diese ideale Geliebte ist selbst ein **alarmierendes Signal für Mias Zustand:** Sie eine Fantasiefigur, die Moritz erfunden hat und die er kurz vor seinem Tod an seine Schwester weitergegeben hat. Die ideale Geliebte spricht mit Mia, tritt als **Vertreterin von Moritz' freiheitlichen Ansichten** auf und provoziert Mia immer wieder durch Aussagen, welche die METHODE infrage stellen. Dass Mia **Gespräche mit einer Fantasiefigur** führt – sogar in Anwesenheit anderer Personen und mit erhöhter Lautstärke (vgl. „ruft", Z. 59) – verdeutlicht, dass sie nach dem Tod ihres Bruders in eine **Sinn- und Identitätskrise** geraten ist. Die einst vom menschlichen Verstand so überzeugte Biologin zeigt aufgrund eines traumatischen Erlebnisses **Anzeichen einer psychischen Verwirrung**.

Bedeutung der idealen Geliebten für Mia

Mias labiler Zustand

Mia kann die Schwäche in Kramers Argumentation jedoch genau benennen (vgl. Z. 36 ff.), wenn sie die **Frage nach der Verlässlichkeit von wissenschaftlichen Testverfahren** stellt. Als Biologin weiß sie aus erster Hand, dass wissenschaftliche Erkenntnisse einem zeitlichen Wandel unterliegen. Mia präsentiert sich hier als **selbstkritische und reflektierte Wissenschaftlerin**, die auch bereit ist, das eigene Vorgehen und damit die METHODE anzuzweifeln. Zu diesem Eindruck passt, dass Mia den menschlichen Gefühlen keinen Anspruch auf Objektivität zugesteht (vgl. Z. 55 f.). Trotz ihrer Zweifel an Moritz' Schuld und an der Unfehlbarkeit der METHODE bleibt Mia eine rationale Wissenschaftlerin.

Mias Frage nach der Menschlichkeit der Wissenschaft

Mias wachsende Zweifel an der METHODE

Ihr Dilemma beschreibt Mia selbst am Ende des Textauszuges eindrücklich in bildhaften Worten. Sie fühlt sich, als müsse sie zwischen „Unglück" und „Verderben" (Z. 68) wählen. Denn sie ist **gleichermaßen von der METHODE und von der Unschuld ihres Bruders überzeugt**. Sie denkt, dass eine Entscheidung für die eine oder die andere Seite dramatische Konsequenzen für sie selbst hätte. Mia erweist sich als **innerlich zerrissen, verzweifelt und hilflos**.

Mias innerer Zwiespalt

TEILAUFGABE 3

Juli Zeh behauptet in dem vorliegenden Zitat (M 2), dass alle Menschen in unserer Gesellschaft eine gewisse „**Körperegozentrik**" (Z. 1) aufweisen würden und Gesundheit für das Wichtigste hielten. Werte wie „Liebe, Solidarität [und] Verantwortung" (Z. 3) würden dadurch vernachlässigt werden. Diese Körperegozentrik sei „sozialfeindli[ch]" (Z. 7) und stelle keinen geeigneten Wert für die Gesellschaft dar. Man kann Juli Zeh hier größtenteils recht geben, aber die **Aussagen müssen in ihrer Drastik doch erheblich relativiert werden**.

Zusammenfassung des Zitats von Zeh

Es gibt z. B. Momente oder Phasen im Leben eines Menschen, in denen **Gesundheit tatsächlich das „höchste Gut"** (vgl. Z. 2) ist. Ein Mensch, der schwerkrank ist, wird alles dafür tun, seinen Körper soweit mit Medikamenten, Therapien oder Operationen zu stärken, dass er wieder vollständig gesund wird. Den Vorwurf der „Körperegozentrik", wie ihn Juli Zeh formuliert, wird man hier schwer erheben können. Auch die **Corona-Pandemie**, welche die Welt seit 2020 in Atem hält und bereits Millionen von Menschen das Leben gekostet hat, verdeutlicht die zentrale Bedeutung von Gesundheit.

Kritik an Zehs Aussage:

Gesundheit als höchstes Gut

Beispiel: Corona-Virus

Auch Mia Holl in *Corpus Delicti* hat diese Erfahrung gemacht, als ihr jüngerer Bruder Moritz als Kind an Leukämie erkrankt war. Mia hätte ihren Bruder verloren, wenn nicht ein **passender Knochenmarkspender** gefunden worden wäre. Der Staat, in dem alles auf

Rettung für kranken Moritz in *Corpus Delicti*

den Wert der Gesundheit ausgerichtet ist, konnte **nur dank der umfassenden Sammlung von Daten** einen geeigneten Spender für Moritz ausfindig machen. Als „sozialfeindlich“ (vgl. Z. 7) kann man dieses Vorgehen mit Sicherheit nicht bezeichnen.

Gesundheit als Voraussetzung für das Ausleben anderer Werte

Man muss Zehs Äußerung noch unter einem anderen Blickwinkel kritisieren, indem man die **vorbeugende Wirkung von Sport, gesunder Ernährung und achtsamer Lebensweise** hervorhebt. Überspitzt formuliert könnte man sagen: Wer nicht gesund ist, kann keine oder nur eingeschränkte „Verantwortung für andere“ (Z. 3) übernehmen. **Verantwortungsbewusste Eltern** z. B. sollten sich bemühen, gesund zu bleiben, damit sie ihrem Beruf nachgehen, sich um ihre Kinder und evtl. um pflegebedürftige Großeltern kümmern können. Insofern ist Gesundheit – anders als Juli Zeh es behauptet – durchaus ein **übergeordneter Wert**, nach dem man streben sollte. Denn ohne Gesundheit kann man auch andere Werte nicht oder nur eingeschränkt ausleben.

Beispiel: Verantwortung von Eltern

Zustimmung für Zehs Aussage:

extreme Körperfixierung als Gefahr für Zusammenhalt

Wenn der Wunsch nach Gesundheit allerdings zu einer „Körperegozentrik“ (Z. 1) führt, dann sollte man die eigene Haltung überdenken – hier muss man Juli Zeh recht geben. Wer **Schönheits- oder Fitnessidealen** (vgl. Z. 6) hinterherrennt, läuft Gefahr, den Blick für andere Dinge im Leben zu verlieren. Wer lieber stundenlang ins Fitnessstudio geht, als sich um die Familie zu kümmern oder einem Freund in einer Notlage beizustehen, muss tatsächlich als Egoist bezeichnet werden. Die Gesellschaft würde an **Zusammenhalt verlieren**, wenn sich jeder Mensch derart egozentrisch verhalten würde.

Gesundheitsdiktatur in *Corpus Delicti*

In *Corpus Delicti* eifert Mia Holl über lange Zeit dem staatlich verordneten **Gesundheitswahn** nach, absolviert das vorgeschriebene Sportprogramm, hält sich an die Hygieneregeln und liefert den Behörden sämtliche körperbezogenen Daten zur Überwachung ihres Zustandes. Der Staat in *Corpus Delicti* funktioniert reibungslos – auf den ersten Blick. Denn die METHODE hat einen hohen Preis: den **Verlust jeder individuellen Freiheit**, z. B. der freien Wahl eines Partners bzw. einer Partnerin. Die „Liebe“ (Z. 3) ist in der METHODE tatsächlich der Gesundheit untergeordnet. Die staatliche *Zentrale Partnerschaftsvermittlung* bestimmt anhand genetischer und immunologischer Daten geeignete Partnerinnen und Partner, die individuellen Gefühle des Einzelnen spielen dabei keine Rolle. So ist die Liebe zwischen Mias Anwalt Lutz Rosentreter und seiner Partnerin strafbar, da ihre Daten nicht kompatibel sind. Das Gesundheitsdiktat in diesem Staat erweist sich als **„sozialfeindlich“ gegenüber dem Individuum** (vgl. Z. 7).

Einschränkung der Freiheit

Beispiel: Lutz Rosentreter

Nach dem Suizid ihres Bruders Moritz beginnt Mia allmählich, sich **von den gesundheitlichen Zwängen der METHODE abzuwenden**. Die Trauer, aber auch die „Liebe [und] Verantwortung“ (Z. 3), die Mia in Bezug auf Moritz spürt, lösen in ihr einen Entwicklungsprozess aus: Mithilfe ihres Anwalts Rosentreter, der ebenfalls vom Gefühl der Liebe angetrieben wird, kann Mia die Wahrheit rund um den Prozess von Moritz aufdecken. Geleitet von ihren Gefühlen wird Mia **von einer Konformistin Schritt für Schritt zu einer Gegnerin des politischen Systems**. Ihre Abwendung von der „Körperegozentrik“ (Z. 1) und ihre Hinwendung zu den eigenen Gefühlen verändern nicht nur Mia als Person, sondern auch die Gesellschaft.

Liebe zu Moritz als Motor für Mias Handeln

Die von Liebe und Verantwortungsgefühl geführten Protagonisten wie Mia und Rosentreter können das politische System am Ende des Romans zwar nicht stürzen, sie sorgen durch ihr Handeln aber u. a. dafür, dass die **Schwäche des politischen Systems aufgedeckt** wird und sich innerhalb des Staates und der Bevölkerung eine Opposition bildet. Ob dadurch innerhalb der METHODE mehr Demokratie und „Solidarität“ (Z. 3) im Sinne Juli Zehs entsteht, lässt das Romanende aber offen.

Fazit:

Folgen von Mias Einsatz gegen die Gesundheitsdiktatur

Die Aussagen von Juli Zeh treffen tatsächlich einen wunden Punkt. Eine Gesellschaft wie in *Corpus Delicti*, die Gesundheit und körperliche Fitness absolut setzt, **verliert an Freiheit, Mitmenschlichkeit und Zusammenhalt**. Dennoch ist es angebracht, Gesundheit als einen übergeordneten Wert zu betrachten, den man – auch aus **Liebe zu den Nächsten und aufgrund der Verantwortung für die Gemeinschaft** – anstreben sollte. Auf einen vernünftigen Mittelweg zwischen den Extremen kommt es an – nicht umsonst spricht man von einer „gesunden“ Balance.

Schluss

eigene Meinung zur Bedeutung der Gesundheit

SPRACHWANDEL: GENDERN

Aufgabenstellung

1 Fassen Sie den Inhalt des Zeitungsartikels zusammen. (30 BE)

2 Arbeiten Sie die Position von Anna-Lena Schüchtle und ihre Aussageabsicht heraus. Analysieren Sie vor diesem Hintergrund die Argumentationsstruktur und die sprachliche Gestaltung des Zeitungsartikels. (45 BE)

3 Verfassen Sie einen Leserbrief, in dem Sie Stellung zu Schüchtles Aussagen nehmen. (25 BE)

Material **Anna-Lena Schüchtle: Der Duden gendert endlich und ihr jammert herum – Ihr habt einfach nichts kapiert**

Der Duden hat endlich das generische Maskulinum[1] entsorgt. Zumindest in der Online-Ausgabe gibt es nun einen Eintrag für den „Arzt" und einen für die „Ärztin". Einen für den „Mieter" und einen für die „Mieterin". Eigentlich ein Grund zum Feiern, oder? Falsch. Denn in den sozialen Netzwerken entbrannte eine absurde Diskussion. Völlig überflüssig, schimpfen viele. Von „Gender-Gaga" ist die Rede.

Der Aufschrei ist groß: Jetzt greift der Gender-Wahn auch noch auf das wichtigste deutsche Wörterbuch über – welch ein Affront[2] gegen unser heiliges Kulturgut Sprache. Was wollen Frauen denn noch, damit sie sich gleichberechtigt [...] fühlen? Haben sie nicht endlich genug?

Meine klare Antwort: Nein. Denn es gibt immer etwas zu tun.

Gleichberechtigung herrscht nicht automatisch, nur weil sie im Grundgesetz steht – sie herrscht dann, wenn sie auch wirklich in den Köpfen angekommen ist. Und was könnte unser Denken mehr beeinflussen, als ein Kommunikationsmittel, das wir in Form von durchschnittlich 16 000 täglich gesprochenen Worten quasi ständig nutzen?

Sprache prägt uns. Ein lobendes Wort löst Euphorie[3] aus, eine Beleidigung verursacht Schmerz. Mit Worten können wir Kriege führen und Frieden schließen, Liebe zum Ausdruck bringen und das Selbstwertgefühl eines Menschen für immer zerstören.

Und bei all dieser Macht, die Sprache ganz offensichtlich hat, will mir in der heutigen Zeit allen Ernstes immer noch jemand erzählen, dass ein durchgehend generisches Maskulinum im Deutschen keinen Einfluss auf unsere Wahrnehmung hat? Seid ihr so dumm oder einfach nur zu faul, euch mal auf was Neues einzulassen?

Bevor jetzt alle [...] passionierten[4] Sprach-Enthusiasten[5] aufjohlen – hier mal etwas Überraschendes: Ich verstehe euch bis zu einem gewissen Grad. Wirklich. Auch ich habe etwas Zeit gebraucht, um den tieferen Sinn einer genderneutralen Sprache zu verstehen. [...]. Ich habe mir lange Zeit gedacht: „Meine Güte, was wird da für ein Aufstand gemacht – nur wegen dieser kleinen unbedeutenden Wortendungen „-in" oder „-innen"?" Ich war zu Beginn sogar auf der Seite der Gegner, weil ich es nicht einsehen wollte, dass durch dieses fiese kleine Gendersternchen[6] die schöne deutsche Sprache verhunzt wird. Doch irgendwann – auch dank der großartig geführten Debatte – machte ich mir dann doch genauere Gedanken zu dem Thema, und mir fiel auf: Die erste Assoziation, die ich in meinem Kopf unbewusst habe, wenn ich das angeblich geschlechtsneutrale Wort „Pilot" höre, ist in der Tat ein männlicher Pilot. Dasselbe gilt für den geschlechtsneutral gemeinten „Arzt", den „Lehrer", den „Busfahrer" oder auch den „Handwerker". [...] Forschungen zu dem Thema haben diese Beobachtung längst bestätigt: Die männliche Form eines Wortes löst im Kopf der Menschen ein männliches Bild aus.

Bei einer genderneutralen Sprache geht es also nicht darum, dass Weiblichkeit nur aus Prinzip und aus Gründen der Gleichberechtigung präsent ist. Viel wichtiger ist, welchen Einfluss die aktuelle Unausgewogenheit im allgemeinen Sprachgebrauch auf die Menschen hat.

Durch ein generisches Maskulinum nehmen wir unterbewusst weit mehr Männlichkeit in der Welt wahr. Das prägt uns. Es beeinflusst bereits Kinder, die unterbewusst stereotype Geschlechterbilder erlernen. Experimente haben gezeigt, dass Mädchen dadurch männlichen Berufen eher abgeneigt sind – oder glauben, sie seien nicht in der Lage, diese Arbeit auszuführen.

Genau diese stereotypen Geschlechterrollen sind es doch aber, die wir im Kampf um Gleichberechtigung loswerden wollen. Das bezieht sich im Übrigen nicht nur auf Frauen, sondern schließt Männer genauso ein wie auch nicht-binäre Menschen – also solche, die sich weder als Mann noch als Frau identifizieren.

Meine Frage lautet daher: Wieso versucht ihr nicht einmal, die Chancen einer genderneutralen Sprache zu sehen – anstatt sie zu verteufeln? Und an alle Sprach-Enthusiasten: Die deutsche Sprache wird sich so oder so weiterentwickeln – versprochen. Schließlich sprechen wir jetzt auch nicht mehr wie vor 100 Jahren.

Mir kann keiner erzählen, dass es ein allzu großer Aufwand ist, ein Gendersternchen – egal ob schriftlich oder gesprochen – zu verwenden: Ihr müsst es aber selbstverständlich wollen. Ich habe allerdings das Gefühl, dass das Wollen gar nicht das eigentliche Problem ist – sondern vielmehr der fehlende Mut. […]

Deshalb mache ich jetzt mal den Anfang und stehe mutig zu dem Fehler: Ich habe mich dem Fortschritt viel zu lange mit dummen, engstirnigen Argumenten versperrt. Und damit den nächsten Schritt in Richtung Gleichberechtigung verzögert. Aber ich habe meine Meinung geändert.

Wer macht mit?

Anna-Lena Schüchtle: Der Duden gendert endlich und ihr jammert herum – Ihr habt einfach nichts kapiert. In: Online-Ausgabe des Münchner Merkur, https://www.merkur.de/welt/kommentar-duden-gendern-sprache-deutsch-gleichberechtigung-frauen-maenner-stereotype-90195829.html (veröffentlicht im Februar 2021)

Anmerkungen

1 *generisches Maskulinum:* Formen wie „Arzt" oder „Mieter", wenn sie nicht geschlechtsspezifisch, sondern beide Geschlechter umfassend verwendet werden
2 *Affront:* Kränkung
3 *Euphorie:* übersteigerte Begeisterung
4 *passioniert:* leidenschaftlich
5 *Enthusiast:* männliche Person, die sich für etwas leidenschaftlich begeistert
6 *Gendersternchen:* Zeichen * (Asterisk), das bei Personenbezeichnungen wie „Leser*innen" eingesetzt wird und der sprachlichen Gleichbehandlung aller Geschlechter dienen soll

TIPP **Bearbeitungshinweise**

Teilaufgabe 1: Verschaffen Sie sich zunächst einen **Überblick über den Inhalt** des Kommentars. Dabei können Sie von dessen Titel ausgehen, dem der Anlass des Kommentars und in Ansätzen die grundlegende Einstellung und Vorgehensweise der Autorin zu entnehmen sind. Gliedern Sie den Kommentar, um seinen Aufbau und Inhalt leichter erfassen zu können: Woraus besteht die Einleitung? Wie legt Schüchtle im Hauptteil ihre Position dar und wie begründet sie diese? Wie ist der Schlussteil gestaltet?
Markieren Sie Textstellen, an denen die **Position der Autorin** deutlich wird und an denen Schüchtle **Argumente für ihren Standpunkt** anführt. Entscheiden Sie, welche der Argumente wirklich ausschlaggebend sind, und stellen Sie diese in Ihrer Zusammenfassung heraus.
Schüchtle geht in ihrem Kommentar immer wieder auf die **Gegenposition** ein und wendet sich direkt an deren Vertreter. Dies tut sie aus unterschiedlichen – expressiven, argumentativen und persuasiven – Gründen. Viele dieser Stellen können Sie **komprimieren**. An manchen empfiehlt sich gar, lediglich auf die Absicht der Autorin hinzuweisen.
Denken Sie beim Schreiben der Textzusammenfassung an die **Umsetzung entsprechender formaler Vorgaben**. Grenzen Sie außerdem Ihre Zusammenfassung von einer Nacherzählung und einer Wiedergabe ab (mehr Informationen dazu vgl. S. VIII ff.).

Teilaufgabe 2: Beachten Sie die genannten **Schwerpunkte in der Aufgabenstellung**. Erschließen Sie zunächst die **Aussageabsicht der Autorin:** Was möchte sie mit ihrem Kommentar erreichen? Wozu möchte sie dessen **Adressaten** bewegen? Fällt Ihnen die Bearbeitung dieser Teilaufgabe schwer, dann formulieren Sie die Angaben zu der Intention der Autorin erst nach der weiteren Untersuchung des Kommentars.
Gehen Sie bei der Untersuchung linear – dem Fortgang des Textes entsprechend – vor. Halten Sie Auffälligkeiten und Besonderheiten des Kommentars (auch seines Titels) fest. Thematisieren Sie sowohl den Inhalt und Aufbau als auch die **Argumentationsstruktur** sowie die **sprachliche Gestaltung**. Bestimmen Sie die **Argumenttypen**, die Schüchtle in ihrem Kommentar einsetzt, und ihre Art, mit den Gegenargumenten umzugehen. Mit welchen davon setzt sie sich ausführlich auseinander, welche umreißt sie nur? Welchen stimmt sie zu und welche weist sie zurück? Welche Wirkung entsteht dabei? Wodurch wird diese hervorgerufen? Denken Sie beim Verfassen Ihrer Textanalyse daran, Ihre Textbeobachtungen in einen nachvollziehbaren Zusammenhang zu bringen, mithilfe von **Textbelegen** abzusichern und durch Belegstellen überprüfbar zu machen.

Teilaufgabe 3: Sammeln Sie zunächst den Stoff für eine **Beurteilung:** Was halten Sie in Schüchtles Kommentar für gelungen, überzeugend oder interessant? Wofür würden Sie die Autorin loben wollen? Was finden Sie misslungen, nicht einleuchtend oder irritierend? Wofür möchten Sie die Autorin kritisieren?

Worüber hätten Sie sich mehr Informationen gewünscht?
Die offene Aufgabenstellung überlässt Ihnen die **Auswahl der Aussagen, über die Sie urteilen wollen**. Sie können der Position, den einzelnen Aussagen Schüchtles und ihrer Vorgehensweise ganz, teilweise oder gar nicht zustimmen. Bei einer **Zustimmung** wird erwartet, dass Sie eigene Argumente und eigene Beispiele unterstützend einbringen oder auch auf eigene Erfahrungen zur Bekräftigung der bestehenden Argumentation eingehen. Sie können ebenso eine positive Beurteilung der Argumentationsweise der Autorin vornehmen. Wenn Sie Schüchtles Aussagen **nur teilweise zustimmen** möchten, sollten Sie entsprechende Ergänzungen, Hervorhebungen bzw. Einwände und Einschränkungen anführen. **Widersprechen** Sie der Autorin, so kommt es vordergründig auf Ihre eigenen überzeugenden Gegenargumente und Gegenbeispiele bzw. auf eine gute Begründung der negativen Beurteilung von Schüchtles Argumentationsweise an. Es empfiehlt sich, stets **mehrere Argumente auszuformulieren**.
Denken Sie beim Verfassen Ihrer Stellungnahme daran, dass diese die **Form eines Leserbriefs** haben soll. Setzen Sie die Merkmale dieser Textsorte um (mehr Informationen dazu vgl. S. XIV f.).

Lösungsvorschlag

TEILAUFGABE 1

Der Kommentar *Der Duden gendert endlich und ihr jammert herum – Ihr habt einfach nichts kapiert* von Anna-Lena Schüchtle ist im Februar 2021 auf der Internetseite des „Münchner Merkur" veröffentlicht worden. Die Autorin befasst sich darin mit dem **Gendern in der Sprache** und befürwortet es.

Einleitung
Basisinformationen zum Text

Einleitend nimmt Schüchtle Bezug auf die Entscheidung der Duden-Redaktion, auf die bisher übliche Verwendung des generischen Maskulinums zu verzichten und die Online-Ausgabe des Wörterbuchs um **weibliche Formen von Personen- und Berufsbezeichnungen** zu ergänzen. Daraufhin gibt sie einige der ablehnenden Reaktionen auf die Duden-Entscheidung wieder: Diese schade der deutschen Sprache und stelle eine **überzogene Forderung nach noch mehr Gleichberechtigung** dar. Schüchtle weist diese Einwände zurück.

Hauptteil
Zusammenfassung:

Die Autorin ist der Auffassung, dass die **Sprache die Wahrnehmung und das Denken beeinflusse**. Daher unterstützt sie die Bemühungen um eine genderneutrale Sprache und wirft der Gegenseite fehlende Einsicht und Aufgeschlossenheit vor. Zur Begründung ihrer Position verweist sie auf ihre eigene **Entwicklung von einer Gegnerin des Genderns zu dessen Befürworterin**. Dabei gesteht sie, einige der Gegenargumente selbst vertreten und den Sinn des Genderns zunächst verkannt zu haben.

Hauptthese der Autorin: Einfluss der Sprache auf Wahrnehmung der Welt

Daraufhin geht die Verfasserin auf ihre eigenen Erfahrungen mit dem generischen Maskulinum ein. Sie beruft sich außerdem auf Forschungsergebnisse, die bestätigen, dass **männliche Formen eines Wortes Assoziationen mit männlichen Personen hervorrufen**. Dies würde unterbewusst die Wahrnehmung der Männlichkeit fördern. Schüchtle zeigt im Anschluss die Reichweite dieser Prägung auf: Die Verwendung des generischen Maskulinums führe letztendlich zur **Verfestigung von Geschlechterstereotypen**, wodurch beispielsweise die Berufswahl von Mädchen beeinflusst und Gleichberechtigung verfehlt werde. Es gelte daher, diesem Einfluss entgegenzuwirken, zumal er nicht nur das weibliche und männliche Geschlecht, sondern alle Geschlechter betreffe.

Ablehnung des generischen Maskulinums

Gefahr für Gleichberechtigung

Schüchtle wendet sich dann direkt an die Gegenseite und ermutigt diese dazu, ihrem Beispiel zu folgen, umzudenken und genderneutrale Sprache zu verwenden. Sie schließt ihren Kommentar mit einer **Aufforderung zum Mitmachen**.

Schüchtles Schlussappell

TEILAUFGABE 2

Anna-Lena Schüchtle befasst sich in ihrem Kommentar *Der Duden gendert endlich und ihr jammert herum – Ihr habt einfach nichts kapiert* mit der geschlechtersensiblen Sprache, die aktuell für Kontroversen sorgt. Die Autorin **befürwortet die Verwendung der genderneutralen Sprache**, weil sie davon überzeugt ist, dass Sprache das Wahrnehmen und Denken beeinflusse. Auch ist sie der Ansicht, dass das Gendern in der Sprache durchaus zur **Gleichberechtigung der Geschlechter** beitragen könne, indem es der gegenwärtigen Unausgewogenheit im Sprachgebrauch entgegenwirke.

Position der Autorin

Die Verfasserin wendet sich in ihrem Kommentar vordergründig an die Leserinnen und Leser, die die Gegenseite vertreten und das Gendern in der Sprache ablehnen. Sie bringt, insbesondere im einleitenden und abschließenden Teil ihres Kommentars, ihr **Unverständnis für die Beweggründe der Gegenseite** deutlich zum Ausdruck. Sie möchte bewirken, dass diejenigen, die dem Gendern misstrauisch gegenüberstehen, ihre Position überdenken und letztendlich aufgeben. Zu diesem Zweck zeigt sie die problematischen Auswirkungen der Verwendung des generischen Maskulinums auf und stellt dessen Geschlechterneutralität infrage.

Zielgruppe

Schüchtles Aussageabsicht

Bereits aus dem dreiteiligen Titel des Kommentars werden Schüchtles Position und ihre grundsätzliche Vorgehensweise deutlich. Die Verwendung des Adverbs „endlich" („Der Duden gendert endlich") signalisiert, dass die Autorin die **Entscheidung der Duden-Redaktion für überfällig** hält. In Kontrast zu ihrer eigenen Reaktion steht die der Gegenseite: „ihr jammert herum" (Titel). Unvermittelt zieht Schüchtle daraus den Schluss: „Ihr habt einfach nichts kapiert" (Titel), der das **Streben nach einer Konfrontation mit den Gegnern des Genderns** erkennen lässt.

Analyse der Argumentationsstruktur und der sprachlichen Gestaltung:

Auslegung des Titels

Im einleitenden Teil des Kommentars knüpft Schüchtle an den Titel an und variiert die erste Aussage. Dabei ersetzt sie aber das Wort „gendern" (vgl. Titel) durch „entsorgen" (vgl. Z. 1) und **wertet das generische Maskulinum als etwas Überholtes, Überflüssiges, nicht mehr Brauchbares ab**. Mithilfe von Beispielen aus der Alltagssprache wie „Arzt" und „Ärztin" (vgl. Z. 2) veranschaulicht Schüchtle, worin die Neuerung im Duden-Wörterbuch bestehe, und zeigt zugleich die **Unaufgeregtheit der Änderung** auf. Diese lässt die Heftigkeit der Diskussion in den sozialen Medien, die die Ergänzung der Online-Ausgabe des Wörterbuchs um weibliche Formen ausgelöst habe (vgl. Z. 3–5), als unverhältnismäßig erscheinen.

abwertende Wortwahl

fehlende Verhältnismäßigkeit der Diskussion

Die Autorin bezeichnet die entbrannte Diskussion als „absur[d]" (Z. 4) und verzichtet auf eine sachliche Auseinandersetzung mit den

Konfrontation mit der Gegenseite

Einwänden der Gegenseite. Diese bestehe vordergründig auf den Schutz der Sprache (vgl. Z. 6–8) und sei der Überzeugung, für die Gleichberechtigung von Frauen sei genug gemacht worden (vgl. Z. 8 f.). Anstatt zu kommentieren oder zu entkräften führt Schüchtle die **Meinungsäußerungen der gegnerischen Seite wörtlich** an (vgl. Z. 5–9). Dadurch lässt sie das Anliegen der Gegenseite, „unser heiliges Kulturgut Sprache" (Z. 7 f.) zu beschützen, als hochtrabend und die weiteren Einwände (vgl. Z. 7 f.) als wenig fundiert erscheinen. Schüchtle erteilt daher dem Standpunkt der Gegenseite eine **klare Absage** (vgl. Z. 10) und geht anschließend zu ihrer eigenen Argumentation über.

indirekte Argumentation: entlarvende Darstellung der gegnerischen Meinung

Um ihre These, die Sprache habe einen entscheidenden Einfluss auf die Wahrnehmung und das Denken (vgl. Z. 11–14), zu plausibilisieren, verweist Schüchtle auf die jeweils **unterschiedliche Auswirkung von Liebes- und Hassworten sowie von Kriegserklärungen und Friedensbekundungen** (vgl. Z. 15–17). Vor diesem Hintergrund zeigt sie ihr Unverständnis für die Haltung der Gegenseite, die dem generischen Maskulinum Neutralität zuschreibe (vgl. Z. 18–20). Sie zeigt sich fassungslos über den gegnerischen Standpunkt, indem sie in den beiden aufeinanderfolgenden rhetorischen Fragen der Gegenseite zunächst **fehlende Ernsthaftigkeit** vorwirft (vgl. Z. 18–20) und diese anschließend persönlich angreift: „Seid ihr so dumm oder einfach nur zu faul, euch mal auf was Neues einzulassen?" (Z. 20 f.). Dabei scheint Schüchtle die Empörung der Gegenseite über ihren Angriff – von ihr abwertend als „aufjohlen" (Z. 22) bezeichnet – durchaus in Kauf zu nehmen.

Schüchtles Beispiele zur Macht von Worten

Einsatz von rhetorischen Fragen: scharfer Angriff auf Gegenseite

Mit dem Rückblick auf die eigene Entwicklung von einer Gegnerin des Genderns zu dessen Befürworterin leitet Schüchtle eine Wende in der Argumentation ein. Mit ihrem **Geständnis, den Sinn des Genderns zunächst selbst verkannt zu haben** (vgl. Z. 23–25) und ebenfalls der Meinung gewesen zu sein, das Gendersternchen entstelle die Sprache (vgl. Z. 27–29), bekundet Schüchtle ihr Verständnis für die gegnerischen Einwände. Auch beruft sie sich auf die eigenen Erfahrungen mit dem generischen Maskulinum. Am Beispiel des Wortes „Pilot" zeigt sie auf, dass sie dabei ausschließlich an eine männliche Person denke (vgl. Z. 31 f.). Sie zählt weitere Formen des generischen Maskulinums auf, die ebenfalls eine „männliche" Vorstellung auslösen (vgl. Z. 32–34), und stützt dieses Erfahrungsargument mit dem Verweis auf Forschungsergebnisse, die bestätigen, dass **männliche Formen eines Wortes eben keine geschlechtsneutralen Assoziationen hervorrufen** (vgl. Z. 34–36).

Schüchtles persönliche Entwicklung

Argumente gegen die Geschlechtsneutralität des generischen Maskulinums

In dem darauffolgenden vorläufigen Fazit verweist die Verfasserin darauf, dass die Verwendung des generischen Maskulinums zu einer

Zwischenfazit der Autorin

„Unausgewogenheit" (Z. 39) im Sprachgebrauch und dadurch zu einer **verstärkten Wahrnehmung der Männlichkeit** führe (vgl. Z. 41 f.). Man solle das generische Maskulinum nicht verwenden, da es die Verfestigung von Geschlechterstereotypen zur Folge habe (vgl. Z. 42 f.). Schüchtle belegt ihre Position mit dem Hinweis auf ein Experiment, das nachweise, dass die Sprache die Wahrnehmung und das Denken präge und Mädchen in ihrer Berufswahl beeinflusse. Deren Selbstwertgefühl reiche oft nicht aus, um sich die Ausübung typisch männlicher Berufe vorzustellen (vgl. Z. 43–45). Der Sinn der genderneutralen Sprache liege demnach darin, den stereotypen Geschlechterrollen entgegenzuwirken und dadurch **Gleichberechtigung** zu erreichen (vgl. Z. 37 f., 42 f.). Schüchtle merkt an, dass dies nicht nur das weibliche und männliche Geschlecht, sondern alle Geschlechter betreffe (vgl. Z. 47–49).

Aufruf zum Verzicht auf generisches Maskulinum

Einfluss der Sprache auf Berufswahl

Vor diesem Hintergrund äußert Schüchtle erneut ihr Unverständnis für die Verweigerung des Genderns. Sie wendet sich mit einer rhetorischen Frage direkt an die Verweigerer und **ruft sie zum Umdenken auf** (vgl. Z. 50 f.). Auch diejenigen, die im Gendern eine Gefahr für die Sprache sehen, werden direkt angesprochen. Ihre Einwände entkräftet Schüchtle kurz mit einem Plausibilitätsargument: Sprache unterliege ohnehin einem unaufhaltsamen Entwicklungsprozess (vgl. Z. 52 f.). Anschließend **weist sie auch entschieden den Einwand zurück, das Gendern sei umständlich:** „Mir kann keiner erzählen, dass es ein allzu großer Aufwand ist, ein Gendersternchen – egal ob schriftlich oder gesprochen – zu verwenden" (Z. 54 f.).

Appell an Vertreter der Gegenposition

Hinweis auf kontinuierliche Sprachentwicklung

Abschließend bringt Schüchtle ihre Überzeugung zum Ausdruck, den **Gegnern des Genderns fehle vordergründig der Mut, sich einzugestehen, dass ihre Position falsch sei** (vgl. Z. 56 f.). Daher ruft sie diese auf, ihrem Beispiel zu folgen und sich von Argumenten zu distanzieren, die sie abschätzig als „dumm" und „engstirnig" (vgl. Z. 59) bezeichnet. Mit der abschließenden Frage „Wer macht mit?" (Z. 62) fordert sie zum Handeln auf und zielt darauf ab, Verbindlichkeit herzustellen.

Annahme: fehlender Mut der Gender-Gegner

Für den Kommentar von Anna-Lena Schüchtle sind der **persönliche Ton** und die **direkte Ansprache** charakteristisch. Die Autorin redet die Gegenseite überwiegend informell mit „ihr" an. Das passt zu der unmissverständlichen Deutlichkeit, mit der sie ihre eigene Position vertritt, auf die Einwände der Gegenseite eingeht und diese angreift. Dabei spielen die vielen **rhetorischen Fragen**, die **umgangssprachliche und teils abwertende Wortwahl** wie „herumjammern" (Titel), „aufjohlen" (Z. 22), „nichts kapieren" (Titel), „dumm oder einfach nur zu faul [sein]" (Z. 21) und der **Spott** wie in der Bezeichnung „passioniert[e] Sprach-Enthusiasten" (Z. 22) eine wichtige

Schüchtles direkte Sprache

Mittel der Polemik

Rolle. Es ist allerdings nicht auszuschließen, dass die zum Teil persönlichen Angriffe von den Adressaten **als Anmaßung aufgefasst** werden und dazu führen, dass die Gegenseite eher abgeschreckt als erreicht wird.

Schüchtles Angriffslust

Der **Versuch, durch das eigene Vorbild die Gegner zur Verhaltensänderung anzuspornen**, erscheint hingegen zielführender und wirkungsvoller. Auch sind Schüchtles Erfahrungs- und Plausibilitätsargumente durchaus einleuchtend. Zudem bringt sie mit den Faktenargumenten – auch wenn diese nur vereinzelt vorliegen und nicht näher spezifiziert sind – mehr Sachlichkeit in die Ausführungen. Eine besondere Wirkung entfaltet die **finale Frage** „Wer macht mit?" (Z. 62). Auch wenn sie vordergründig an die primäre Zielgruppe, die Gegner des Genderns, gerichtet ist, spricht Schüchtle mit ihr letztendlich alle Leserinnen und Leser an.

Bewertung von Schüchtles Argumentation

Effekt der abschließenden Frage

TEILAUFGABE 3

Wiesbaden, 01. 03. 2021

Leserbrief: Ort, Datum, Anrede

Sehr geehrte Frau Schüchtle,

das Gendern wird aktuell vielerorts aus verschiedenen Blickwinkeln diskutiert und kommentiert. Ihr Kommentar *Der Duden gendert endlich und ihr jammert herum – Ihr habt einfach nichts kapiert*, der im Februar 2021 zu diesem Thema im „Münchner Merkur" veröffentlicht wurde, hat mich **angesprochen und verärgert zugleich**.

Bezugnahme auf Schüchtles Kommentar

Nun wird die Online-Ausgabe des Duden-Wörterbuchs um die weiblichen Formen der Personen- und Berufsbezeichnungen nach und nach ergänzt, was Sie zum Ausgang Ihrer Ausführungen machen. Der Grund für den „großen Aufschrei", mit dem der Entscheidung begegnet wurde, ist für mich genauso wenig nachvollziehbar wie für Sie. Nüchtern betrachtet geht es dabei um die **Aufnahme von Wörtern, die ohnehin zum Wortschatz der deutschen Sprache gehören**. Der Duden wird dadurch endlich vollständiger. Ein wirklicher Affront gegen das „Kulturgut Sprache" wäre vielmehr, der „Hockeytrainerin" oder der „Skispringerin" einen Platz in dem Wörterbuch zu verweigern.

Zustimmung für Schüchtle

eigenes Argument zur Bekräftigung

Das Gendern im Duden hat sicherlich eine **Signalwirkung**. Anders als Sie sehe ich darin allerdings keinen Grund zum Feiern. Es ist gut, dass demnächst beispielsweise beim Eintrag „Showmaster" und „Showmasterin" ausdrücklich darauf hingewiesen wird, es handle sich nicht einfach um eine Person, sondern um eine männliche bzw. weibliche Person, die „eine Show arrangiert und präsentiert". Das macht eben **die männlichen und die weiblichen Formen sichtbar**.

teilweise Zustimmung

Einschränkend dazu müsste aber betont werden, dass dies lediglich diese beiden Formen präsenter macht und vielleicht sogar das **binäre Denken** in der Kategorie „Mann“ oder „Frau“ festigt.

Gefahr der Festigung des binären Denkens

Man liest in letzter Zeit immer wieder in der Presse, dass z. B. Zeitungsredaktionen oder Stadtverwaltungen weitreichende Entscheidungen in diesem Bereich treffen. Während sich die Duden-Redaktion darauf beschränkt, dass die Online-Ausgabe des Wörterbuchs weibliche und männliche Formen gleichermaßen enthält, befassen sich viele Institutionen mit der wesentlich schwierigeren **Frage nach der Geschlechterneutralität bzw. nach der Sensibilität allen Geschlechtern gegenüber:** dem männlichen, weiblichen und dem diversen. Hierfür eine passende Ausdrucksweise zu finden, halte ich für eine wahre Herausforderung. Ich hätte mir eine Vertiefung dieses Themas gewünscht, zumal häufig das Verständnis nicht nur für die **Intergeschlechtlichkeit**, sondern auch für die **unterschiedlichen Formen der Geschlechtsidentität** grundsätzlich fehlt.

Verweis auf Pressemitteilungen

Wunsch an Autorin: Berücksichtigung aller Geschlechter

Aus eigener Erfahrung bestätigen Sie, dass großartig geführte Debatten zum Nachdenken anregen. Ich zweifle an, dass Attacken gegen diejenigen, die das Gendern ablehnen, dazu beitragen. **Diese Angriffe haben mich in Ihrem Kommentar gestört**, weil ich sie für eine unangebrachte Art halte, auf Gegenargumente zu reagieren, auch wenn oder vielleicht vor allem wenn diese als „dumm und engstirnig“ erscheinen. Auch habe ich das Gefühl, dass die Angriffe ihr Ziel verfehlen und eher trotzige Reaktionen auslösen.

Kritik an Schüchtles Umgang mit der Gegenseite

Ich bin davon überzeugt, dass die Leser*innen, die sich noch keine eigene Meinung gebildet haben, vor allem **überzeugende Argumente oder einschlägige Beispiele** gebraucht hätten, um Ihre Frage, wer beim Gendern mitmache, zu bejahen. Davon braucht es mehr, Frau Schüchtle!

Plädoyer für mehr Sachlichkeit

Wenn Sie sich in Ihrem Kommentar an die „Sprach-Enthusiasten“ wenden und eben kein Gendersternchen verwenden, nehme ich Sie beim Wort und gehe davon aus, dass sie gezielt die männlichen Kritiker des Genderns ansprechen. Mich hätten aber auch die **Argumente der Gender-Kritikerinnen** sehr interessiert. Wirklich schade, dass Sie auf diese nicht eingegangen sind!

Anregung an Autorin

Mit freundlichen Grüßen

Abschiedsformel

Vorname Name

Name

PRÜFUNGSAUFGABEN

EINSATZ DIGITALER MEDIEN IM SCHULUNTERRICHT

Aufgabenstellung

1 Fassen Sie den Inhalt des Zeitungsartikels *Digitalpakt für Schulen: Rettet die bildschirmfreien Klassenzimmer!* zusammen (Material). (35 BE)

2 Arbeiten Sie die Argumentationsstruktur der Journalistin heraus. Analysieren Sie dabei die sprachlichen und argumentativen Mittel, mit denen die Autorin ihre eigene Botschaft an die Leserschaft verdeutlicht. (40 BE)

3 Verfassen Sie einen Leserbrief[1]. (25 BE)

Anmerkung

1 Ein Leserbrief ist eine Meinungsäußerung zu einem bestimmten in Zeitungen und Zeitschriften behandelten Thema. Er greift einen Beitrag auf, stimmt zu, ergänzt oder widerspricht und folgt damit der Struktur des Originals.

Material **Ariane Bemmer: Digitalpakt[1] für Schulen: Rettet die bildschirmfreien Klassenzimmer!**

Etwas über Computer lernen? Unbedingt, aber im Fach Informatik. Überall Digitalisierung der Arbeitswelt. In der Arbeitswelt, in der Kommunikation, der Gesundheitsvorsorge im Alltag, also auch in der Schule? Ja, verkündete vergangene Woche Bundesbildungsministerin Johanna Wanka und will ab 2017 fünf Milliarden Euro für Computer in Schulen locker machen.

Die Grundannahme hinter diesem Plan lautet in etwa so: Digitalisierung ist die Zukunft, und die Kinder von heute werden in dieser Zukunft leben, also müssen sie auch in Schulen mit Computern vertraut und dadurch zukunftsfest gemacht werden. Dazu kommt die Überlegung, dass die Kinder von heute ohnehin dauernd mit ihren Digitalgeräten herumhantierten. Dann könnten sie die auch mal für etwas Sinnvolles wie Lernen nutzen.

Wankas Pläne stießen allgemein auf Wohlwollen. Dabei sind sie gar nicht gut.

Die Schule sollte den Kindern, statt digital aufzurüsten, das geben, was sie außerhalb kaum noch finden: eine bildschirmfreie Zone. Weg mit den Computern aus den Klassenräumen. Was nicht heißt, dass Kinder nichts über Computer und Digitalisierung lernen sollen. Denn ja, das wird immer wichtiger. Aber warum nicht das Schulfach Informatik erweitern und verbindlich machen und dort lehren, was es mit Suchmaschinen, Algorithmen, Computerfirmen, mit Internet und Darknet auf sich hat, wie man programmiert oder eine App konzipiert? Das kann und soll man gern alles lernen, auch in schulischen Computerkabinetten[2] – in zwei Mal 45 Minuten pro Woche.

[…]

Was man für diese Art Wissenstransfer aber nicht braucht, ist die Durchseuchung aller Schulfächer mit digitalen Lernprogrammen. Eine Aufgabe in Physik ist eine Aufgabe in Physik. Ob die Schüler sie aus einem Buch abschreiben und in ihrem Heft lösen, oder ob sie die von einem Lehrstoffportal herunterladen und per Tastenklick lösen. Dasselbe gilt für Vokabelnlernen und Aufsätze.

Was Buch und Heft vor allem vom Computer unterscheidet, ist die schlichtere Darstellung. Das unanimierte. Da bewegt sich nichts im Buch. Da hüpft keine Figur am Seitenrand und winkt mit „Gut gemacht"-Fähnchen, wenn die Lösung richtig ist. Und genau deshalb ist das Buch um ein Vielfaches besser als der Computer. Weil es eben nicht aufwartet mit solchen Features, mit digitalem Schnickschnack, der nur ablenkt – und der damit das zerstört, was die eigentliche Kernkompetenz für die Zukunft sein dürfte: die Konzentrationsfähigkeit.

Die Zukunftschancen der heutigen Schülerinnen und Schüler hängen wahrscheinlich viel weniger davon ab, ob sie in der Schule an Computern lernen können oder nicht, als davon, ob sie ohne Blick auf die ewig sendenden und empfangenden Geräte überhaupt noch etwas zustande bekommen. Ob sie ein Ziel haben und das verfolgen können. Oder werden sie zu abgelenkt sein, nur noch von Miniaturgedanken zu Miniaturgedanken hüpfen, und während sie noch reden schon wieder etwas lesen und am Ende nicht wissen, was gesprochen, was geschrieben wurde.

[…]

Und am Rande: Was ist mit den Sinneseindrücken? Was werden bei Schülern von damals für Erinnerungen wach, wenn sie heute im Keller einen alten Diercke-Weltatlas[3] finden. Wie der riecht, wie der sich anfasst. Was für Erinnerungen sollen die Kinder an ihre Schulzeit, an ihr ganzes Leben haben, wenn sich das meiste davon auf portablen Bildschirmchen abspielt? Macht man so wirklich fit für die Zukunft?

Zu den Auswirkungen von Smartphones auf Schüler und ihre Leistungen gibt es inzwischen viele Studien, die laut dem Hirnforscher Manfred Spitzer nach unterschiedlichen Methoden immer zum selben Ergebnis kommen: Schüler, die keine Smartphones in die Schule mitbringen dürfen, lernen besser und fühlen sich wohler. Und dann stellt man ihnen Laptops vor die Nase? Das ist ja fast schon Sabotage.

Das gute Geld, das die Bundesbildungsministerin versprochen hat, wäre mit Sicherheit besser angelegt in Lehrerschulungen, denn bei guten Lehrern lernt man gut, oder in Ausflügen dahin, wo wirkliches Leben ist. Leben, das auch weiter existiert, wenn der Computer aus ist. Wo Tierchen kriechen und Pflanzen wachsen, faulen oder im Sturm umknicken. Wo Biologie, Chemie, Physik und Mathematik stattfinden und nicht akademisches Thema sind. Wo man Wissen im Wortsinn begreifen kann. Was man so lernen kann, hat Substanz. Die Computer dagegen, die 2017 als topmoderne Anschaffung gelten, werden ein paar Jahre später schon veraltet sein. Und dann?

Ariane Bemmer: Rettet die bildschirmfreien Klassenzimmer, in: www.tagesspiegel.de vom 19. 10. 2016. http://www.tagesspiegel.de/politik/digitalpakt-fuer-schulen-rettet-die- bildschirmfreien-klassenzimmer/14712278.html (abgerufen am 04. 09. 2017).

Anmerkungen

1 Die Bezeichnung „Digitalpakt“ ist einer Veröffentlichung des Bundesministeriums für Bildung und Forschung entnommen. Unter der Schreibweise „DigitalPakt“ meint der Begriff ein gemeinsames Vorhaben der Bundesländer mit dem Ziel, Schulen in ganz Deutschland bis 2022 mit neuen Computern und Software auszustatten.

2 Sogenannte Computerkabinette wurden ab Ende der achtziger Jahre an ausgewählten Schulen eingerichtet. Sie dienten in erster Linie der Ausbildung der Schülerinnen und Schüler im Fach Informatik. Heute im Sinne von: PC-Raum

3 Der Diercke-Weltatlas ist ein in Buchform gedruckter Weltatlas vornehmlich für den Einsatz im Schulunterricht, der allerdings heute kaum noch Verwendung findet.

TIPP **Bearbeitungshinweise**

Teilaufgabe 1: Sie beginnen mit einem **Einleitungssatz**, in dem Sie den Titel des Textes, den Namen der Autorin sowie Veröffentlichungsdatum und -ort angeben, ggfs. die Fundstelle mit Datum aus dem Internet. Im zweiten Teil des Einleitungssatzes oder in einem zweiten Satz benennen Sie knapp das Thema des Textes und die Position der Autorin. Im Anschluss geben Sie **in gekürzter Form und in eigenen Worten** zentrale Aussagen aus dem Textverlauf wieder. Ihre Zusammenfassung sollte **sachlich formuliert** sein und umgangssprachliche Begriffe sollten vermieden werden. Wenden Sie den Konjunktiv an, um die Auffassung der Autorin bzw. ihre Worte wiederzugeben, und schreiben Sie im Präsens bzw. im Perfekt, wenn die Autorin auf Vergangenes Bezug nimmt.

Teilaufgabe 2: Vor dem Niederschreiben der Analyseergebnisse sollten Sie den Zeitungsartikel gründlich untersuchen. Je nach Untersuchungsschwerpunkt erstellen Sie daraufhin eine These, die die **Wirkungsabsicht der Autorin** zusammenfasst. Beim Herausarbeiten der Argumentationsstruktur zeigen Sie auf, welche Intention die Autorin beim Schreiben verfolgt und wie der Text bestimmte Wirkungen bei der Leserschaft hervorruft. Sie müssen beschreiben, wie die Autorin in ihrer Argumentation vorgeht, um die Leserschaft von ihren Auffassungen zu überzeugen. Sie zeigen damit auf, wie sachverständig oder tiefgründig die Autorin argumentiert, wenn beispielsweise Studien zitiert oder Beispiele gegeben werden oder fehlen. Unter **Verwendung von Fachsprache** zu den Argumentationstypen sollen Sie Argumentationsmuster bzw. -strukturen aufdecken. In einem weiteren Schritt müssen Sie die **sprachlichen Formulierungen** analysieren und dabei herausstellen, welche Absicht die Autorin jeweils verfolgt. Sie sollen **rhetorische Mittel** identifizieren, benennen und ihre Funktion beschreiben. In einem abschließenden **Fazit** fassen Sie Ihre Analyseergebnisse zusammen.

Teilaufgabe 3: Der Leserbrief sollte sich – unter Berücksichtigung Ihres eigenen Vorwissens – mit den Aussagen der Autorin auseinandersetzen. Dabei müssen Sie die **Position, die Argumente sowie die rhetorische Strategie der Autorin kritisch prüfen und bewerten**. Formulieren Sie Ihren eigenen Standpunkt zum Thema und begründen Sie diesen (siehe Hinweis in der Anmerkung unter der Aufgabenstellung). Die **Form und der Sprachstil des Leserbriefs** sollten adressatengerecht gewählt werden. Daher müssen der Name des Absenders und des Empfängers, Ort und Datum sowie eine Anrede und abschließende Grußformel mit Unterschrift enthalten sein (Sie können auch eine Überschrift formulieren, die das Interesse der Leserschaft weckt und eine Vorschau auf die eigene Position gibt). Gliedern Sie Ihren Text in einen Einleitungsteil, der einen **Bezug zu Bemmers Zeitungsartikel** herstellt, in einen Hauptteil, der Ihre Argumentation und Rückbezüge zu dem Artikel enthält, sowie einen Schluss, der Ihre eigene Position zusammenfasst und einen Ausblick in die Zukunft oder eine Kompromisslösung aufzeigt.

Lösungsvorschlag

TEILAUFGABE 1

Einleitung
Basisinformationen zum Text

In dem Zeitungskommentar *Digitalpakt für Schulen: Rettet die bildschirmfeien Klassenzimmer!*, auf der Webseite des Tagesspiegels unter www.tagesspiegel.de am 19. 10. 2016 erschienen, erläutert Ariane Bemmer ihre **kritische Haltung zum Computereinsatz in Schulen**.

Zusammenfassung

Bemmer reagiert in diesem Beitrag auf die kurz zuvor veröffentlichte Ankündigung der **Bundesbildungsministerin Johanna Wanka**, ab 2017 für den Computereinsatz in Schulen fünf Milliarden Euro zur Verfügung zu stellen. Das Geld werde bereitgestellt, um die Jugend auf die **digitalisierte Lebenswelt von morgen** vorzubereiten. Die Autorin hält diesen umfassenden Computereinsatz in der Schule für schädlich. Sie fordert, Computer aus der Schule weitgehend zu verbannen. Dies sei möglich, wenn die wichtigen Kenntnisse rund um das Thema Computer und Digitalisierung in einem verbindlichen **Schulfach Informatik** gelehrt würden.

gegen flächendeckenden Computereinsatz

Der Computer führe laut Bemmer in allen anderen Fächern besonders durch seine animierten Darstellungen nur zu einer Ablenkung von den eigentlichen Aufgaben. Gerade die **Konzentration auf wesentliche Inhalte** sei eine zentrale Fähigkeit, welche die Schule fördern müsse, da diese in der digital geprägten Lebenswelt der Jugendlichen zunehmend verloren gehe.

Verlust der Konzentrationsfähigkeit

Durch die **Nutzung ihrer Smartphones** seien die Schülerinnen und Schüler heutzutage kaum mehr in der Lage, sich über längere Zeit in eine Aufgabe zu vertiefen und Inhalte nachhaltig zu lernen. Darüber hinaus mache das Lernen am Monitor die Bildung von Erinnerungen bzw. Lernerfahrungen schwieriger, denn es fehlten die sinnlichen Erfahrungen im Umgang mit Lehrbüchern. Ariane Bemmer führt die **Untersuchungen des Hirnforschers Manfred Spitzer** an, der zahlreiche Studien zu diesem Thema gesichtet habe. Diese seien alle zu dem Ergebnis gekommen, dass der Verzicht auf Smartphones in der Schule zu einem besseren und effektiveren Lernklima führe.

fehlende sinnliche Erfahrungen

Den in Aussicht gestellten Betrag von fünf Milliarden Euro solle das Bundesbildungsministerium Bemmers Ansicht nach **in die Lehrerausbildung investieren** und Unterrichtsmodelle unterstützen, die eine Wissensvermittlung im nicht-digitalen, realen Leben ermöglichen. Investitionen in Computertechnik würden sich zudem nicht rentieren, da die Technik schnell veralte.

Bemmers Vorschlag: Investition in Lehrerausbildung

TEILAUFGABE 2

In ihrem Kommentar *Digitalpakt für Schulen: Rettet die bildschirmfreien Klassenzimmer!* stellt Ariane Bemmer ihre Position zum „Digitalpakt“ bereits im Titel heraus: Sie warnt vor einer umfassenden Digitalisierung und appelliert direkt an die Leserschaft, den Unterricht vor zu viel Computereinsatz zu bewahren. Ihren Artikel beginnt sie mit dem Faktenargument, dass Computerkenntnisse heutzutage notwendig seien. Jedoch schränkt sie diese Aussage ein und plädiert dafür, dass die **Vermittlung der Computerkenntnisse auf ein Schulfach beschränkt** werden solle (vgl. Z. 1–5).

Argumentationsstruktur

Beschränkung des Computereinsatzes an Schulen

Als nächstes greift Ariane Bemmer die Argumentation der Befürworter des Digitalpaktes auf. Sie stellt zwei **Kernargumente der Gegenseite** dar: Computer nähmen in der Gesellschaft sowie im Leben der Kinder eine immer zentralere Rolle ein. Da die Kinder die digitalen Geräte in ihrer Freizeit ohnehin ständig verwendeten, sei die Überlegung gewesen, dass sie diese auch für unterrichtliche Zwecke nutzen könnten (vgl. Z. 6–11). Auf diesen indirekten Argumenten baut Ariane Bemmer ihre Gegenposition auf: Gerade weil Kinder und Jugendliche überall der Computerisierung ausgesetzt seien, stellt sie die Forderung auf, dass die **Schule als letzte Bastion** Schutz davor bieten müsse. Der Einräumung, dass Computerkenntnisse wichtig seien, folgt ihre Kompromisslösung, welche die Vermittlung solcher Kompetenzen in einem eigens dafür einzurichtenden Fach Informatik vorsieht (vgl. Z. 12–20).

Aufgreifen der Argumente der Gegenseite

Schule als Schutzzone

Ihre These, dass Kinder und Jugendliche vor zu viel Computernutzung geschützt werden müssten, untermauert Bemmer, indem sie mit dem **Aufbau von digitalen Lernprogrammen** argumentiert. Diese könnten den Prozess des reinen „Wissenstransfer[s]“ (Z. 22) nicht ersetzen und unterminierten darüber hinaus die Konzentrationsfähigkeit der Schülerschaft. Darin sieht sie eine **Gefahr für die Zukunft der Schülerinnen und Schüler**, da die Fähigkeit zu konzentrierter Arbeit in Zukunft eine wesentliche „Kernkompetenz“ (Z. 32) darstelle, die zu gewährleisten nur eine weitgehend bildschirmfreie Schule in der Lage sei. Sie stellt daher die vom Bundesbildungsministerium als Problem identifizierten fehlenden Computer(-kenntnisse) der mangelnden Konzentrationsfähigkeit durch zu viel Computerarbeit gegenüber (vgl. Z. 34–40).

Schädlichkeit von digitalen Lernprogrammen

Konzentration als entscheidende Fähigkeit

Bemmer stellt daraufhin die These auf, dass **Lernen mit Büchern und mehreren Sinnen** besser als bildschirmgesteuerte Wissensvermittlung sei (vgl. Z. 42 ff.). Ihre Position stützt sie mit einem Expertenargument, indem sie sich auf die Arbeit des Hirnforschers Manfred Spitzer bezieht (vgl. Z. 47 ff.). Als Beleg führt sie vage dessen

Vorteile des analogen Lernens

Auswertungen mehrerer Studien an, die ergeben haben sollen, dass die **Smartphone-Nutzung von Schülerinnen und Schülern während der Schulzeit** negative Auswirkungen hätte. Daraus schließt sie, dass die Laptop-Nutzung ebenfalls kontraproduktiv für den Lernerfolg sein werde. Es werden **keine genaueren Hinweise zu den von Spitzer ausgewerteten Studien oder seiner eigenen Forschungsarbeit** gegeben.

Verweis auf Manfred Spitzers Forschung

Abschließend entwickelt sie einen Gegenentwurf zum computergestützten Lernen (vgl. Z. 52 ff.). Das für den Digitalpakt vorgesehene Geld solle besser in die Lehrkräfteausbildung investiert werden sowie in die **Förderung von Lernsituationen in realen Lebenszusammenhängen**, damit die Schülerschaft mit allen Sinnen lernen könne, beispielsweise in Form von Ausflügen in die Natur.

Bemmers Investitionsvorschlag

Ihr Kommentar endet mit dem Faktenargument, dass Computertechnik schnell veralte und damit in absehbarer Zeit wiederholt **hohe Folgekosten** nach sich ziehe. Damit impliziert Bemmer, dass größere Investitionen in Computertechnik wenig nachhaltig und nur von kurzfristigem Nutzen seien (vgl. Z. 58 f.).

Plädoyer für nachhaltige Investition

sprachlich-argumentative Analyse

Der **Titel des Kommentars** leitet bereits mit dem von Bemmer identifizierten Problem ein, dem Signalwort „Digitalpakt“. Dass sie gegen diese Maßnahmen des Bundesbildungsministeriums ist, wird deutlich, da sie sich nach einem Doppelpunkt direkt mit einem **Appell an die Leserschaft** wendet. Ihren Aufruf beginnt sie mit dem Imperativ „Rettet“, der zur Handlung auffordert. Ein **Ausrufezeichen** beendet den Appell und signalisiert damit die scheinbare Dringlichkeit.

Gleich zu Beginn des Textes sensibilisiert und aktiviert Ariane Bemmer die Leserschaft mit einer elliptisch formulierten **Frage zum Thema Computernutzung:** „Etwas über Computer lernen?“ (Z. 1). Mit dem einschränkenden „Etwas“ lässt die Autorin viel Spielraum, wieviel gelernt werden solle. Sie erreicht damit, dass ihr gleich zu Beginn viele Leserinnen und Leser zustimmen können. Diese **Übereinkunft** bestätigt sie mit ihrem „Unbedingt“ (Z. 1), das betont, wie wichtig Computerkenntnisse heutzutage seien. Mit der darauffolgenden Einschränkung „aber im Fach Informatik“ (Z. 1) präsentiert sie sich als jemand, der auch Grenzen aufzeigen will.

thematische Hinführung der Leserschaft

Das Schema, einen allgemein akzeptierten Sachverhalt darzustellen und ihn daraufhin einzuschränken, verfolgt sie weiter. So zählt sie **akkumulatorisch** auf, wo Computer heutzutage Anwendung fänden, und beginnt den Satz mit einem **Superlativ:** „Überall Digitalisierung der Arbeitswelt. In der Arbeitswelt, in der Kommunikation, der Gesundheitsvorsorge im Alltag“ (Z. 1 f.). Ihre kritische Haltung wird erneut nach dem Komma deutlich, hier in Form einer Frage, um

Anwendungsbereiche von Computern

die Leserschaft **zum Weiterdenken anzuregen** („also auch in der Schule?“, Z. 3).

klare Positionierung gegen Mehrheitsmeinung

Als Nächstes stellt sie die Pläne der Bundesbildungsministerin vor (vgl. Z. 3 ff.) und zieht das Fazit, dass die Ausweitung der Computernutzung der Wunsch der Mehrheit sei: „Wankas Pläne stießen allgemein auf Wohlwollen.“ (Z. 12) Ihren eindeutigen Widerstand formuliert sie im darauffolgenden kurzen Satz **mit sehr einfachen, fast kindgemäßen Worten:** „Dabei sind sie gar nicht gut.“ (Z. 12) Sie positioniert sich damit als Vertreterin einer Minderheitenmeinung. Die einfache Sprache und der klare Satzbau laden die Leserschaft dazu ein, sich mit ihrer Kritik auseinanderzusetzen.

Bewertung des Schulfaches Informatik

Bemmers strategische Gedankenführung

Auch in späteren Textpassagen greift Bemmer dieses Muster wieder auf, beispielsweise als sie fragt: „Aber warum nicht das Schulfach Informatik erweitern […]?“ (Z. 16 f.). Hier deutet sie an, dass die Allgemeinheit einen ausgedehnten Informatikunterricht vermutlich begrüßen würde. Tatsächlich möchte Ariane Bemmer aber **dem Fach Informatik keinen wesentlich höheren Stellenwert** als anderen Kernfächern zubilligen (vgl. Z. 19 f.). Hier, wie auch an anderen Stellen ihres Kommentars, weist die Autorin jeweils am Ende des Gedankengangs auf ihre Forderung hin, womit ihre Meinung länger im Gedächtnis bleibt. Darüber hinaus **hebt sie diese Zusammenfassungen auch optisch vom Rest ab**, indem sie diese beispielsweise mit einem Bindestrich (Z. 20) oder einem Doppelpunkt (Z. 33) absetzt.

Einsatz rhetorischer Fragen

Aufruf zum Mitdenken

Immer wieder lädt die Autorin mit rhetorischen Fragen ihre Leserschaft dazu ein, **sich über die Ausmaße der Computernutzung Gedanken zu machen** (vgl. Z. 46). Besonders deutlich wird dies am Ende des Kommentars mit der Frage „Und dann?“ (Z. 59). Die Leserschaft soll am Ende des Artikels abwägen, ob die Investitionen in Computertechnik langfristig rentabel sind oder ob man das Geld nicht besser in andere Lernkonzepte stecken solle, wie Bemmer es fordert.

Bemmers verständliche Ausdrucksweise

Damit die Leserschaft ihren Ausführungen gut folgen kann, fasst die Autorin ihre Thesen in kurzen, prägnanten Sätzen zusammen: „Dabei sind sie gar nicht gut.“ (Z. 12), „Weg mit den Computern aus den Klassenräumen.“ (Z. 14 f.; vgl. auch Z. 26, 51). Die zahlreichen leicht verständlichen umgangssprachlichen Formulierungen wirken wie eine **informelle mündliche Unterhaltung mit der Leserschaft:** „Ja, verkündete vergangenen Woche …“ (Z. 3), „… fünf Milliarden Euro für Computer in Schulen locker machen“ (Z. 5 f.; vgl. auch

Z. 16, 31, 42, 52). Bemmer möchte dadurch alle am Thema Interessierten, ungeachtet ihres Vorwissens, **zum Widerstand gegen die Computerisierung der Schulen aufrufen**.

Auf der Ebene der Wortwahl beeinflusst Ariane Bemmer ihre Leserschaft mit abwertenden Formulierungen in Bezug auf die flächendeckende Anschaffung von Computern. Beispielsweise stellt sie die Schule als Institution vor, die „digital aufzurüsten" (Z. 13) drohe, und ruft damit das **Bild eines Kampfgeschehens** hervor. Mit der Metapher „Durchseuchung aller Schulfächer mit digitalen Lernprogrammen" (Z. 22 f.) wird der **Einsatz von Lernsoftware mit einer bedrohlichen, unkontrollierbaren Krankheit gleichgesetzt**. Dieser Dysphemismus soll bei der Leserschaft Schrecken und Abscheu erregen. An anderer Stelle werden computergestützte Lernsituationen im Gegensatz zu dem Lernen mit Büchern abgewertet mit dem Diminutiv „Bildschirmchen" (Z. 46). Computerbildschirme erscheinen in dieser Formulierung als ungenügend, klein und begrenzt.

bildhafte Wortwahl bezüglich Digitalisierung

vollständige Digitalisierung der Schulen als Krieg und Krankheit

Um ihre Lösung für die anstehenden Probleme gewichtiger wirken zu lassen, zählt Bemmer die Vorteile akkumulatorisch auf, beispielsweise die **Themenpalette für das neue Fach Informatik:** „Aber warum nicht das Schulfach Informatik erweitern und verbindlich machen und dort lehren, was es mit Suchmaschinen, Algorithmen, Computerfirmen, mit Internet und Darknet auf sich hat, wie man programmiert oder eine App konzipiert?" (Z. 16 ff.). Auch die **Vorteile vernetzten Lernens am Beispiel der Naturwissenschaften** werden entsprechend akkumulatorisch dargestellt (vgl. Z. 54 ff.). Zusammen mit dem anaphorischen „Wo" verweist sie immer wieder auf die interessanten und umfassenden Lernmöglichkeiten, welche die reale Welt biete. Die Alliteration „Wo […] Wissen […] Wortsinn" (Z. 57) greift den inhaltlichen Aspekt der Vernetzung auch in der sprachlichen Form auf und hat damit verstärkende Wirkung.

Auflistung von Vorteilen

Lernerfahrungen in realer Welt

Auffallend häufig verwendet Ariane Bemmer das Wort „Was" (vgl. Z. 15, 22, 27, 42, 44, 57). Die vielfache **Aneinanderreihung von Fragen** sorgt beim Lesen für eine gewisse Atemlosigkeit. Die Leserschaft kann dadurch nachvollziehen, wie es wohl Schülerinnen und Schülern dabei geht, wenn sie einer **schnellen Bilder- und Inhaltsflut ausgesetzt** sind: „Was ist mit den Sinneseindrücken? Was werden bei Schülern von damals für Erinnerungen wach […]? Was für Erinnerungen sollen die Kinder an ihre Schulzeit, an ihr ganzes Leben haben, wenn sich das meiste davon auf portablen Bildschirmchen abspielt?" (Z. 42 ff.).

Wirkung des Wortes „Was"

Der Hinweis auf den Diercke-Weltatlas ruft bei der Elterngeneration **Erinnerungen an die eigene Schulzeit** hervor und verleitet sie zu

Eltern als Adressaten

einem **Vergleich mit heutigen Lernsituationen**. Die provokante Frage „Macht man so wirklich fit für die Zukunft?“ (Z. 46) soll bei den Erwachsenen ein spontanes Nein hervorrufen. Nicht zuletzt deshalb, weil diese Generation mit ihrer vermeintlich veralteten Lernumgebung es ja geschafft hat, in der Gegenwart erfolgreich zu sein.

Beeinflussung der Leserschaft

Mithilfe von **Repetitionen bzw. Parallelismen** sollen komplexe Sachverhalte auf ihren Kern reduziert werden, bleiben jedoch wenig aussagekräftig: „Eine Aufgabe in Physik ist eine Aufgabe in Physik.“ (Z. 23 f.) Die Repetition „ob“ verweist auf die Besorgnis der Autorin in Bezug auf die mangelnde Konzentrationsfähigkeit heutiger Schülerinnen und Schülern (vgl. Z. 24 f.). Der Neologismus „von Miniaturgedanken zu Miniaturgedanken hüpfen“ (Z. 38 f.) impliziert, dass sich die Hektik von animierten Bildern auf die Lernenden übertragen werde, wobei das Wort „hüpfen“ eine **spielerische und nur oberflächliche Auseinandersetzung mit den Lerninhalten** unterstellt. Bemmer versucht damit, ihre Leserschaft für die vermeintlichen Langzeitschäden der Computernutzung zu sensibilisieren. Ein **Bedrohungsszenario** signalisiert auch die Hyperbel „ewig sendenden und empfangenden Geräte“ (Z. 36), die den Computern eine pausenlose, überfordernde Aktivität zuschreibt.

Bemmers Art der Reduktion komplexer Themen

Heraufbeschwörung einer Gefahr

Zusammenfassend kann festgestellt werden, dass Ariane Bemmer in ihrem Kommentar ein breites Publikum anspricht, das sie **gegen den fächerübergreifenden Einsatz von Computertechnologie** in der Schule mobilisieren will. Allen voran wendet sie sich an die Eltern schulpflichtiger Kinder, die sie vor den **Konsequenzen einer digitalisierten Lernumgebung in der Schule** warnen möchte. Um möglichst viele Leserinnen und Leser anzusprechen, ist ihr Kommentar in verständlichen Sätzen und an einigen Stellen in Umgangssprache verfasst. Sie stellt heraus, dass sie eine Gegenposition zum gesellschaftlichen Konsens vertritt, und möchte die Leserschaft für ihre Sicht auf die Entwicklung sensibilisieren. Erfahrungs-, Fakten- und Expertenargumente sollen die Leserschaft warnen und sie aus Fürsorge für die heutige Schülergeneration zum Widerstand gegen den Digitalpakt aufrufen.

Warnung vor flächendeckendem Computereinsatz

Bemmers Adressatenkreis

TEILAUFGABE 3

Frankfurt, 21. 10. 2016

Leserbrief: Ort, Datum, Anrede

Sehr geehrte Ariane Bemmer,

mit großem Interesse habe ich Ihren Artikel auf der Homepage des „Tagesspiegel“ gelesen. Ich habe mich aber gewundert, dass Sie gegen das Vorhaben der Bundesbildungsministerin Wanka sind und

Bezug zu Bemmers Text

die **Schule eher als Schutzzone vor bildschirmgesteuertem Arbeiten** erhalten sowie das Thema Digitalisierung auf das Schulfach Informatik mit 90 Minuten in der Woche eingrenzen möchten. Was würden die Kinder und Jugendlichen dazu sagen?

Digitalisierung des Alltags

Ich stimme Ihnen zu, dass **unsere Welt im Privatleben und Beruf zunehmend digitalisiert** wird und die Freiräume, das Leben ohne diese Geräte zu organisieren, immer kleiner werden. Keine Kaffeepause auf der Arbeit, kein Waldspaziergang, ohne dass nicht eingehende Nachrichten auf Smartphone & Co. eine unverzügliche Beantwortung einfordern würden. Es kann ein Zuviel geben!

Lebenswelt der heutigen Schülergeneration

Doch die Schule als Schutzzone auszurufen, hieße doch, die tatsächlichen **Bedürfnisse der heutigen Schülergeneration außer Acht** zu lassen. Eine Sozialisation unter Gleichaltrigen ist ohne diese Geräte nicht mehr denkbar, weil **Kommunikation, Interaktion und Wissenszuwachs digital organisiert** werden: Es werden z. B. Verabredungen kurzfristig vereinbart, Rat von Freunden binnen Sekunden eingeholt, Kommentare zu online gestellten Bildern abgesetzt oder eben auch die Schreibweise von Fremdwörtern, eine vergessene Matheformel oder die Ereignisse der Französischen Revolution kurz vor der Klausur noch einmal schnell und unkompliziert aus dem Netz abgerufen. Mediennutzung gehört für die Schülerschaft zum **Selbstverständnis**. Die heutige Eltern- und Lehrkräftegeneration hat hier nur noch nicht das Tempo der Kids aufgenommen.

Mediennutzung durch Schüler

Motivation durch Digitalisierungsschub

Sie kritisieren die hektischen, animierten Bilder der Lernprogramme, die keine Gedankentiefe zuließen, sondern die Kinder zu schnellen Antworten trieben und das vernetzte Denken vernachlässigten. Aber ist nicht viel eher davon auszugehen, dass computergestützte Lernprogramme die Kinder und Jugendlichen dazu **motivieren, sich mit den Inhalten überhaupt erst einmal auseinanderzusetzen**? Die Programme passen sich altersgerecht und individuell den Lernfortschritten an, sodass Lernen ohne Unter- oder Überforderungen möglich wird. Wenn sich Schülerinnen und Schüler freudig durch Lernprogramme klicken, während Algorithmen den Lernprozess quasi unbemerkt im Hintergrund moderieren, ist doch schon viel gewonnen. Vokabellernen kann Spaß machen, wenn Bonuspunkte oder ein kleiner virtueller Konfettiregen den Wissenszuwachs belohnen. Und sind die Basiskenntnisse erst einmal vermittelt, besteht auch eine **größere Bereitschaft, sich den tieferen und komplexeren Sachverhalten einer Thematik zu nähern**.

Vorteile individualisierter Lernprogramme

Nachteile von Büchern

Ihre Ausführungen zur Wahrnehmung von Büchern mit dem Hinweis auf den Diercke-Atlas zeigen eine **eher nostalgische, einseitige Sicht auf das Medium**. Denn oft werden die schweren Bücher von der Schülerschaft zu Hause gelassen, um ein mühseliges Schleppen zu vermeiden. Schulbücher enthalten häufig **veraltete Informationen auf zerfledderten Seiten** und eine Sinnlichkeit, die von müffelnden, abgegriffenen, übermalten, im schlimmsten Fall sogar herausgerissenen Blättern erzählt. Heutzutage lässt sich beispielsweise ein schwerer Atlas mit einem Computerprogramm zur Geografie ersetzen. Die Software bietet **mannigfaltige Informationen und aktuelle Bilder** zu einzelnen Orten und Kulturen weltweit, die geeignet sind, Neugier zu wecken, und dazu einladen, mehr zu erfahren.

Vorteile digitaler Medien

Die Konzentrationsfähigkeit rufen Sie als „Kernkompetenz für die Zukunft" aus – wann war sie das nicht? Sich auf eine Aufgabe fokussieren zu können ist in jeder Lebenslage förderlich. Aber mir ist für die Zukunft nicht bange darum, denn die **Konzentrationsfähigkeit wird hauptsächlich durch das Interesse gesteuert**. Frühere Schülergenerationen haben sich zumeist auch nicht durchweg begeistert auf Vokabellisten gestürzt oder Nachmittage lang hochkonzentriert elaborierte Aufsätze verfasst, nur weil sie weniger medialer Ablenkung ausgesetzt waren. Daher sollte man den neuen Medien eine Chance geben. Wenn Lernprogramme entsprechend aufbereitet werden, können sie die **Nutzer fesseln und dabei enorme Konzentration hervorrufen**. Wer beispielsweise jugendliche Gamer vor ihrem Bildschirm beobachtet hat, kennt dieses Phänomen. Hier gilt es entsprechende Vorauswahlen bei den Lernprogrammen zu treffen, sodass das **Verhältnis von spielerischem Zugang und Lernfortschritt** ausgewogen ist.

Interesse als zentrales Kriterium für Konzentrationsfähigkeit

Potenzial digitaler Medien

Daher sollte, wie Sie es andeuten, ein Teil des Etats in die Lehrkräftefortbildung gesteckt werden. Allerdings mit dem Ziel, diese „fit für die Zukunft" und damit vertraut mit den neuen Medien zu machen. Konkret bedeutet dies, dass sie **fortlaufend für den Einsatz von Medien im Unterricht geschult** werden sollten, damit sie beispielsweise einen guten Überblick haben, welche Lernprogramme didaktisch und methodisch für ihr Fach geeignet sind. Dies wird nicht von heute auf morgen möglich sein. Doch der Ansatz lohnt sich, weil diese neue Form des Unterrichtens den Gewohnheiten der Schülerschaft entgegenkommt. Damit kann das **Interesse der jungen Generation geweckt und aufrechtgehalten** werden.

Investition in digitale Ausbildung der Lehrkräfte

Auch Ihrem Vorschlag für die Einrichtung eines eigenen Informatik-Unterrichts, der den gleichen Stellenwert wie ein Kern-Unterrichtsfach hat, kann ich nur zustimmen. Dort sollte auf die von Ihnen angedeuteten Gefahren hingewiesen werden und frühzeitig ein **verantwortungsvoller Umgang mit den Geräten altersgemäß gelehrt** werden. Dieses Wissen sollte aber auch in den anderen Schulfächern zur Anwendung kommen, beispielsweise für Internet-Recherchen zu

Computereinsatz in allen Fächern

neuen Themenfeldern. Gerade der **geschützte Rahmen des Unterrichts** bietet hier die Sicherheit, sich gefahrlos auszuprobieren. Je selbstverständlicher der Umgang mit den Medien in der Schule gefördert wird, desto sicherer wird deren Nutzung in der Freizeit sein – dort findet die Auseinandersetzung mit dem Medium weitgehend unbeobachtet statt.

Medienbutzung in der Freizeit

Die Lebenswirklichkeit direkt zu untersuchen ist begrüßenswert, wie Sie es auch vorschlagen. Doch man sollte die **neuen Medien in diesen Prozess integrieren**. Auf dem Computer befindet sich die ganze Welt des Wissens auf Knopfdruck mobil vor Ort, wo die Informationen gebraucht werden. Als **Ergänzung zum Unterricht** könnte beispielsweise ein Geocaching-Nachmittag organisiert werden, der die Schülerschaft computergestützt in die Natur lockt und mithilfe von Apps vor Ort schnell Auskunft darüber gibt, welcher Vogel da singt oder welcher Pilz so schön aus dem Dickicht leuchtet. Es bedarf einer neuen Herangehensweise, um die sinnlichen Wahrnehmungen zu verarbeiten und die Lerninhalte zu sichern.

Mischung der Methoden

Die Schulen mit entsprechender Technik auszustatten wird viel Geld kosten, das ist unbestritten. Hard- und Software veralten atemberaubend schnell. Ihre Besorgnis, dass hier nicht nachhaltig investiert werden kann, ist daher sehr berechtigt. In vielen Schulen sind bereits angeschaffte Medien oft monatelang nicht nutzbar, weil **Wartungsarbeiten oder anstehende Updates nicht durchgeführt** werden. Um dieser Problematik zu begegnen, sollte es in jeder Schule Verantwortliche geben, die sich mit der **Betreuung der Technik auskennen und notwendige Instandhaltungsarbeiten** zügig vornehmen können. Daher plädiere ich dafür, dass ein Teil des Etats für die Einrichtung einer solchen Institution an Schulen verwendet wird. Denkbar ist es auch, bestimme Aufgaben durch höhere Klassen in Form einer Schülerfirma oder Arbeitsgemeinschaft zu organisieren.

digitale Ausstattung der Schulen

Notwendigkeit von Technikbeauftragten

Aus Ihrer Forderung nach Beschränkung des Computereinsatzes spricht erkennbar die **Fürsorge für die heutige Schülerschaft**. Jedoch ist die Schaffung von Schutzräumen der falsche, weil rückwärtsgewandte Weg. Die Digitalisierung kann nicht aufgehalten werden. Vielmehr sollte sich die Schule den neuen Herausforderungen stellen und einen **sinnvollen Umgang mit der Digitalisierung etablieren** und üben, damit sich die Schülerinnen und Schüler sicher darin bewegen können.

Fazit: Digitalisierung ausweiten

Mit freundlichen Grüßen,

Marieluise May

Grußformel, Name

SPRACHWANDEL

Aufgabenstellung

1 Fassen Sie den Inhalt des Essays *Die Sprache ist eine Waffe* von Wolf Schneider (Material) mit eigenen Worten zusammen. (35 BE)

2 Arbeiten Sie die Aussageabsicht des Autors heraus. Analysieren Sie die Argumentationsstruktur und die sprachlichen Mittel in den von Wolf Schneider genannten vier Entwicklungstendenzen der deutschen Sprache (*Vier Entwicklungen vor allem müssen …*). (40 BE)

3 Nehmen Sie unter Bezug auf Ihre Ergebnisse aus Aufgabe 2 Stellung zur Position des Autors. (25 BE)

Material **Wolf Schneider: Die Sprache ist eine Waffe**

Aber sie lässt uns auch träumen, sie erklärt uns die Welt. Seien wir gut zu ihr!

Was wir hören, was wir lesen, wie wir sprechen, wie wir schreiben: Nichts formt uns und bewegt uns, nichts bereichert uns mehr, nichts prägt unsere Rolle unter den Menschen stärker als unser Umgang mit der Sprache. Sie ist das gewaltige Erbe, in das wir hineingeboren worden sind – in tausend Generationen aufgehäuft und fortentwickelt, beladen mit allen Irrtümern und Vorurteilen unserer Ahnen, beflügelt von ihren Träumen, Visionen, Ideen.

[…] Dieses schillernde, grandiose Erbe zu vergeuden oder gar zu verhunzen[1], ist die größte Torheit[2], die wir begehen können. Aber begangen wird sie.

Vier Entwicklungen vor allem müssen jedem Freund der Sprache Sorgen machen. Die erste Entwicklung: Auch dort, wo die Schreiber die Sprache noch pfleglich behandeln wie in der Mehrzahl der Druck-Erzeugnisse, findet seit Jahrzehnten ein Wortschwund oder eine Wortverfälschung statt. Dass „scheinbar" „dem falschen Anschein nach" bedeutet und folglich nie mit „anscheinend" verwechselt werden darf, ist immer weniger Deutschen geläufig. „Wähnen" liest man im Dutzend in der Zeitung, wo „glauben" gemeint ist – und es heißt doch: „fälschlich glauben", „sich einer Wahnvorstellung hingeben"! Hören solche Schreiber sich selber nicht mehr zu? „Die Passagiere der Titanic wähnten sich in Sicherheit" – wie viel Kraft, wie viel Information in nur zwei Silben!

[…] Woher solcher Absturz? Immer mehr junge Leute (fast die Hälfte, wird geschätzt) lesen keine Bücher mehr, und an deutschen Schulen regiere, sagt der Präsident des Deutschen Lehrerverbandes, jene „Spaßpädagogik", die den Schülern jegliche Mühe ersparen wolle.

Man komme nicht mit der beliebten Redensart: „Die Sprache entwickelt sich eben." Wo die Entwicklung eine Verarmung wäre, da sollten bei allen Deutschen die Alarmglocken läuten. Vor allem aber: Das „sich" in dieser Schutzbehauptung ist einfach falsch – als ob die Sprache ein abgehobenes Medium wäre, das sich Entwicklungen leistet! Sie wird entwickelt mit allem, was wir sagen oder nicht sagen, schreiben oder nicht schreiben – manchmal sogar von einer einzelnen Person: Bismarck[3] hat der Deutschen Reichspost nicht weniger als 760 Eindeutschungen aufgenötigt – und noch heute hat niemand etwas dagegen, dass wir nicht mehr „rekommandieren", sondern „einschreiben" sagen und nicht mehr „poste restante", sondern „postlagernd[4]". Alice Schwarzer[5] hat an der Spitze einer kleinen Gruppe von Feministinnen erzwingen können, dass jede deutsche Behörde und die meisten Unternehmen den Mitarbeitern heute bei jeder Nennung die Mitarbeiterinnen ausdrücklich zur Seite stellen.

[…] Also: Entwickeln wir mit! Halten wir die Sprache lebendig! Treten wir ihrer Verarmung und Verschandelung entgegen, und hören wir auf, vor jedem modischen Unfug in die Knie zu gehen.

Die zweite Entwicklung, die allen Freunden der Sprache Sorgen machen muss, ist mit dem Internet über uns hereingebrochen: Mail, Blog, Tweet, Chat haben die Zahl der geschriebenen Wörter dramatisch vermehrt und die Sorgfalt im Umgang mit ihnen dramatisch vermindert. Die Mailer und die Seriösen unter den Bloggern (die gibt es ja) können zwei Nachteile kaum bestreiten: Man huscht über die Tasten eines Geräts, das immer auf dem Schreibtisch steht – kein Papier mehr zurechtlegen, vom Kuvert zu schweigen; dazu mit dem schönen Gefühl: Und beim Empfänger kommt das Geschriebene sofort an, so wie die gesprochene Sprache. Der hat sich die geschriebene damit angenähert – mit allen Vorzügen der Spontaneität und allen Nachteilen der Schwatzhaftigkeit, des Nicht-mehr-Zögerns, Nicht-mehr-Feilens, Nicht-mehr-Korrigierens.

Das Blog hat anstelle des Adressaten ein diffuses[6] Publikum, und der Absender muss sich nicht identifizieren. Das verbinde sich oft mit „einer zunehmenden Enthemmung im Schutze einer tapfer verteidigten Anonymität", spottete Bundestagspräsident Lammert [...]. Aus beiden Nachteilen folgt millionenfach die Versuchung, loszupoltern, ja herumzupöbeln; die Sprache also in Tiefen zu zerren, die früher allenfalls dem Ohr zugemutet wurden – dem Auge nie.

Die dritte Entwicklung, die der Freund der Sprache nicht begrüßen kann, ist der immer noch anhaltende Siegeszug der unsinnigen unter den Anglizismen. Ein großes Unternehmen bereicherte das Deutsche vor Kurzem um das kostbare Wortgebilde Corporate-Social-Responsibility-Aktivitäten[7]; und was seit 1954 Eurovision hieß, deutsch ausgesprochen wie der Euro noch heute, geht neuerdings als „Jurowischn" über die Sender. Als ob man sich des Deutschen schämen müsste! Es war und ist eine der großen Kultursprachen auf Erden. Nur auf Englisch und Chinesisch erscheinen noch mehr Bücher als in deutscher Sprache, nur aus dem Englischen und dem Französischen werden noch mehr Bücher als aus dem Deutschen in andere Sprachen übersetzt.

Die vierte Entwicklung: das Kiezdeutsch, die Sprache mit Migrationshintergrund, vorzugsweise von unter Zwanzigjährigen gesprochen: „Ich mach dich Messer." Dass sie so reden, ist nicht das Problem – sondern dass in solcher Stummelsprache schon geworben wird („Soo! muss Technik", Saturn 2012), ja dass es Sprachwissenschaftler gibt, die diesen Slang loben: Er sei kein Kauderwelsch[8], sondern ein „innovativer Dialekt" des Deutschen, geradezu ein Vorbild für die überfällige Vereinfachung der deutschen Grammatik. Die Kiezdeutsch-Sprecher werden also ermutigt, sich ums Hochdeutsche gar nicht zu bemühen – statt dass man das Mögliche tut, sich der Chancengleichheit dadurch zu nähern, dass man alle, die in Deutschland wohnen, ermuntert und darin fördert, in die große Sprache „Deutsch" hineinzuwachsen! [...]

geändert nach: Schneider, Wolf: Sprache ist eine Waffe, in: Die Zeit, 10. 05. 2012. https://www.zeit.de/2012/20/Sprache/komplettansicht (abgerufen am 12. 09. 2018).

Anmerkungen

1 *verhunzen:* verunstalten, verderben
2 *Torheit:* Dummheit
3 *Bismarck:* Reichskanzler des Deutschen Reiches von 1871–1890
4 *postlagernd:* Eine Sendung wird an eine bestimmte Geschäftsstelle der Post adressiert, um dort vom Empfänger abgeholt zu werden.
5 *Alice Schwarzer:* Feministin und die bekannteste Vertreterin der deutschen Frauenbewegung
6 *diffus:* verschwommen, undeutlich
7 *Corporate-Social-Responsibility:* soziale Verantwortung von Unternehmen gegenüber der Gesellschaft und den Mitarbeitern
8 *Kauderwelsch:* aus mehreren Sprachen gemischte unverständliche Sprache, Sprechweise

TIPP **Bearbeitungshinweise**

Der Ihnen vorliegende Sachtext behandelt das Thema Sprachwandel. Um die Aufgaben gut bearbeiten zu können, müssen Sie auf Ihr im Unterricht erworbenes Wissen zurückgreifen. Lesen Sie zunächst genau die **Aufgabenstellung**. Die Bewertungseinheiten geben Ihnen einen Hinweis, wo der Schwerpunkt der Aufgabe liegt und wo Sie die meisten Punkte holen können. Planen Sie Ihre Bearbeitungszeit entsprechend. Lesen Sie den Artikel von Wolf Schneider mehrfach gründlich und aktiv, d. h. nehmen Sie mit verschiedenfarbigen Stiften Markierungen vor. Unterstreichen Sie auffällige sprachliche Mittel und notieren Sie am Rand den fachsprachlichen Begriff für das jeweilige Stilmittel sowie seine Funktion.

Teilaufgabe 1: Die **erste Teilaufgabe** fordert von Ihnen eine **Inhaltszusammenfassung**. Halten Sie diese kurz und geben Sie in eigenen Worten die zentralen Aspekte des Textes wieder. Die zahlreichen Beispiele und Zitate, die der Autor anführt, haben hier nichts zu suchen.

Teilaufgabe 2: In der **zweiten Teilaufgabe** steigen Sie noch tiefer in den Text ein, wenn Sie **Argumentationsgang** und **sprachliche Gestaltung analysieren**. Beachten Sie, dass die Aufgabenstellung den zu untersuchenden Textausschnitt begrenzt. Es empfiehlt sich, zunächst die **Aussageabsicht** des Autors herauszuarbeiten und dann **Abschnitt für Abschnitt** die Argumente darzustellen und zu zeigen, wie der Autor sprachliche Mittel einsetzt, um die Wirkungskraft seiner Aussagen zu erhöhen. Es reicht nicht, nur die Mittel aufzuzählen und mit Zeilenverweis zu belegen, Sie müssen auch Ihre konkrete Funktion im Textzusammenhang erläutern. Warum nutzt Wolf Schneider an einer bestimmten Stelle eine Metapher? Welche Wirkung hat eine Alliteration im Kontext? Sie müssen nicht alle rhetorischen Mittel berücksichtigen, die Sie finden. Gehen Sie lieber exemplarisch vor.

Teilaufgabe 3: Die **dritte Teilaufgabe** baut auf Ihren Arbeitsergebnissen auf und verlangt die **Auseinandersetzung mit Wolf Schneiders Position**. Dies bedeutet, dass Sie **erörternd** abwägen müssen. Wo können Sie dem Autor zustimmen? Wo wollen Sie widersprechen oder seine Aussagen einschränken? Nutzen Sie möglichst auch **Beispiele**, wenn Sie Ihre Meinung zu Anglizismen oder zum Kiezdeutsch darlegen. Das macht Ihre Argumentation anschaulicher und überzeugender. Die Bewertung der Teilaufgabe mit 25 BE deutet darauf hin, dass Sie nicht alle Aspekte aus Schneiders Artikel abarbeiten müssen. Konzentrieren Sie sich auf einige markante Punkte. Der folgende Lösungsvorschlag ist zu Ihrer Orientierung etwas ausführlicher gestaltet. Zuletzt sollten Sie in einem **Fazit** noch einmal Ihre **eigene Position** zusammenfassen.

Lösungsvorschlag

TEILAUFGABE 1

Einleitung: Autor, Titel, Jahr, Thema

In seinem am 10. Mai 2012 erschienenen Essay *Die Sprache ist eine Waffe* übt Wolf Schneider scharfe Kritik an aktuellen Tendenzen im Umgang mit der deutschen Sprache.

Inhaltszusammenfassung:

Scheider spricht der **Sprache eine große Prägekraft** für den Menschen zu, da sie das Denken und die Weltwahrnehmung beeinflusse. Sie bilde ein wertvolles **Erbe**, das es zu bewahren gelte. Doch identifiziert er **vier aktuelle Entwicklungen**, die sie gefährden. Erstens bedrohten „ein **Wortschwund oder eine Wortverfälschung**" (Z. 12 f.) ihren Ausdrucksreichtum. Dabei macht Schneider der Schule den Vorwurf, diese sprachliche Verarmung zu fördern; zudem würden junge Menschen immer weniger lesen. Auch hinterfragt Schneider die gängige Vorstellung von einer Sprachentwicklung, die sich nach eigenen Gesetzen vollziehe. Stattdessen habe jeder Einzelne die Möglichkeit, aktiv die Sprache zum Positiven zu beeinflussen. Zweitens beklagt der Verfasser, dass die **digitale Kommunikation** zu einem nachlässigeren Umgang mit der Sprache führe, da sich die geschriebene, durchdachtere Sprache dem mündlichen, flüchtigeren Sprechen annähere. Darüber hinaus litten die kommunikativen Umgangsformen unter dem Deckmantel der Anonymität, den das Internet bietet. Man poltere leichter los. Drittens würden unsinnige **Anglizismen** sich immer weiter ausbreiten, was auf eine geringe Wertschätzung für Deutsch als „eine der großen Kultursprachen" (Z. 60 f.) hindeute. Viertens werde das „**Kiezdeutsch**", das vor allem von jungen Menschen mit Migrationshintergrund gesprochen werde, von Marketing und Wissenschaft als Quelle sprachlicher Innovation betrachtet. Daher erscheine es gar nicht mehr notwendig, sich um die korrekte Beherrschung des Hochdeutschen zu bemühen.

Verarmung der Sprache

Gefahr durch digitale Kommunikation

Einfluss des Englischen

Kiezdeutsch

TEILAUFGABE 2

Aussageabsicht des Autors

Schneiders Artikel ist ein **Appell, „gut"** (Z. 1) **zur deutschen Sprache zu sein**, sie also zu schätzen und sorgsam mit ihr umzugehen. Indem er vier Gefahrenquellen für das Deutsche ausführt, will er die Leserinnen und Leser für Bedrohungen der Hochsprache **sensibilisieren**. Mit vielen Beispielen, die in seinen Augen Sprachverhunzungen darstellen, verfolgt er ganz offensichtlich ein **didaktisches Anliegen:** Er will exemplarisch zeigen, wie das Deutsche richtig anzuwenden ist, aber auch dass jeder durch seinen eigenen bewussten Sprachgebrauch die **Entwicklung mitgestalten** kann. Die deutsche Sprache gilt ihm als hohes Kulturgut, was er auch seiner Leserschaft vermitteln will. Sie zu beherrschen, ermögliche eine gesellschaftliche **Chancengleichheit**.

Analyse von Argumentation und Sprache: Vereinnahmung der Leser

Schneiders Ausführungen zu den vier sprachlichen Entwicklungstendenzen sind klar strukturiert, der ersten räumt der Autor dabei den größten Raum ein. Indem er betont, dass die Alarmsignale „jedem Freund der Sprache Sorgen machen" (Z. 10), zielt er darauf ab, den **Leser auf seine Seite zu ziehen**, da der sich vermutlich zu dieser Personengruppe zählen will. Mehrfach wird Schneider die Bezeichnung „Freund der Sprache" (vgl. Z. 39, 55) wiederholen, um so mit seinen Lesern eine Gemeinschaft der Sprachverteidiger zu schaffen. Zugleich wird durch die Formulierung **die Sprache von etwas Abstraktem zu einem Wesen**, um das man sich kümmern muss.

1. Kritikpunkt: Verarmung der Sprache

Die **erste Fehlentwicklung**, die Schneider mit der Alliteration „ein **Wortschwund** oder eine Wortverfälschung" (Z. 12 f.) benennt, veranschaulicht er an einigen **Beispielen**. So würden fälschlicherweise die Adverbien „scheinbar" und „anscheinend" synonym verwendet oder das Verb „wähnen" nicht richtig eingesetzt (vgl. Z. 13 ff.). Eine spöttische rhetorische Frage („Hören solche Schreiber sich selber nicht mehr zu?", Z. 17) drückt das Unverständnis des Verfassers über so viel Ignoranz aus. Da er erziehend auf seine Leserschaft einwirken will, führt er nach all den Beispielen für einen verfälschenden Sprachgebrauch den korrekten Gebrauch von „wähnen" vor. Der folgende elliptische Ausruf „wie viel Kraft, wie viel Information in nur zwei Silben!" (Z. 18 f.) verdeutlicht Schneiders **Bewunderung für den Ausdrucksreichtum der deutschen Sprache**.

Korrektur der Negativbeispiele

Berufung auf Experten

Doch der Autor stützt seine Beweisführung nicht nur mit Beispielen aus dem alltäglichen Sprachgebrauch, er zitiert auch **Autoritäten** und beruft sich auf frühere Verdienste um die Sprache. So lässt er den Präsidenten des Deutschen Lehrerverbands zu Wort kommen, als er nach den Ursachen für den sprachlichen Kompetenzverlust fragt. Diesen bezeichnet er metaphorisch als „Absturz" (Z. 20), wodurch er die Veränderung dramatisiert.

Benennen der Verantwortlichen für die Fehlentwicklung

Neben der „**Spaßpädagogik**" (Z. 22) an den Schulen attackiert Schneider die weitverbreitete Einstellung, der zufolge Sprache sich entwickle. Diese Ansicht entlarvt er als „Schutzbehauptung" (Z. 26) und ruft empört aus: „als ob die Sprache ein abgehobenes Medium wäre, das sich Entwicklungen leistet!" (Z. 27 f.) Durch seinen spöttischen Ton stellt er die **Redensart von der eigengesetzlichen Veränderung der Sprache** zunächst als absurd hin und **widerlegt** sie dann mithilfe der Geschichte, wobei er zwei ganz unterschiedliche Persönlichkeiten aufruft: Der erste deutsche Reichskanzler Otto von Bismarck hätte im Postwesen für Eindeutschungen französischer

Begrifflichkeiten gesorgt, die Feministin Alice Schwarzer hätte eine sprachliche Berücksichtigung von Mitarbeiterinnen in Behörden und Unternehmen erreicht. Die Verben „aufnötigen" und „erzwingen" (vgl. Z. 30, 33) bei der Beschreibung ihrer Erfolge vermitteln die **sprachliche Gestaltungsmacht** der beiden. Somit belegen die Beispiele Schneiders Schlussfolgerung, dass man Veränderungen von Sprache nicht passiv hinnehmen müsse, sondern sehr wohl aktiv diesen Prozess beeinflussen könne.

Schneiders Wortwahl

Folgerichtig platziert der Autor hier einen **Appell**, bei dem er mit drei Imperativen dazu aufruft, selbst positiv auf die Sprache einzuwirken: „Entwickeln wir mit! Halten wir die Sprache lebendig!" (Z. 36) Er fordert die aktive Gegenwehr gegen ihre „Verarmung und Verschandelung" (Z. 36 f.) – die Alliteration spiegelt seine Verachtung für diese Phänomene wider, die er zudem polemisch als „modischen Unfug" (Z. 37) beschimpft.

Appell an die Leser

Die **zweite problematische Entwicklung**, die **Digitalisierung der Kommunikation**, scheint für Wolf Schneider die Gewalt einer Naturkatastrophe zu haben, wie es das Partizip „über uns hereingebrochen" (Z. 40) nahelegt. Mit einer Antithese macht er deutlich, dass die Vermehrung der geschriebenen Wörter mit einer Verminderung der Sorgfalt einhergehe (vgl. Z. 41 f.). Eine Aneinanderreihung elliptischer Satzfragmente („kein Papier mehr zurechtlegen, vom Kuvert zu schweigen; dazu mit dem schönen Gefühl […]", Z. 44 f.) soll offenbar die nachlässige virtuelle Kommunikation nachahmen. Auch hier will der Autor durch eine **abwertende Wortwahl** die Leserschaft von seiner Meinung überzeugen. So gesteht er der Internet-Kommunikation nur einen Vorzug zu, nämlich die Spontaneität. Die Nachteile überwiegen dagegen in seiner Aufzählung: Schneider wirft den digitalen Schreibern vor, alles sofort mitteilen zu wollen, ohne sich Zeit und Muße für die Überarbeitungen der Texte zu nehmen (vgl. Z. 46 ff.).

2. Kritikpunkt: negativer Einfluss der digitalen Kommunikation

Flüchtigkeit

Dass nicht nur die **sprachliche Qualität leidet**, sondern auch die **Umgangsformen**, belegt Wolf Schneider mit dem kritischen Statement des damaligen Bundestagspräsidenten Lammert, der feststellte, dass die **Anonymität** im digitalen Raum die **Verrohung fördere** (vgl. Z. 50 ff.). Wieder nutzt der Verfasser also ein **Autoritätsargument**, um seine Position abzustützen. Er selbst führt mit seinen eigenen Formulierungen eine ganz andere, sorgsame Umgangsweise mit Sprache vor, indem er die Gefährdung der geschriebenen Sprache mit einer Metapher und einer Antithese illustriert: Die Sprache werde „in Tiefen [gezerrt], die früher allenfalls dem Ohr zugemutet wurden – dem Auge nie" (Z. 53 f.).

sprachliche Verrohung

Schneiders Umgang mit Sprache

Die dritte Gefahrenquelle sind in Schneiders Augen die **Anglizismen**, deren Auswirkungen auf **Wortbildung** sowie **Aussprache** er an zwei Beispielen demonstriert. Dabei zeigt er sich in seiner Darstellung ironisch: „Ein großes Unternehmen bereicherte das Deutsche [...] um das kostbare Wortgebilde Corporate-Social-Responsibility-Aktivitäten“ (Z. 56 ff.). Es wird deutlich, dass Schneider solche Neologismen für alles andere als kostbar hält, sondern sie eher zum „modischen Unfug“ (Z. 37) zählt. So ist sein Ausruf „Als ob man sich des Deutschen schämen müsste!“ (Z. 60) als bitterer Vorwurf zu verstehen, die eigene Sprache nicht wertzuschätzen. Mit statistischen Werten vom Buchmarkt – der Menge an deutschen Neuerscheinungen sowie der Übersetzung deutscher Bücher in andere Sprachen (vgl. Z. 61 ff.) – will er genau das Gegenteil erreichen und **Stolz für die Bedeutung des Deutschen wecken**.

3. Kritikpunkt: Anglizismen

statistische Untermauerung der Bedeutung des Deutschen

Als letzte Fehlentwicklung attackiert Schneider die **Hochachtung für das Kiezdeutsch**. Zwar lässt er dieses als mündliche Sprachvarietät durchaus gelten, doch betrachtet er es als **Gefahr für das Schriftdeutsch**, worauf der abschätzige Neologismus „Stummelsprache“ (Z. 66) und die Bezeichnung als „Kauderwelsch“ (Z. 68) hindeuten. Auch hier bringt er Beispiele für das Kiezdeutsch, das sogar Eingang ins Marketing gefunden habe. Der Satz „Ich mach dich Messer“ (Z. 65) illustriert mit dem Verzicht auf Verbflexion und Artikel die Einschätzung Scheiders. Zwar zitiert er ein positives sprachwissenschaftliches Urteil über dieses Phänomen („innovativer Dialekt“, Z. 68 f.), nennt aber nicht den Experten, der für diese Einschätzung verantwortlich ist. Da Schneider die Gegenposition vertritt, will er logischerweise kein Autoritätsargument anbringen, sondern vielmehr die Wertschätzung für Kiezdeutsch hinterfragen. Er befürchtet, dass sich diese Vereinfachung der Grammatik durchsetzt und Kiezdeutsch-Sprecher von vertieften Sprachkenntnissen ferngehalten werden. So führt er zuletzt die korrekte **Beherrschung des Hochdeutschen als Faktor der Chancengleichheit** an, die allen dieselben Möglichkeiten auf Teilhabe eröffne (vgl. Z. 70 ff.).

4. Kritikpunkt: Wertschätzung für Kiezdeutsch

Schneiders klare Positionierung gegen Kiezdeutsch

Hochdeutsch als Garant für Chancengleichheit

Wolf Schneiders gewählter Stil und der Einsatz zahlreicher rhetorischer Mittel kontrastieren zu all den aufgeführten sprachlichen Nachlässigkeiten und Fehlern. So möchte der Autor wohl selber mit seinem Text ein **Vorbild für den pfleglichen Umgang mit der deutschen Sprache liefern**.

Fazit:
Schneiders Stil als Gegenbeispiel zu Entwicklungen

TEILAUFGABE 3

Wolf Schneider vertritt einen **kulturkritischen Ansatz**, wenn er vor dem Verfall der deutschen Sprache warnt und zu deren Pflege aufruft. Kann man dieser Sichtweise uneingeschränkt zustimmen oder muss man seiner Darstellung nicht in manchen Bereichen widersprechen oder sie relativieren?

Auseinandersetzung mit Schneiders Position:
Überleitung

Zweifellos hat der Verfasser recht, wenn er die **Ausdrucksvielfalt der deutschen Sprache** betont. Augenfällig wird es, wenn man beispielsweise zu dem englischen Universalverb „to get" alle möglichen Bedeutungsvarianten zusammenträgt, die es im Deutschen haben kann: bekommen, holen, besorgen, kapieren, erreichen, werden … Dieser **Nuancenreichtum** eines großen Wortschatzes sollte wirklich als sprachlicher Schatz gepflegt werden, der es dem Sprecher erlaubt, **Dinge sehr differenziert zu verbalisieren**.

zustimmende Argumente: Ausdrucksreichtum der deutschen Sprache

Die souveräne **Beherrschung der Hochsprache** ist daher nicht nur in der **Schule** von Bedeutung, auch im **Studium** oder in leitenden **beruflichen Positionen** gehört eine fehlerfreie, elegante Ausdrucksweise zu den **Schlüsselkompetenzen**. Oft werden Bewerbungen mit zu vielen orthografischen und grammatikalischen Fehlern aussortiert.

Hochdeutsch als Schlüsselkompetenz

Bei einer weiteren Beobachtung ist Schneider zuzustimmen: **Anglizismen** können im Hochdeutschen wie ein Störfaktor wirken, da sie teilweise bestehende deutsche Wendungen verdrängen, ohne dabei für mehr begriffliche Klarheit zu sorgen. Vielmehr haben sie oft **euphemistischen Charakter** und lassen banale Sachverhalte durch fremdsprachige Begriffe viel bombastischer und wichtiger klingen, als sie eigentlich sind. So klingt „facility manager" chicer als „Hausmeister", die Tätigkeiten ändern sich aber durch die Benennung nicht. „Change management" klingt nach frischem Wind und lässt Positives erwarten, gemeint ist aber oft die Umstrukturierung eines Unternehmens, die nicht selten mit einem Stellenabbau einhergeht.

manipulative Wirkung von Anglizismen

Die **Werbesprache** greift auch zu Anglizismen, um Produkte besonders „trendy" erscheinen zu lassen. Dabei besteht die Gefahr, dass die potenziellen Käufer die Botschaft nicht verstehen. Das Wortspiel, das in der Schokoladen-Werbung „Nice to sweet you" steckt, kann auch für Unverständnis sorgen. So manchem Anglizismus haftet in der Manager- und Marketingsprache daher der Verdacht an, den **wahren Sachverhalt zu verschleiern** bzw. Kunden zu **manipulieren**. Hier wären die Vorbehalte von Wolf Schneider berechtigt.

Werbesprache

Diese Beispiele zeigen auch, wie Fachleuchte aus **Marketing und Management aktiv und wirkungsmächtig auf Sprachentwicklung Einfluss** nehmen. Wie Schneider behauptet, entwickelt sich

Möglichkeit, auf Sprache einzuwirken

Sprache nicht von allein, sondern wird durch die Sprechenden geprägt. Ob sie verarmt oder ob ihr Wortschatz erhalten wird bzw. sogar anwächst, hängt somit von der Qualität unseres Sprachgebrauchs ab.

widersprechende Argumente:

begrenzter Einfluss des Einzelnen

Jedoch – und hier muss die These Schneiders **relativiert** werden – **liegt es wohl kaum beim Einzelnen**, größere sprachliche Entwicklungen anzustoßen. Wenn **Werbung oder Unternehmen, Politik oder Medien** bestimmte sprachliche Wendungen verstärkt gebrauchen, haben sie eine viel größere Reichweite. Gerade in der Folge der Corona-Pandemie haben viele Wörter, die sonst nur im Sprachgebrauch von Experten vorkamen, weite Verbreitung gefunden, wie etwa „Lockdown“, „vulnerable Gruppen“, „Inzidenz“, „Herdenimmunität“, „Viruslast“ oder auch „Pandemie“. Hier zeigt sich der Einfluss von Medizin, Politik und Medien auf die Sprachentwicklung.

Vergrößerung des Wortschatzes

Durch diese Begrifflichkeiten wird unser **aktiver Wortschatz sogar größer**, was im Widerspruch zu Schneiders These vom Wortschwund steht. Diese wird von ihm auch nicht durch Belege oder Zitate gestützt, bleibt also Behauptung.

Sprache als Spiegel technischer und gesellschaftlicher Entwicklungen

Zudem scheint Schneider den sprachlichen Stand einfrieren zu wollen. Dabei ist **Sprache ein dynamisches Gebilde**, auf das auch die jeweiligen zeitlichen Umstände einwirken, sei es durch **technologische Innovationen**, sei es durch **gesellschaftlichen Wandel**. Die **Digitalisierung** sowie die **Globalisierung** durchdringen alle Lebensbereiche und gerade auch die Kommunikation. Es ist daher nur folgerichtig, **Neuerungen im IT-Bereich** mit international einheitlichen englischen Bergriffen zu versehen. Versuche, den Laptop als „Klapprechner“ oder den Airbag als „Prallkissen“ zu bezeichnen, konnten sich folglich nicht durchsetzen. Die gleiche Logik gilt für **Unternehmen, die weltweit vernetzt agieren** und sich auf einen gemeinsamen Sprachgebrauch geeinigt haben – und dieser ist nun mal englisch.

Vorteile digitaler Kommunikation

Die Digitalisierung hat auch eine ungeheure Beschleunigung im **Austausch von Informationen** mit sich gebracht. Sie hat dazu geführt, dass so viel geschrieben wird wie nie zuvor. Mails, Tweets, WhatsApp- oder Snapchat-Nachrichten sind quasi sofort nach Versenden beim Empfänger und erlauben eine **unmittelbarere Kommunikation**. Diese Direktheit kann man auch als **Intensivierung**, also positiv verstehen und nicht nur – wie Schneider dies tut – als Zunahme an Geschwätzigkeit und Schlampigkeit. Der Austausch von Kurznachrichten verfolgt schließlich auch **nicht vorrangig die Absicht, besonders ausgefeilte Texte zu produzieren**, sondern möglichst rasch mit dem Gegenüber digital in Kontakt zu treten.

Zweck von Kurznachrichten

Die steigende Schriftlichkeit bringt auch **kreative Blüten** hervor, wie den Einsatz von Emoticons (Smileys) oder Akronymen („LOL", „OMG"). So birgt der **spielerische Umgang** mit Sprache eine innovative Kraft. Dass Werbung Wendungen aus dem Kiezdeutsch aufgreift, lässt sich auch als Spaß am Experimentieren mit Sprache deuten. Tatsächlich haben sprachwissenschaftliche Untersuchungen erwiesen, dass **Jugendliche über mehrere sprachliche Codes verfügen** und meist auch in der Lage sind, den Code zu wählen, der zur jeweiligen Situation passt, also im Bewerbungsgespräch hochdeutsch, im Umgang mit Gleichaltrigen dagegen in Jugendsprache kommunizieren.

sprachliche Innovationskraft

Unsere Sprache ist daher nicht nur ein **Erbe** und ein Schatz, also in der Vergangenheit verankert, sie ist auch **lebendig** und **Spiegel der jeweiligen Zeit** und somit der Gegenwart sowie der Zukunft zugewandt.

Fazit

ROLLENBILDER

Aufgabenstellung

1 Fassen Sie die wesentlichen Aussagen des vorliegenden Textes *Gender-Marketing: Gegen den Geschlechterblödsinn* von Antje Schrupp (Material) mit eigenen Worten zusammen. (35 BE)

2 Arbeiten Sie die Aussageabsicht der Autorin heraus. Analysieren Sie vor diesem Hintergrund die Argumentationsstruktur Schrupps (Material) und die verwendeten sprachlichen Mittel, mit denen die Aussageabsicht unterstützt wird. (40 BE)

3 Diskutieren Sie die Aussage der Autorin, dass „hinter dem massiven Klischeealarm in Wahrheit eine große Verunsicherung darüber steckt, was es mit der Männlichkeit und der Weiblichkeit auf sich hat". Auf Ihr eigenes Männer- und Frauenbild sollen Sie sich dabei auch beziehen. (25 BE)

Material **Antje Schrupp: Gender-Marketing: Gegen den Geschlechterblödsinn**

[…] Gender-Marketing [ist] Werbung, die an und für sich harmlose Produkte mithilfe von Geschlechterstereotypen vermarktet: Gurken Madl („lieblich“) und Gurken Buben („kräftig“), oder Männerchips („Flamed BBQ“) und Frauenchips („Creamy Paprika“). […]

Nun sind Bratwürste, Kugelschreiber, Mineralwasser und Zahnbürsten speziell für Männer und Frauen zugegebenermaßen so lustig wie Mario Barth, nämlich überhaupt nicht, aber sind sie wirklich schlimm? Viele meinen, da könnten wir doch ironisch zwinkernd drüberstehen. Ist doch witzig gemeint! […]

Diese Gleichgültigkeit ist unangebracht. Wer so argumentiert, überschätzt nämlich grandios die Fähigkeit des menschlichen Bewusstseins, sich gegen ständige subtile Beeinflussung abzuschotten. […] Gender-Marketing wirkt. Zum Beispiel, indem es uns dauernd daran erinnert, dass wir ein Geschlecht haben. Menschen sind ja vielerlei, sie gehören zu allen möglichen Kategorien und Gruppierungen, sie haben Haut- und Haarfarben, Körpergrößen, Berufe, Interessen, Sprachen, Nationalitäten, Herkunftsregionen und so weiter. Aber die meisten davon haben wir nicht ständig im Kopf. Wir würden etwa nicht auf die Idee kommen, Kugelschreiber für Leute über 1,70 Meter Körpergröße und solche für Leute unter 1, 70 zu bewerben. Oder unterschiedliche Buggys je nachdem, ob das Kind braune oder rote Haare hat.

Oder stellen Sie sich mal das vor: Sie stehen vor einem Regal und haben die Auswahl zwischen verschiedenen Tütensuppen, nämlich Brokkolisuppe für Menschen mit Englischkenntnissen und Erbsensuppe für Menschen ohne Englischkenntnisse. Was tun Sie? Sie überlegen unwillkürlich, ob Sie eigentlich Englisch können. Anstatt, wie es vernünftig wäre, darüber nachzudenken, ob Sie lieber Brokkoli oder lieber Erbsen mögen. Und genauso geht es einem Kind, das zwischen einem blauen Handwerkskasten für Jungen und einer rosa Puppenküche für Mädchen wählen soll: Es denkt nicht darüber nach, ob es lieber mit einem Handwerkskasten oder mit einer Puppenküche spielen möchte. Sondern darüber, ob es ein Junge oder ein Mädchen ist.

Das ist für die anstehende Entscheidung aber genauso egal wie der Umstand, ob man Englisch spricht oder nicht, für die Auswahl einer Suppe. […] Gender-Marketing bewirkt, dass sich das Geschlecht andauernd überall hineinmischt, auch dort, wo es gar nichts verloren hat. Sicher gibt es Gelegenheiten, bei denen man gut daran tut, sich das eigene Geschlecht zu vergegenwärtigen. Zum Beispiel wenn man vorhat, Sex ohne Verhütungsmittel zu haben. Eventuell kann man davon nämlich schwanger werden oder eben nicht. […]

Aber wenn man Bratwurst oder Gurken oder Kugelschreiber kaufen möchte, muss man nicht über das eigene Geschlecht nachdenken, echt nicht. Und wenn man Kindern ein Spielzeug kaufen möchte, genauso wenig. Zumal, zweitens, Gender-Marketing fast immer Stereotype zementiert. Die Männersachen sind in der Regel hart, feurig, eckig, kalorienreich und billig, die Frauensachen weich, soft, rund, kalorienarm und teuer. […]

[D]ie allermeisten Produkte verfestigen ganz offen Klischees. Besonders schlimm ist das natürlich, wenn es sich an Kinder und Jugendliche richtet. [... Z]um Beispiel getrennte Lesebücher [...] Die „Geschichten für Jungs zum Lesenlernen“ sind in Blau gehalten, das Pendant für Mädchen in Pink. Bei den Mädchen ist auf dem Cover eine Prinzessin mit Pferd und anderen Tieren zu sehen, bei den Jungen Polizist, Pirat und Raumschiff. Spätestens hier ist von Ironie und Witzigkeit keine Spur mehr übrig. [...]

Dabei wäre es sehr gut, mit Kindern über die Bedeutung von Geschlecht ins Gespräch zu kommen. Kinder haben den existenziellen Wunsch, zu verstehen, wie die Welt funktioniert. Sie greifen Anleitungen und Erklärungen von Erwachsenen begierig auf, sie schauen sich Dinge ab, und sie stellen ungeheuer viele Fragen. Sie müssen die Welt ja erst einmal kennen lernen, bevor sie sich eine eigene Meinung dazu bilden können. Und die Geschlechterdifferenz gehört zu dieser Welt, sie ist darin sogar sehr wichtig. Kinder wissen natürlich, dass es Jungen und Mädchen gibt, dass sie zu einer dieser Gruppen gehören, ebenso wie die Erwachsenen. Und sie wollen richtigerweise verstehen, was das bedeutet. Unser Job als Ältere ist, ihnen das zu erklären. Und was antworten wir? „Prinzessin und Ritter“ – ernsthaft?

An den Produkten für Kinder lässt sich vor allem ablesen, dass hinter dem massiven Klischeealarm in Wahrheit eine große Verunsicherung darüber steckt, was es mit Männlichkeit und Weiblichkeit auf sich hat. Ein bisschen so, als wäre uns das Thema inzwischen peinlich. Wir sind doch längst gleichgestellt, alles paletti. Männer und Frauen, was soll man denn da noch sagen! Ist erledigt, Feminismus Geschichte, brauchen wir nicht mehr – also fröhlich her mit dem Kinderzimmer „für echte Rennfahrer“ und „für echte Mäuschen“, mit „Prinzessinnensuppe“ und „Feuerwehrsuppe“. Voll lustig! [...]

Wir sollten das zugeben: Indem wir [...] Gender-Marketing tolerieren, zementieren wir Rollen, behindern wir Kinder in ihrer freien Entfaltung. Wir machen es ihnen schwer, zu ihren eigenen, individuellen Vorlieben und Stärken zu finden, indem wir sie schon als Babys darauf trimmen, dass sie als Mädchen dies und als Jungen das zu wollen hätten. Und dafür gibt es eigentlich nur eine logische Erklärung: dass es uns letztlich egal ist. Unsere Kinder sind uns egal. Wir legen keinen Wert darauf, dass sie ihre persönlichen Vorlieben frei und offen herausfinden. Es ist uns wichtiger, dass Firmen mit Gender-Marketing mehr Geld verdienen können, weil sie ihre Produkte doppelt verkaufen. [...]

Außerdem hat das den Vorteil, dass auch wir als Erwachsene beim Einkaufen unser Gehirn schön ausgeschaltet lassen können, das ist so bequem. Auf die wichtige Frage unserer Kinder, was Mannsein und Frausein eigentlich bedeutet, haben wir ja sowieso keine vernünftige Antwort. Weil in dieser Region unseres Gehirns alles schon unheilbar mit rosa und hellblauem Kleister verklebt ist.

geändert nach: Antje Schrupp: Gender-Marketing: Gegen den Geschlechterblödsinn, in: ZEIT online, 03. 03. 2017. https://www.zeit.de/kultur/2017-03/gender-marketing-sexismus-negativ-preis-goldener-zaunpfahl-10nach8/komplettansicht, (abgerufen am 16. 03. 2019)

TIPP **Bearbeitungshinweise**

Teilaufgabe 1: Die erste Teilaufgabe zielt darauf ab, eine **Textzusammenfassung** zu schreiben und dabei die wesentlichen Aussagen des Ausgangstextes zu erfassen. Damit Sie sich nur auf die zentralen Inhalte konzentrieren, ist es wichtig, die **übergeordneten Abschnitte des Kommentars** zu bestimmen. Stichpunktartig formulierte Überschriften, die Sie am Rand des Textes notieren können, helfen Ihnen dabei, die **Kernaussagen** des Textes herauszufiltern. Beachten Sie, dass sich Ihre Inhaltsangabe durch eine **eigene Wortwahl** auszeichnen soll. Trauen Sie sich also, Synonyme und Umschreibungen für Begriffe aus dem Ausgangstext zu finden und in Ihren Text zu integrieren. Stellen Sie Ihrer Inhaltsangabe einen **Basissatz** voran, der die wichtigsten Informationen zum Text enthält und Aufschluss über dessen Kernthema gibt.

Teilaufgabe 2: Bei der zweiten Teilaufgabe kommt es darauf an, die **Aussageabsicht der Autorin** herauszuarbeiten. Diese setzt sich aus **mehreren Teilabsichten** zusammen. Sie haben den Text bereits in Sinnabschnitte gegliedert. Diese Einteilung hilft Ihnen, die zentralen Absichten der Autorin zu erkennen. Prüfen Sie also, **welches Ziel die Autorin in einer bestimmten Texteinheit verfolgt**. Will sie über etwas informieren? Argumentiert sie, um von ihrer Meinung zu überzeugen? Appelliert sie an die Leserinnen und Leser, um Änderungen zu erreichen? Rufen Sie sich bei der Analyse des Kommentars das gängige Argumentationsschema in Erinnerung: An welcher Stelle **behauptet** die Autorin etwas? Wie **begründet** sie ihre Behauptung(-en)? Welche Beispiele zieht sie heran, um Zusammenhänge zu **veranschaulichen**? Flechten Sie in Ihre Ausführungen auch **Beobachtungen zur sprachlichen Gestaltung** des Textes ein. Denn um ihre Aussageabsicht zu stützen, macht die Autorin von verschiedenen rhetorischen Mitteln Gebrauch. Beachten Sie hierbei die **gängigen Zitierregeln**. Da **auf dieser Teilaufgabe der Schwerpunkt** liegt, sollten Sie sich ausreichend Zeit nehmen, um den Text gründlich zu analysieren.

Teilaufgabe 3: Bei der dritten Teilaufgabe sollen Sie eine **Aussage, die die Autorin in ihrem Kommentar trifft, diskutieren**. Es kommt also darauf an, das gegebene Zitat gedanklich zu durchdringen und **einleitend kurz zu erläutern**. Der Operator „diskutieren" weist darauf hin, dass die **Aussage der Autorin kontrovers zu betrachten** ist. Legen Sie also dar, was für die Position der Autorin spricht, und zeigen Sie eine davon abweichende Sichtweise auf. Bei der Entfaltung Ihrer Argumentation können Sie sich **auf Inhalte des Ausgangstextes beziehen**, Sie können daneben aber **auch eigenes Wissen und eigene Erfahrungen** einbringen. Explizit wird in der Aufgabenstellung darauf hingewiesen, dass Sie sich auch auf **das eigene Männer- und Frauenbild** beziehen sollen. Am Schluss können Sie die wichtigsten Ergebnisse in einem kurzen **Fazit** zusammenfassen und Ihren Aufsatz in Form eines Appells, eines persönlichen Wunsches oder auch durch Verweis auf ein verwandtes Thema abrunden.

Lösungsvorschlag

TEILAUFGABE 1

In ihrem Kommentar *Gender-Marketing: Gegen den Geschlechterblödsinn*, der am 3. März 2017 in der Wochenzeitung „Die ZEIT" erschienen ist, warnt Antje Schrupp vor einer gleichgültigen Haltung gegenüber dieser Form der Werbung, weil damit einer **Überbetonung des Geschlechterunterschieds** sowie einer **Verfestigung weiblicher und männlicher Stereotype** einhergehe. Die Autorin betont insbesondere, dass darin eine **Gefahr für die freie und individuelle Entwicklung von Kindern** bestehe.

Einleitung: Basissatz

Themen des Textes

Zu Beginn des Textes erläutert die Autorin anhand von Beispielen, was man unter Gender-Marketing versteht, nämlich die **Vermarktung von Produkten unter Rückgriff auf Geschlechterstereotype**. Dass es sich dabei nicht um eine harmlose, zu belächelnde Werbemaßnahme handelt, stellt Schrupp im Folgenden heraus. Erstens führe Gender-Marketing dazu, dass sich Kundinnen und Kunden, auch wenn sie es gar nicht merkten, auf das Geschlecht als zentrale Kategorie zur Unterscheidung von Menschen beziehen, obwohl es zahlreiche weitere Unterscheidungsmerkmale gäbe. Bereits im Kindesalter führe das zu einer **Fokussierung auf das eigene Geschlecht**. Nur bei wenigen Gelegenheiten, so das Zugeständnis der Autorin, spiele der Unterschied zwischen Mann und Frau tatsächlich eine Rolle.

Zusammenfassung:

Definition von Gender-Marketing

Folge: Überbetonung der Kategorie „Geschlecht"

Zweitens führe Werbung, die auf geschlechterabhängigen Rollenbildern basiere, zu einer **Verfestigung männlicher und weiblicher Stereotype**. Dies kann der Autorin zufolge die Entwicklung von Kindern und Jugendlichen negativ beeinflussen. Denn auf wichtige Fragen, die das eigene Geschlecht betreffen und zur Identitätsentwicklung gehören, könnten Erwachsene häufig keine zufriedenstellenden Antworten geben. Schrupp führt diese Tatsache darauf zurück, dass aufseiten der Erziehungsberechtigten **große Unsicherheit** in der Frage bestehe, was allgemein unter Männlichkeit und Weiblichkeit zu verstehen ist.

weitere Folge: Zementierung von Stereotypen

Verunsicherung der Eltern

Am Ende des Kommentars wirft die Autorin der Gesellschaft vor, die negativen Folgen des Gender-Marketings in Kauf zu nehmen, weil letztlich **Profitinteressen von Konzernen über dem Kindeswohl** stünden. Diese gleichgültige Haltung sei auch auf die **Bequemlichkeit vieler Erwachsener** zurückzuführen.

Gewinnstreben der Firmen

TEILAUFGABE 2

Schrupp entwickelt ihre **Kritik an der oftmals gleichgültigen Einstellung vieler Erwachsener** gegenüber Werbeformaten, die auf stereotypen Geschlechterrollen basieren, in mehreren Schritten. Die Autorin eröffnet ihren Kommentar mit einer Definition des Begriffs „Gender-Marketing". Diese dient als **Verständnisgrundlage für eine interessierte Leserschaft**. Im ersten Sinnabschnitt (vgl. Z. 1–4) veranschaulicht sie anhand von **zwei Beispielen aus dem Lebensmittelbereich**, wie im Marketing bestimmte Produkte mit stereotypen männlichen und weiblichen Eigenschaften in Verbindung gebracht werden (vgl. Z. 2 f.).

Textanalyse:

Beispiele für Gender-Marketing

Nach einer kurzen Begriffserläuterung führt die Autorin zum Kernproblem hin (vgl. Z. 5–8). Eine Marketingstrategie, die darin besteht, Produkte des alltäglichen Gebrauchs speziell für Männer und Frauen anzubieten, hält die Autorin für „so lustig wie Mario Barth" (Z. 6). Indem Schrupp durch den **ironischen Vergleich mit einem bekannten Comedian** deutlich macht, dass sie Gender-Marketing „überhaupt nicht" (Z. 6 f.) unterhaltsam findet, bezieht sie Position gegen diese Form der Werbung.

eigene Positionierung durch Vergleich

Mit der Frage, ob Gender-Marketing „wirklich schlimm" (Z. 7) sei, präzisiert sie zugleich die Grundfrage ihres Textes: Stellen Geschlechterstereotype in der Werbung wirklich ein Problem dar? Die grundlegende Absicht der Verfasserin besteht darin, ihre Leserinnen und Leser genau davon zu überzeugen und davor zu **warnen, das Problem mit einem ironischen Zwinkern abzutun** (vgl. Z. 7 f.). Bei ihrer nachfolgenden Argumentation (vgl. Z. 9–64) führt Schrupp zwei Aspekte an, weshalb man die **negativen Folgen des Gender-Marketings nicht unterschätzen** dürfe. Zum einen führe das zu einer unnötigen Fokussierung auf den Geschlechterunterschied (vgl. Z. 29 ff.), zum anderen gehe damit eine Zementierung von Stereotypen einher (vgl. Z. 37 f.).

Absicht der Autorin: Gefahr von Gender-Marketing

Das erste Argument leitet die Autorin mit der kurzen und einprägsamen Aussage „Gender-Marketing wirkt" (Z. 11) ein. Die **Kürze dieses Satzes** zieht unweigerlich die Frage nach sich, wie diese Werbestrategie wirkt. „[I]ndem es uns dauernd daran erinnert, dass wir ein Geschlecht haben" (Z. 11 f.), lautet die Antwort der Autorin. Mit der Wahl der 1. Person Plural signalisiert Schrupp, dass von den negativen Auswirkungen des Gender-Marketings **die gesamte Gesellschaft betroffen** ist, also auch die Leserinnen und Leser.

stilistische Gestaltung des ersten Arguments

Durch die **Aufzählung verschiedenster Kategorien**, die zur Typisierung von Menschen denkbar sind (vgl. Z. 13 ff.), verleiht die Au-

Betonung der Vielfalt

torin dem Gedanken Ausdruck, dass es nicht gerechtfertigt ist, ausschließlich den Unterschied zwischen Mann und Frau hervorzuheben. Eine Werbestrategie, die auf den Geschlechterunterschied abhebt, sei darüber hinaus völlig irrational, legt die Verfasserin nahe. Dazu nennt sie zwei fiktive Beispiele, die die **Absurdität des Gender-Marketings** vor Augen führen („Kugelschreiber für Leute über 1,70 Meter Körpergröße und solche für Leute unter 1,70", Z. 16 f.; „Buggys je nachdem, ob das Kind braune oder rote Haare hat", Z. 18).

Kritik an der Fixierung auf das Geschlecht

Ähnlich verfährt Schrupp bei dem nachfolgenden **Gedankenexperiment**, bei dem sie sich direkt an die Leserinnen und Leser wendet („[S]tellen Sie sich das mal vor", Z. 19). Sie wählt ein beliebiges Merkmal („Englischkenntnisse", Z. 21), das Menschen haben oder nicht haben. Der Werbelogik zufolge könnte man eine Gruppe von Produkten auf Basis dieses Unterschieds bewerben, zum Beispiel „verschieden[e] Tütensuppen" (Z. 20). Durch diese Überlegung will die Autorin ihre Leserschaft zu folgender Erkenntnis führen: Statt sich auf die Produkte zu konzentrieren, die am ehesten den eigenen Vorlieben entsprechen, werden Kundinnen und Kunden zuerst auf den Unterschied gestoßen, der ihnen **vonseiten der Werbetreibenden als das entscheidende Kriterium für die Kaufentscheidung suggeriert** wird. Dieses Gedankenexperiment bezieht die Autorin nachfolgend in analoger Form auf Werbung, die auf Kinder ausgerichtet ist. Anhand eines Beispiels – „blaue[r] Handwerkskasten für Jungen" und „rosa Puppenküche für Mädchen" (Z. 24 f.) – verdeutlicht Schrupp, dass Kinder dazu **gedrängt werden, auf den Geschlechterunterschied zu achten, statt individuellen Präferenzen zu folgen** (vgl. Z. 24–29).

Gedankenexperiment der Autorin

Manipulation der Kaufentscheidung durch Werbung

Ihrer Schlussfolgerung verleiht die Autorin durch eine **Personifikation** besondere Ausdruckskraft. Sie stellt heraus: „Gender-Marketing bewirkt, dass sich das Geschlecht andauernd und überall hineinmischt, auch dort, wo es gar nichts verloren hat." (Z. 29 ff.) Dieses Zwischenfazit kann auch der darauffolgende Einwand nicht entkräften. Denn Schrupp räumt am **Beispiel von Verhütungsmitteln** ein, dass es in wenigen Fällen sinnvoll sei, „sich das eigene Geschlecht zu vergegenwärtigen" (Z. 31 ff.). Meistens, so die Autorin weiter, sei das jedoch nicht nötig, „echt nicht" (Z. 36), wie sie durch eine nachgestellte Emphase betont.

Zwischenfazit der Autorin

Im Folgenden entfaltet die Autorin ihr zweites Argument gegen die Verharmlosung des Gender-Marketings. Diese Werbestrategie führe nämlich zu einer **Zementierung von Stereotypen**. Eigenschaften, die Männerprodukten zugeschrieben werden („hart, feurig, eckig, kalorienreich und billig", Z. 38 f.), stellt die Autorin Attributen, die mit Frauenprodukten assoziiert werden, antithetisch gegenüber

Untermauerung des zweiten Arguments durch Antithese

(„weich, soft, rund, kalorienarm und teuer“, Z. 39) und belegt damit ihre These. Besonders negativ wirke sich klischeehafte Werbung auf Kinder aus. Wenn allein die Farbe den Ausschlag gebe, ob ein Buch für Jungen oder Mädchen geeignet ist (vgl. Z. 43 f.), oder den Heranwachsenden stereotype Rollenbilder aufgedrängt werden, ist Schrupp zufolge „von Ironie und Witzigkeit keine Spur mehr übrig“ (Z. 46).

gesteigerte Empfänglichkeit der Kinder für Werbung

Ausführlich und in sachlich-nüchternem Ton (vgl. Z. 47–55) legt die Autorin dar, weshalb eine **adäquate Thematisierung der Geschlechterfrage eine wichtige Rolle bei der Kindererziehung** spielen sollte. Salopp und umgangssprachlich formuliert die Verfasserin wieder, als sie auf die Haltung der Erwachsenen zu sprechen kommt (vgl. Z. 55 f.). Durch diesen **Kontrast auf der Sprachebene** wird deutlich, dass Erwachsene der Autorin zufolge ihren **pädagogischen Aufgaben nicht gerecht werden**, wenn sie Gender-Marketing auf die leichte Schulter nehmen.

Wechsel in der Wortwahl der Autorin

Gegen Ende des Hauptteils geht Schrupp der Frage nach, weshalb es nicht größere Widerstände gegen Werbung gibt, die in Bezug auf die Geschlechter Klischees bedient. Der **negativ konnotierte Begriff** „Klischeealarm“ (Z. 58) bringt zum Ausdruck, dass es eigentlich falsch ist, sich auf übertriebene Weise an stereotype Rollenbilder zu klammern. Doch bestehe so große **Verunsicherung** in der Frage, „was es mit Männlichkeit und Weiblichkeit auf sich [habe]“ (Z. 58 f.), dass man das Thema nicht ernsthaft diskutiere und Geschlechterklischees Hochkonjunktur hätten, auch in der Werbung. Die Wir-Form, die die Autorin im Folgenden wählt, ist ein Zeichen dafür, dass es sich hierbei um ein **gesamtgesellschaftliches Problem** handelt.

Grund für fehlendes Aufbegehren der Eltern: Verunsicherung

Der erneut umgangssprachliche („alles paletti“, Z. 60) und elliptische Ton (vgl. Z. 61 f.) spiegelt wider, dass Erwachsene aus Sicht Schrupps **über Missstände zu leichtfertig hinweggehen** und gesellschaftliche Ziele, wie z. B. die **Gleichstellung von Mann und Frau**, nur halbherzig verfolgen. Die Tatsache, dass bei der Ausstattung von Kinderzimmern oder selbst im Bereich der Ernährung Unterschiede zwischen Mädchen und Jungen gemacht werden, kommentiert die Autorin mit den Worten „Voll lustig!“ (Z. 63 f.). Dieser **ironische, beinahe schon sarkastische Ausruf** signalisiert, dass sie die Gleichgültigkeit vieler Erwachsener in Bezug auf das Gender-Marketing in keiner Weise nachvollziehen kann.

Einsatz von Umgangssprache, Ellipsen und Ausrufen

Bei Ihrem Schlussappell (vgl. Z. 65–78) möchte Schrupp deshalb einen **gesellschaftlichen Weckruf starten**. Sie wiederholt die beiden Gefahren, die ihrer Ansicht nach mit Gender-Marketing verbunden sind (Z. 65 ff.). Dabei formuliert sie in der 1. Person Plural und

Appell der Autorin

sorgt dadurch aufseiten der Leserinnen und Leser für eine eindringliche Wirkung ihrer Worte. Für die Tatsache, dass Werbestrategien boomen, die Geschlechterunterschiede hervorheben und Stereotype verfestigen, liefert die Verfasserin folgende Erklärung: „Unsere Kinder sind uns egal." (Z. 70) Mit dieser provokativen Aussage möchte sie **Widerspruch erzeugen und ihre Leserschaft aufrütteln, Gender-Marketing zum Wohl der Kinder nicht länger zu tolerieren**. Eine Provokation stellt auch die abschließende Metapher dar. In den Gehirnen der Erwachsenen sei „alles schon unheilbar mit rosa und hellblauem Kleister verklebt" (Z. 77 f.), weshalb die Gesellschaft keine befriedigende Antwort auf die Frage habe, „was Mannsein und Frausein eigentlich bedeut[e]" (Z. 76).

gezielte Provokation der Leser

TEILAUFGABE 3

Schrupp belässt es nicht dabei, sich in ihrem Kommentar über die Bequemlichkeit der Erwachsenen zu beklagen, die sich ihrer Meinung nach zu wenig mit der Geschlechterfrage auseinandersetzen wollen. Die Autorin erklärt, dass diese **Ratlosigkeit letztlich ursächlich für ein Festhalten an männlichen und weiblichen Stereotypen** sei. Sie ist der Überzeugung, „dass hinter dem massiven Klischeealarm in Wahrheit eine große Verunsicherung darüber steckt, was es mit Männlichkeit und Weiblichkeit auf sich hat" (Z. 57 ff.). Ob die Aussage der Verfasserin zutreffend ist, soll im Folgenden diskutiert werden.

Diskussion:
Zusammenfassung der Aussage von Schrupp

Auf der einen Seite ist festzustellen: Ja, es gibt unter Erwachsenen eine gewisse Verunsicherung in der Frage, was zum Mannsein bzw. zum Frausein gehört. Diese Verunsicherung ist letztlich die **Folge eines gesellschaftlichen Wandels**, der Ende der 1960er-Jahre eingesetzt hat. Emanzipationsbewegungen wie der Feminismus (vgl. Z. 61) sowie der Kampf um sexuelle Selbstbestimmung und Gleichberechtigung haben zu einer **Überwindung traditioneller Vorstellungen** geführt, auch in der Frage, was typisch männlich und weiblich ist. Daher ist heute eine Auflösung der Rollenbilder zu beobachten. Von Frauen wird beispielsweise erwartet, sich nicht ausschließlich auf die Familie zu konzentrieren, sondern ebenso auf beruflichen Erfolg. Umgekehrt gelten Männer als Vorbilder, die sich eine berufliche Auszeit nehmen, um verstärkt für den Nachwuchs da zu sein. Unterschiedliche Erwartungen, die sich aus einer **Mischung von traditionellen und modernen Sichtweisen** ergeben, können Männer und Frauen verunsichern. Es ist schlüssig, das **Aufleben stereotyper Rollenbilder in der Werbung als Reaktion auf diese Verunsicherung** zu verstehen.

Pro Schrupp: Gründe für Verunsicherung bzgl. Geschlechterrollen

Auflösung traditioneller Geschlechterrollen

Auf der anderen Seite ist jedoch infrage zu stellen, ob das Unvermögen, eine eindeutige Antwort auf die Geschlechterfrage zu geben, nur negativ zu bewerten ist. Diese Verunsicherung kann auch als **Kehrseite einer Freiheit** angesehen werden, auf deren Basis jeder und jede Einzelne selbst definiert, wie bzw. ob er oder sie sich als Mann bzw. als Frau versteht. Meiner Meinung nach kann heutzutage nicht mehr von einem einzigen Männer- oder Frauenbild gesprochen werden. Vielmehr stehen **verschiedene Männer- und Frauenbilder nebeneinander**. Es kann zwar weiterhin eine Comic-Figur wie Superman – stark, souverän, voller Tatendrang – als männliche Ikone verstanden werden. Aber seit über eineinhalb Jahrzehnten steht eine **Kanzlerin an der Spitze des Staates**, der die genannten Attribute ganz genauso zugeschrieben werden können und die als eine Art Superwoman die Geschicke Deutschlands und auch Europas beeinflusst. Nicht erst seit der Kanzlerschaft Merkels zeigt sich in der Gesellschaft, dass Eigenschaften, die einstmals als typisch männlich galten, nicht nur Männer für sich beanspruchen dürfen.

Kontra Schrupp:

Freiheit bei Definition von männlich und weiblich

Beispiel für gewandelte Vorstellungen

Das gilt umgekehrt genauso. So wurden angehende weibliche Models in einer bekannten TV-Castingshow von einem Mann in High Heels fit für den Laufsteg gemacht. Die Beispiele zeigen: **Die gesellschaftliche Wirklichkeit hat traditionelle Rollenbilder längst überholt**. Es gibt Werbeformate, die mit männlichen und weiblichen Klischees spielen, um die Aufmerksamkeit der potenziellen Kundschaft zu erlangen. Darüber kann man sich aufregen, man kann darauf jedoch auch ganz gelassen mit einem ironischen Augenzwinkern (vgl. Z. 7 f.) reagieren. Das Aufgreifen männlicher und weiblicher Stereotype in der Werbung stellt nach meinem Dafürhalten keine ernsthafte Bedrohung für **Diversität und Offenheit in der Geschlechterfrage** dar – denn unsere Gesellschaft ist bereits pluralistisch.

fehlerhafte Abbildung der Wirklichkeit durch Gender-Werbung

Plädoyer für mehr Gelassenheit im Umgang mit Werbung

Antje Schrupp hat also durchaus recht, wenn sie der Gesellschaft Verunsicherung in der Frage unterstellt, was man unter Männlichkeit und Weiblichkeit versteht. Dennoch darf man nicht übersehen, dass diese **Verunsicherung auch ein Ausdruck der Freiheit** ist, die im 21. Jahrhundert in der Geschlechterfrage herrscht. Dass jeder und jede Einzelne selbst darauf eine Antwort finden darf, was für ihn oder sie typisch männlich und weiblich ist, halte ich für einen **gesellschaftlichen Fortschritt**. In Überstimmung mit der Autorin ist jedoch hinzuzufügen, dass eine Verunsicherung in Bezug auf Männlichkeits- und Weiblichkeitskonzepte nicht dazu führen darf, Kinder mit einfachen Vorstellungen abzuspeisen. Es wäre schön, wenn auch die **Werbemacher ideenreicher und kreativer vorgehen** bei der Vermarktung von Produkten für Kinder, und der jüngsten Zielgruppe die Freiheit zugestehen, die Erwachsene längst haben.

Fazit:

eingeschränkte Zustimmung für Schrupp

Appell an Werbeindustrie

BERNHARD SCHLINK: DER VORLESER

SCHULD UND SÜHNE

Aufgabenstellung

1 Arbeiten Sie Hannas Umgang mit ihrer Vergangenheit und ihrer Schuld im Verlauf ihres Lebens heraus. Berücksichtigen Sie dabei die Zeit der Beziehung mit Michael, den Prozess sowie die Zeit der Haft. (40 BE)

2 Geben Sie den Inhalt der vorliegenden Textstelle (Material 1) aus Bernhard Schlinks Roman *Der Vorleser* in eigenen Worten wieder. (20 BE)

3 Der Aufruf zur Gründung der Aktion Sühnezeichen (Material 2) handelt von Zeichen der Versöhnung und Sühne.

3.1 Fassen Sie den Aufruf zur Gründung der Aktion Sühnezeichen (Material 2) zusammen. (15 BE)

3.2 Vergleichen Sie den Aufruf zur Gründung der Aktion Sühnezeichen und Hannas Umgang mit ihrer Schuld. (25 BE)

Material 1 **Bernhard Schlink: Der Vorleser**

Es wurde Herbst, bis ich Hannas Auftrag erledigte. Die Tochter lebte in New York, und ich nahm eine Tagung in Boston zum Anlaß, ihr das Geld zu bringen: einen Scheck über den Betrag des Sparbuchs und die Teedose mit dem Bargeld. Ich hatte ihr geschrieben, mich als Rechtshistoriker vorgestellt und den Prozeß erwähnt. Ich wäre dankbar, sie sprechen zu können. Sie lud mich zum Tee ein.

Ich fuhr mit dem Zug von Boston nach New York. Die Wälder prunkten in Braun, Gelb, Orange, Rotbraun und Braunrot und im flammenden, leuchtenden Rot des Ahorn. Mir kamen die Herbstbilder in Hannas Zelle in den Sinn. Als ich vom Rollen der Räder und Schaukeln des Wagens müde wurde, träumte ich von Hanna und mir in einem Haus in den herbstbunten Hügeln, durch die der Zug fuhr. Hanna war älter, als ich sie kennengelernt, und jünger, als ich sie wiedergetroffen hatte, älter als ich, schöner als früher, mit dem Alter noch gelassener in ihren Bewegungen und in ihrem Körper noch mehr zu Hause. Ich sah sie aus dem Auto steigen und Einkaufstüten auf die Arme nehmen, sah sie durch den Garten ins Haus gehen, sah sie die Einkaufstüten abstellen und vor mir die Treppe hinaufsteigen. Die Sehnsucht nach Hanna wurde so stark, daß sie weh tat. Ich wehrte mich gegen die Sehnsucht, hielt ihr entgegen, sie gehe an Hannas und meiner Realität völlig vorbei, an der Realität unseres Alters, unserer Lebensumstände. Wie sollte Hanna, die nicht englisch sprach, in Amerika leben? Und Auto fahren konnte sie auch nicht.

Ich wachte auf und wußte wieder, daß Hanna tot war. Ich wußte auch, daß die Sehnsucht sich an ihr festmachte, ohne ihr zu gelten. Es war die Sehnsucht danach, nach Hause zu kommen.

Die Tochter lebte in New York in einer kleinen Straße in der Nähe des Central Park. Die Straße war beidseitig von alten Reihenhäusern aus dunklem Sandstein gesäumt, bei denen Treppen aus demselben dunklen Sandstein in den ersten Stock führten. Das gab ein strenges Bild, Haus hinter Haus, die Fassaden nahezu gleich, Treppe hinter Treppe, Straßenbäume, erst unlängst in regelmäßigen Abständen gepflanzt, mit wenigen gelben Blättern an dünnen Ästen.

Die Tochter servierte den Tee vor großen Fenstern mit Blick in die kleinen Gärten des Häusergevierts, mal grün und bunt und mal nur eine Ansammlung von Gerümpel. Sobald wir saßen, der Tee eingeschenkt, der Zucker hineingegeben und umgerührt worden war, wechselte sie vom Englischen, worin sie mich begrüßt hatte, ins Deutsche. „Was führt Sie zu mir?“ Sie fragte nicht freundlich und nicht unfreundlich; der Ton war von äußerster Sachlichkeit. Alles an ihr wirkte sachlich, Haltung, Gestik, Kleidung. Das Gesicht war eigentümlich alterslos. So sehen Gesichter aus, die geliftet worden sind. Aber vielleicht war es auch unter dem frühen Leid erstarrt – ich versuchte vergebens, mich an ihr Gesicht während des Prozesses zu erinnern.

Ich erzählte von Hannas Tod und Auftrag. „Warum ich?“ „Ich vermute, weil Sie die einzige Überlebende sind.“ „Was soll ich damit?“ „Was immer Sie für sinnvoll halten.“ „Und Frau Schmitz damit die Absolution geben?“ Zuerst wollte ich abwehren, aber Hanna verlangte in der Tat viel. Die Jahre der Haft sollten nicht nur auferlegte Sühne sein; Hanna wollte ihnen selbst einen Sinn geben, und sie wollte mit dieser ihrer Sinngebung anerkannt werden. Ich sagte das.

Sie schüttelte den Kopf. Ich wußte nicht, ob sie damit meine Deutung ablehnen oder Hanna die Anerkennung verweigern wollte.

„Können Sie ihr nicht die Anerkennung ohne die Absolution geben?"

Sie lachte. „Sie mögen sie, nicht wahr? Wie ist eigentlich ihr Verhältnis zueinander gewesen?"

Ich zögerte einen Moment. „Ich war ihr Vorleser. Es fing an, als ich fünfzehn war, und ging weiter, als sie im Gefängnis saß."

„Wie haben Sie…"

„Ich habe ihr Kassetten geschickt. Frau Schmitz war fast ihr ganzes Leben lang Analphabetin; sie hat erst im Gefängnis lesen und schreiben gelernt."

„Warum haben Sie das alles gemacht?"

„Wir hatten, als ich fünfzehn war, eine Beziehung."

„Sie meinen, Sie haben zusammen geschlafen?" „Ja."

„Was ist diese Frau brutal gewesen. Haben Sie's verkraftet, daß sie Sie mit fünfzehn… Nein, Sie sagen selbst, daß Sie ihr wieder vorzulesen begonnen haben, als sie im Gefängnis war. Haben Sie jemals geheiratet?"

Ich nickte.

„Und die Ehe war kurz und unglücklich, und Sie haben nicht wieder geheiratet, und das Kind, wenn's eines gibt, ist im Internat."

„Das trifft für Tausende zu; dazu braucht es keine Frau Schmitz."

„Hatten Sie, wenn Sie in den letzten Jahren mit ihr Kontakt hatten, jemals das Gefühl, daß sie wußte, was sie Ihnen angetan hat?"

Ich zuckte mit den Schultern. „Jedenfalls wußte sie, was sie anderen im Lager und auf dem Marsch angetan hat. Sie hat mir das nicht nur gesagt, sie hat sich in den letzten Jahren im Gefängnis auch intensiv damit beschäftigt." Ich berichtete, was mir die Leiterin der Anstalt erzählt hatte.

Sie stand auf und ging mit großen Schritten im Zimmer auf und ab. „Um wieviel Geld geht es denn?" Ich ging zur Garderobe, wo ich meine Tasche gelassen hatte, und kam mit Scheck und Teedose zurück. „Hier." Sie sah auf den Scheck und legte ihn auf den Tisch. Die Dose öffnete sie, leerte sie, schloß sie wieder und hielt sie in der Hand, den Blick fest darauf gerichtet. „Als Mädchen hatte ich eine Teedose für meine Schätze. Keine wie diese, obwohl es diese Teedosen damals auch schon gab, sondern eine mit kyrillischen Schriftzeichen, der Deckel nicht zum Reindrücken, sondern zum Drüberstülpen. Ich habe sie bis ins Lager gebracht, dort wurde sie mir eines Tages gestohlen."

„Was war drin?"

„Was wohl. Eine Locke von unserem Pudel, Eintrittskarten von Opern, zu denen mein Vater mich mitgenommen hat, ein Ring, irgendwo gewonnen oder in einer Packung gefunden – gestohlen wurde mir die Dose nicht wegen des Inhalts. Die Dose selbst und was man mit ihr machen konnte, war im Lager viel wert." Sie stellte die Dose auf den Scheck. „Haben Sie einen Vorschlag für die Verwendung des Gelds? Es für irgendwas zu verwenden, was mit dem Holocaust zu tun hat, käme mir wirklich wie eine Absolution vor, die ich weder erteilen kann noch will."

„Für Analphabeten, die lesen und schreiben lernen wollen. Da gibt es sicher gemeinnützige Stiftungen, Vereinigungen, Gesellschaften, denen man das Geld geben könnte."

„Sicher gibt es die." Sie dachte nach. „Gibt es auch entsprechende jüdische Vereinigungen?" „Sie können sich darauf verlassen, daß, wenn es Vereinigungen für etwas gibt, es auch jüdische Vereinigungen dafür gibt. Analphabetismus ist allerdings nicht gerade ein jüdisches Problem." Sie schob mir den Scheck und das Geld hin.

„Machen wir's so. Sie machen sich kundig, was für einschlägige jüdische Einrichtungen es gibt, hier oder in Deutschland, und überweisen das Geld auf das Konto der Einrichtung, die Sie am meisten überzeugt. Sie können ja", sie lachte, „wenn die Anerkennung sehr wichtig ist, das Geld im Namen von Hanna Schmitz überweisen." Sie nahm wieder die Dose in die Hand. „Ich behalte die Dose."

Quelle: Bernhard Schlink: Der Vorleser, Diogenes: Zürich 1995, S. 199–204.

Hinweis
Rechtschreibung und Zeichensetzung entsprechen der Textvorlage.

Material 2 Aufruf zur Gründung der Aktion Sühnezeichen[1] (1958)

„Wir Deutschen haben den Zweiten Weltkrieg begonnen und schon damit mehr als andere unmessbares Leiden der Menschheit verschuldet: Deutsche haben in frevlerischem[2] Aufstand gegen Gott Millionen von Juden umgebracht. Wer von uns Überlebenden das nicht gewollt hat, der hat nicht genug getan, es zu verhindern.

Wir haben vornehmlich darum noch immer keinen Frieden, weil zu wenig Versöhnung ist. Dreizehn Jahre sind erst in dumpfer Betäubung, dann in neuer angstvoller Selbstbehauptung vergangen. Es droht, zu spät zu werden.

Aber noch können wir, unbeschadet der Pflicht zu gewissenhafter politischer Entscheidung, der Selbstrechtfertigung, der Bitterkeit und dem Hass eine Kraft entgegensetzen, wenn wir selbst wirklich vergeben, Vergebung erbitten und diese Gesinnung praktizieren. Des zum Zeichen bitten wir die Völker, die Gewalt von uns erlitten haben, dass sie uns erlauben, mit unseren Händen und mit unseren Mitteln in ihrem Land etwas Gutes zu tun; ein Dorf, eine Siedlung, eine Kirche, ein Krankenhaus oder was sie sonst Gemeinnütziges wollen, als Versöhnungszeichen zu errichten.

Lasst uns mit Polen, Russland und Israel beginnen, denen wir wohl am meisten wehgetan haben.

Wir bitten heute, Deutsche die Deutschen, dass sich um Gottes Willen arbeitsfähige Frauen und Männer aller Stände und Konfessionen bereitfinden möchten, je auf ein Jahr nach Polen, Russland oder Israel zu gehen, um dort gemeinsam ein Friedenszeichen zu errichten.

Wir bitten die Regierungen Polens, der UdSSR[3] und Israels, den Dienst – wie viele sich immer dazu bereitfinden möchten – nicht als eine irgendwie beträchtliche Hilfe oder Wiedergutmachung, aber als Bitte um Vergebung und Frieden anzunehmen und zu helfen, dass der Dienst zustande kommt."

https://www.asf-ev.de/fileadmin/Redaktion/Dateien/UEber_uns/Geschichte/Gruendungsaufruf_Aktions-Suehnezeichen- Friedendienste.pdf (abgerufen am 28. 08. 2019).

Hinweis
Rechtschreibung und Zeichensetzung entsprechen der Textvorlage.

Anmerkungen
1 Der Aufruf zur Gründung der Aktion Sühnezeichen wurde am 30. April 1958 von Präses Lothar Kreyssig auf der Synode der Evangelischen Kirche Deutschlands verlesen. Eine Synode ist eine Versammlung von Vertretern der Kirche aus ganz Deutschland, die über die Regeln der Kirche bestimmen. Der Präses ist der Vorsitzende dieser Versammlung.
2 *frevlerisch:* bösartig; gegen Gott gerichtet
3 *UdSSR:* Union der sozialistischen Sowjetrepubliken; die Sowjetunion. Dieser Staat existierte von 1922 bis 1991 und umfasste neben Russland 14 weitere Sowjetrepubliken.

TIPP **Bearbeitungshinweise**

Teilaufgabe 1: Die erste Teilaufgabe setzt voraus, dass Sie sich gut mit Bernhard Schlinks Roman *Der Vorleser* auskennen. Sie sollen herausarbeiten, wie **Hanna** im Verlauf ihres Lebens **mit ihrer Vergangenheit und ihrer Schuld umgeht**. Die Aufgabenstellung hilft Ihnen bei der Strukturierung Ihres Aufsatzes, da sie bereits vorgibt, auf welche **Abschnitte in Hannas Leben** Sie sich konzentrieren sollen. Fragen Sie sich also für jeden einzelnen, wie sich Hannas Umgang mit ihrer Schuld zur jeweiligen Zeit charakterisieren lässt und ob sie eine **Entwicklung** durchläuft. Manchmal ist nicht ausdrücklich von Hannas Schuld die Rede, aber dennoch lassen sich aus ihrem Verhalten oder ihrem Umgang mit einer bestimmten Situation Rückschlüsse darauf ziehen, welche Rolle ihre Schuld für sie spielt. Finden Sie dann passende **Beispiele aus dem Text**, die verdeutlichen, wie Hanna zum jeweiligen Zeitpunkt zu ihrer Vergangenheit steht, und belegen Sie diese mithilfe von Seitenangaben.

Teilaufgabe 2: Das Ziel der zweiten Teilaufgabe ist es, den **Inhalt** der vorliegenden Textstelle aus Bernhard Schlinks Roman *Der Vorleser* (Material 1) in Ihren eigenen Worten **wiederzugeben**. Es ist dabei wichtig, diese nicht einfach Satz für Satz nachzuerzählen, sondern sich auf ihre **wesentlichen Aspekte** zu konzentrieren. Stellen Sie sich dazu zum Beispiel folgende **Fragen:** Womit beginnt und endet die Textstelle? Was passiert dazwischen und wie passiert es? Welche Personen spielen eine Rolle? Findet eine wichtige Entwicklung statt? Die Beantwortung dieser Fragen hilft Ihnen dabei, den Inhalt der Textstelle strukturiert und verständlich wiederzugeben. Achten Sie außerdem darauf, möglichst **in Ihren eigenen Worten zu formulieren** und nicht die Ausdrucksweise des Textes zu übernehmen.

Teilaufgabe 3: Die dritte Teilaufgabe, die sich auf den **Aufruf zur Gründung der Aktion Sühnezeichen** (Material 2) bezieht, ist in zwei Teile gegliedert. Im **ersten Aufgabenteil** (3.1) sollen Sie den vorliegenden **Aufruf zusammenfassen**. Das heißt, dass Sie dessen **wesentliche Inhalte in verknappter Form darlegen** müssen. Lesen Sie den Ausgangstext dafür gut durch und teilen Sie ihn in einzelne **Sinnabschnitte** ein. Bemühen Sie sich bei der Zusammenfassung, möglichst in Ihren eigenen Worten zu formulieren. Der **zweite Aufgabenteil** (3.2) bezieht dann wieder Schlinks Roman mit ein, da Sie aufgefordert sind, den **Aufruf zur Gründung der Aktion Sühnezeichen und Hannas Umgang mit ihrer Schuld zu vergleichen**. Hier können Ihnen Ihre Ergebnisse aus der ersten Teilaufgabe gute Dienste leisten. Finden Sie für Ihren Vergleich sowohl **Gemeinsamkeiten** als auch **Unterschiede** und stellen Sie diese mit Bezug auf beide Texte dar. Dabei kann es zum Beispiel hilfreich sein, nach den jeweiligen **Motiven** für den Versöhnungsversuch zu fragen oder auch den **Kontext** zu beachten, in dem der Versöhnungsversuch stattfindet. Beenden Sie Ihre Ausführungen mit einem abrundenden **Fazit**.

verwendete Textausgabe: Bernhard Schlink, Der Vorleser, Zürich: Diogenes Verlag 1997

Lösungsvorschlag

TEILAUFGABE 1

Einleitung:

Als Michael Hanna, der 21 Jahre älteren Frau, mit der er als 15-Jähriger erste Erfahrungen in der Liebe gesammelt hat, als junger Jurastudent wiederbegegnet, steht sie in einem KZ-Prozess vor Gericht. Ihr werden **zwei Verbrechen** zur Last gelegt: Sie soll in einem Nebenlager von Auschwitz-Birkenau als KZ-Aufseherin an der **Selektion von Gefangenen** beteiligt gewesen sein. Zudem wird ihr vorgeworfen, **Gefangene nicht aus einer brennenden Kirche befreit** zu haben, obwohl sie die Möglichkeit gehabt hätte, die Kirchentüren aufzuschließen. Am Ende des Prozesses wird Hanna zu **lebenslanger Haft** verurteilt, vielleicht auch deshalb, weil sie aus Scham ihren Analphabetismus verschweigt, der eventuell eine Haftmilderung hätte bewirken können. In den Augen des Gerichts hat Hanna sich also **schwerer Verbrechen schuldig** gemacht, doch wie denkt sie selbst über ihre Vergangenheit und die von ihr begangenen Taten? Um dieser Frage auf den Grund zu gehen, soll im Folgenden **Hannas Umgang mit ihrer Vergangenheit und ihrer Schuld** im Verlauf ihres Lebens genauer betrachtet werden.

Hannas Verbrechen

Hannas Verurteilung

Hannas Auseinandersetzung mit ihrer Rolle während der NS-Diktatur lässt sich in drei unterschiedliche Phasen einteilen. In der **ersten Phase**, in der sie Michael kennenlernt und eine Beziehung mit ihm eingeht, ist ihr Verhalten von **Verdrängung und Verleugnung** gekennzeichnet. In der **zweiten Phase** während des Prozesses erfolgt eine erzwungene **Auseinandersetzung mit ihrer Vergangenheit**. In dieser Zeit bemüht sie sich ernsthaft darum, die Anschuldigungen zu verstehen, derer sie angeklagt ist. Aber erst im Gefängnis **nimmt sie ihre Schuld wirklich an** und setzt sich aus eigenem Antrieb intensiv damit auseinander (**Phase 3**). Dies begründet sie Michael gegenüber damit, dass sie die Geister der Toten im Gefängnis nicht mehr verscheuchen kann, was ihr vorher noch gelungen ist (vgl. S. 187).

Einteilung in drei Phasen:

Verdrängung

Konfrontation

Annahme der Schuld

Hannas Umgang mit ihrer Vergangenheit und ihrer Schuld:

Phase 1: Beziehung mit Michael

Als Michael als 15-jähriger Schüler Hanna kennenlernt, führt diese **nach außen hin** ein ganz **normales Leben**, das scheinbar nichts mit ihrer Vergangenheit zu tun hat: Sie ist 36 Jahre alt, alleinstehend und arbeitet als Straßenbahnschaffnerin. Weder dem Leser noch dem Ich-Erzähler ist bewusst, dass Hanna während der Zeit des Nationalsozialismus an schlimmen Verbrechen beteiligt war, obwohl es im Roman immer wieder **Hinweise** darauf gibt, dass Hanna ein **Geheimnis** vor ihrem jungen Liebhaber verbirgt. Die Anspielungen darauf entfalten ihre Bedeutung jedoch erst, wenn man von den **Ereignissen in Hannas Vergangenheit** weiß. So reagiert sie zum Beispiel **misstrauisch** darauf, als Michael sie nach ihrem Vornamen fragt („‚Warum willst du das wissen?' Sie sah mich mißtrauisch an.", S. 35), und **weicht Fragen** nach ihrem früheren Leben **aus** („Was ich genauer wissen wollte, wußte sie oft nicht mehr […].", S. 40). Zwar erzählt sie ihm von bestimmten Wegmarken ihrer Vergangenheit (z. B. von ihrer Arbeit bei Siemens und dass sie „zu den Soldaten geraten" sei, vgl. S. 40), **spart** jedoch ihre **Tätigkeit im KZ** während des Kriegs **aus**. Dies deutet darauf hin, dass es ihr zu diesem Zeitpunkt gelingt, ihre **Schuld zu verdrängen** und sich nicht damit auseinanderzusetzen.

kein Thematisieren ihrer NS-Vergangenheit

Allerdings wird im weiteren Verlauf des Romans deutlich, dass Hanna **nicht völlig mit ihrer Vergangenheit brechen** konnte, da in der älteren Geliebten von Michael durchaus noch die **KZ-Aufseherin** steckt. Diese mag an ihrem eigentlich ungeliebten Beruf als Straßenbahnschaffnerin die **Uniform**, sie lässt sich von Michael genauso vorlesen wie von den Gefangenen im KZ und sie **neigt zu Gewalt**, wenn das **Geheimnis ihres Analphabetismus** ans Licht zu kommen droht. So schlägt sie Michael während eines gemeinsamen Urlaubs, als dieser zum Brötchenholen gefahren ist und ihr nur einen Zettel hinterlassen hat (den sie nicht lesen kann), anstatt sich verbal mit ihm über das Missverständnis auszutauschen (vgl. S. 54 ff.). Ihre Beziehung zu dem wesentlich jüngeren und unerfahrenen Jugendlichen erlaubt ihr, Macht auszuüben und den für sie schwierigen Fragen auszuweichen, wodurch der Eindruck entsteht, als würde sie **vor ihrer Vergangenheit davonlaufen**. Dieses Empfinden verstärkt sich dadurch, dass immer wieder betont wird, wie peinlich genau Hanna auf Sauberkeit achtet („Wir duschten und liebten uns", „Sie war von peinlicher Sauberkeit, hatte morgens geduscht", S. 33). Ihre Reinlichkeit könnte metaphorisch dafür stehen, dass sie **alle Spuren ihrer Vergangenheit tilgen** und sich **von jeder Schuld reinwaschen** will. Auch ihr **Verschwinden aus der Stadt**, das Michael fälschlicherweise auf sein eigenes Verhalten zurückführt, versinnbildlicht, dass sie die Auseinandersetzung mit ihrer Schuld scheut und geradezu davor flieht (vgl. S. 80).

Hinweise auf Hannas Vergangenheit

Hannas Uniform und Neigung zu Gewalt

Bedeutung von Hannas Sauberkeitsdrang

Damit ist es erzwungenermaßen vorbei, als Hanna und anderen KZ-Aufseherinnen Jahre später der **Prozess** gemacht wird, dem Michael als Jurastudent im Rahmen eines Seminars beiwohnt. Vor Gericht hat Hanna von Anfang an einen schweren Stand, da sie die Anklageschrift nicht gelesen hat und sich deshalb nicht gut verteidigen kann (vgl. S. 104). Trotzdem oder gerade deswegen **versucht** sie, **sich ehrlich mit den gegen sie erhobenen Vorwürfen auseinanderzusetzen**. Dabei wirkt sie zwar teilweise **naiv** und so, als könne sie die

Phase 2: Prozess gegen KZ-Aufseherinnen

Tragweite ihrer Schuld nicht begreifen, wenn sie zum Beispiel fragt, „warum man ihr etwas anhängen wolle" (S. 105). Dennoch kann man ihr zu diesem Zeitpunkt nicht mehr unterstellen, dass sie ihre Schuld leugnet oder verdrängt. Gerade im Vergleich mit den anderen Angeklagten ist sie sehr bemüht, „es richtig [zu] machen" (S. 105). Sie protestiert, wenn ihr Unrecht getan wird, gibt aber auch zu, wenn ihr etwas zu Recht vorgeworfen wird. Sie ist also **an einer ernsthaften Auseinandersetzung mit ihrer Vergangenheit interessiert** und hat nicht im Sinn, sich aus der Verantwortung zu stehlen, wenn sie den Richter zum Beispiel mit der Frage konfrontiert, was er an ihrer Stelle getan hätte (vgl. S. 106 f., 113).

Hannas Verhalten während des Prozesses

Allerdings steht Hanna auch hier ihr **Analphabetismus** und die **Furcht**, dass dieser enttarnt wird, im Weg. Lieber **lässt** sie **sich** vor Gericht die **Hauptschuld an den damaligen Geschehnissen zuschieben**, als zu offenbaren, dass sie weder des Lesens noch des Schreibens mächtig ist. So gelingt es den Anwälten der anderen Angeklagten, Hanna als alleinige Verfasserin eines SS-Berichts über den Brand in der Kirche darzustellen. Zwar protestiert Hanna zunächst gegen diese Bezichtigung, gibt aber in dem Moment klein bei, in dem der Vorsitzende Richter einen Schriftvergleich vorschlägt (vgl. S. 124). Auf diese Weise steht sie als **Hauptverantwortliche** da und muss eine **lebenslange Haftstrafe** hinnehmen, die sie klaglos akzeptiert, weil sie sich auch selbst als schuldig betrachtet. Insgesamt zeigt sie zu diesem Zeitpunkt die **Bereitschaft**, **ihre Schuld anzunehmen** und zu verstehen, was ihr vorgeworfen wird. Jedoch kann sie die volle Tragweite ihrer Schuld nicht ermessen, was daran liegt, dass es für sie **oberste Priorität** hat, ihren **Analphabetismus zu verbergen**, für den sie sich mehr zu schämen scheint als für die damals begangenen Taten.

Analphabetismus

Verurteilung als Hauptverantwortliche

Erst während ihrer **Haft**, als sie niemandem mehr etwas vormachen muss, **setzt Hanna sich wirklich intensiv mit ihrer Schuld auseinander**. Sie bringt sich selbst mithilfe der von Michael geschickten Kassetten **Lesen und Schreiben** bei und liest zahlreiche Bücher, die sich aus Täter- und Opferperspektive mit dem Holocaust beschäftigen. Die Gefängnisleiterin berichtet Michael, dass sie Hanna eine „allgemeine KZ-Bibliographie" (S. 194) besorgen musste und dass Hanna, sobald sie lesen konnte, angefangen hat, „über KZs zu lesen" (S. 194). Sie hat sich also **systematisch mit dem Thema ihrer Vergangenheit beschäftigt**. Auch ihr Gespräch, das sie kurz vor ihrer Entlassung mit Michael führt, zeigt, dass sie sich **eingehend mit ihrer Schuld befasst** hat (vgl. S. 187). In dieser Zeit hat sie für sich die Entscheidung getroffen, dass ein Leben in Freiheit für sie nicht mehr infrage kommt, weshalb sie an ihrem letzten Tag im Gefängnis **Selbstmord** begeht. Ihr gesamtes Vermögen überlässt

Phase 3: Hannas Haft

Erlernen von Lesen und Schreiben

Entschluss zum Suizid

sie in einem Brief, den sie an die Gefängnisleiterin geschrieben hat, einer Überlebenden des damaligen Kirchenbrandes (vgl. S. 196). Dies zeigt, dass sie ihre **Schuld anerkennt** und, so gut es ihr möglich ist, **Sühne leisten will**.

TEILAUFGABE 2

Wiedergabe des Inhalts:

Fahrt Michaels zur Überlebenden und Erinnerungen an Hanna

Bei der vorliegenden Textstelle handelt es sich um das **vorletzte Kapitel** aus Bernhard Schlinks 1995 veröffentlichtem Roman *Der Vorleser*, in dem Michael nach Hannas Selbstmord ihren Auftrag erledigen will. Er nimmt eine Tagung in Boston zum Anlass, nach New York zu fahren und der Tochter, die mit ihrer Mutter den Kirchenbrand überlebt hat, **Hannas Erbe** zu **übergeben**. Auf der Zugfahrt von New York nach Boston löst die Schönheit der herbstlichen Landschaft bei Michael **Erinnerungen an Hanna** aus und er wird von **Sehnsucht** nach ihr überwältigt.

Weigerung der Überlebenden, Hannas Angebot anzunehmen

In New York wird Michael von der Tochter in ihrem Reihenhaus auf Englisch begrüßt, aber als sich beide zum Teetrinken setzen, wechselt die Tochter auf Deutsch und erkundigt sich in vollkommen sachlichem Ton nach **Michaels Anliegen**. Michael erzählt daraufhin von Hannas Tod und erläutert den **Inhalt ihres Testaments:** Er soll der Tochter einen **Scheck mit Hannas Ersparnissen** und eine **Teedose mit Bargeld** übergeben. Die **Tochter weigert sich** zunächst, **Hannas Angebot anzunehmen**, da das in ihren Augen einer Vergebung gleichkäme, die sie Hanna nicht gewähren will. Michael versucht, sie umzustimmen, indem er **Hannas Beweggründe** erklärt, die ihrer Haft mit ihrem Angebot einen Sinn verleihen will. Er bittet die Tochter darum, Hannas **Versuch der Wiedergutmachung** anzuerkennen, ohne ihr deswegen die Absolution erteilen zu müssen.

Rückblick auf Hannas Beziehung zu Michael

Der Tochter fällt auf, wie stark sich Michael für Hanna einsetzt, und sie fragt nach seinem **Verhältnis zu Hanna**. Als er ihr schließlich von seiner Beziehung erzählt, die er als 15-Jähriger mit Hanna hatte, kommt die Tochter auf **Hannas Brutalität** zu sprechen. Dabei bleibt unklar, ob sie sich damit auf Hannas Verhalten während der NS-Zeit oder gegenüber Michael bezieht. Sie scheint beides miteinander in Verbindung zu bringen, da sie Michael nach weiteren Fragen zu seinem Beziehungsstatus eine dauerhafte **Beziehungsunfähigkeit** bescheinigt und ihn deshalb bedauert.

Einigung auf Umgang mit Hannas Erbe

Michael geht nicht näher auf das Thema ein, sondern betont, dass **Hanna** sich während ihrer Haft auf jeden Fall **eingehend mit ihrer NS-Vergangenheit auseinandergesetzt** habe, woraufhin die Tochter doch einwilligt, den angebotenen Scheck und die Teedose mit Bargeld anzunehmen. Sie und Michael einigen sich darauf, dass er das **Geld an eine jüdische Organisation für Analphabeten** spendet und sie die **Teedose** selbst **behält**, da ihr eine ähnliche, in der sie als Kind Erinnerungsstücke aufbewahrt hat, damals im Lager gestohlen worden ist.

TEILAUFGABE 3.1

Im **Aufruf zur Gründung der Aktion Sühnezeichen**, der am 30. April 1958 auf der Synode der Evangelischen Kirche Deutschlands vorgestellt wurde, legt Präses Lothar Kreyssig die **Ziele der Aktion** dar und begründet deren Entstehung.

Vorstellung des Textes

Er weist zunächst darauf hin, dass die **Deutschen** mit dem Beginn des Zweiten Weltkriegs, der Judenvernichtung und dem fehlenden Widerstand dagegen **großes Leid über die Menschheit gebracht** und sich damit gegen Gott verschuldet hätten.

Zusammenfassung:
Anerkennung einer deutschen Schuld

Obwohl seit den genannten Ereignissen viele Jahre vergangen seien, herrsche noch immer **kein wirklicher Frieden**, weil es **bisher keine Versöhnung** gegeben habe. Stattdessen sei das Verhältnis gegenüber den ehemaligen Kriegsgegnern weiterhin von **Verbitterung und Hass** geprägt.

Frieden als Ziel der Versöhnung

Aus diesem Grund **ruft** er seine Mitbürger zur **Vergebung auf**. An die Länder, deren Bevölkerung besonders unter den Taten der Deutschen gelitten habe, namentlich Polen, Russland und Israel, richtet er die Bitte, die gewünschte Vergebung zu gewähren. Außerdem erhofft er sich für seine Aktion die Erlaubnis, ein **aktives Zeichen zur Versöhnung** setzen zu dürfen. Damit meint er sowohl **gemeinnützige Arbeit** von deutschen Frauen und Männern in den genannten Staaten als auch die **Bereitstellung finanzieller Mittel** z. B. zur Errichtung einer Siedlung, einer Kirche oder eines Krankenhauses.

Versuch der Vergebung durch Angebot gemeinnütziger Arbeit

Dies möchte er **nicht als Wiedergutmachung** verstanden wissen, sondern als **Gesuch um Vergebung und Frieden**, woran er die Bitte an die Regierungen Polens, der UdSSR und Israels anschließt, dieses anzunehmen und zu unterstützen.

Abgrenzung von Wiedergutmachung

TEILAUFGABE 3.2

Schuld und Vergebung bilden im Roman *Der Vorleser* zentrale Themen, mit denen sich auch der Aufruf zur Gründung der Aktion Sühnezeichen auseinandersetzt. Es ist deshalb interessant, zu vergleichen, welche **Gemeinsamkeiten und Unterschiede** sich in dem Aufruf und in Hannas Umgang mit ihrer Schuld finden lassen.

Vergleich:
Umgang mit Schuld im Aufruf der evang. Kirche und bei Hanna

Auffällig ist bei beiden, dass eine **lange Zeitspanne** vergangen ist, bevor ein **Eingeständnis von Schuld** erfolgt. Als Hanna ihre Beziehung mit Michael führt, scheint sie ihre **Vergangenheit** zu **verdrängen** sowie ihre Schuld zu **leugnen**. Erst Jahre später mit Beginn des Prozesses fängt sie erzwungenermaßen an, sich mit den Geschehnissen während der NS-Zeit auseinanderzusetzen. Auch zwischen dem Aufruf zur Gründung der Aktion Sühnezeichen und dem Ende des Zweiten Weltkriegs liegen 13 Jahre, was zeigt, dass die evangelische Kirche ebenso **Zeit** gebraucht hat, um sich den **vergangenen Geschehnissen zu stellen**.

Gemeinsamkeiten:
lange Zeitspanne vor Eingeständnis der Schuld

Schließlich kommt es aber sowohl bei Hanna als auch bei den Verfassern des Aufrufs zu einer **Auseinandersetzung mit dem begangenen Unrecht** und zu einer **Akzeptanz der eigenen Beteiligung** daran. Hanna beschäftigt sich im Gefängnis intensiv und systematisch mit dem Holocaust und Lothar Kreyssig beginnt seinen Aufruf mit einem **Eingeständnis der deutschen Schuld** an den Verbrechen des Zweiten Weltkriegs. Dies bildet jeweils die **Voraussetzung** dafür, **verantwortungsvoll mit der eigenen Schuld umzugehen**.

Akzeptanz der eigenen Schuld

Gemeinsam ist beiden außerdem, dass sie ein **sichtbares Zeichen** für ihre Schuld **setzen** wollen. Die Aktion Sühnezeichen bietet an, in besonders von den Taten der Nationalsozialisten betroffenen Nationen **Aufbauhilfen** zu leisten und sich **gemeinnützig zu engagieren**. Und Hanna verfasst eine Art **Testament**, in dem sie ihr gesamtes Vermögen (ihre Ersparnisse und eine Teedose mit Bargeld) der Tochter vermacht, die gemeinsam mit ihrer Mutter den Kirchenbrand überlebt hat. In beiden Fällen soll also ein **materieller und sichtbarer „Ausgleich" für die begangenen Verbrechen** erfolgen.

Versuch, ein Zeichen für Schuld zu setzen

Trotz der genannten Gemeinsamkeiten sind auch einige **Unterschiede im Umgang mit Schuld** zwischen dem Aufruf zur Gründung der Aktion Sühnezeichen und Hannas Verhalten festzustellen.

Unterschiede:

So erfolgt die **Gründung der Aktion Sühnezeichen aus eigenem Antrieb**, während **Hanna** erst durch den **Prozess gegen die KZ-Aufseherinnen** zu einer Auseinandersetzung mit ihrer Vergangenheit gebracht wird. Man weiß nicht, ob sie es ohne diesen **äußeren Zwang** jemals geschafft hätte, sich ihrer Schuld zu stellen. Der Aufruf der evangelischen Kirche basiert dagegen auf dem **eigenen Wunsch Lothar Kreyssigs**, endlich wirklichen Frieden zu erreichen, wirkt also weniger von außen gesteuert.

Auseinandersetzung mit Vergangenheit aus eigenem Antrieb vs. äußerem Antrieb

Zudem unterscheiden sich Hannas Bitte um Vergebung und der Aufruf zur Gründung der Aktion Sühnezeichen im **Stil** deutlich voneinander. Während die **evangelische Kirche** die ehemaligen Kriegsgegner **geradezu demütig** darum bittet, ihren Vorstoß anzunehmen,

demütige Bitte um Vergebung vs. Forderung von Vergebung

tritt **Hanna** in Form ihres Briefes, den sie Michael vermacht, **fordernder** auf. Sie schreibt, dass Michael ihr Vermögen an die Überlebende des Kirchenbrands geben soll, ohne die Möglichkeit in Betracht zu ziehen, dass diese das als **Affront** empfinden könnte. Zwar will Hanna der Tochter die Entscheidung überlassen, was mit dem Geld geschieht, aber im Vergleich zum geradezu **unterwürfigen Ton des Aufrufs** zur Gründung der Aktion Sühnezeichen wirkt **Hannas Angebot viel direkter**. Selbst Michael ist während seines Gesprächs mit der Tochter der Meinung, dass Hanna der Überlebenden viel abverlangt.

Ein weiterer Unterschied besteht darin, dass der **Aufruf** zur Gründung der Aktion Sühnezeichen sich **an die gesamte deutsche Bevölkerung** richtet, die mit ihrer Beteiligung zu einer Besserung der Beziehungen zwischen den ehemaligen Feindesnationen beitragen soll. Die **Vergebung** soll hier **auf internationaler Ebene** erfolgen. Dagegen geht es bei **Hanna** um den Umgang mit ihrer **persönlichen Schuld**, wobei ihre genaue **Motivation im Dunklen** bleibt. Aus ihrem kurzen Brief geht nicht hervor, ob sie mit ihrem Auftrag ein Zeichen setzen will oder auf Vergebung hofft. Sie vermacht ihr Vermögen der überlebenden Tochter stellvertretend für alle während der Zeit des Nationalsozialismus verfolgten Juden. Das legt den Schluss nahe, dass es ihr um die **symbolische Abgeltung einer persönlichen Schuld** geht.

kollektive Schuld vs. persönliche Schuld

Der gravierendste Unterschied ist jedoch, dass der **Aufruf** zur Gründung der Aktion Sühnezeichen **stark auf die Zukunft ausgerichtet** ist. Die Bitte um Vergebung soll ein **Einsatz für Frieden und Völkerverständigung** sein und dazu beitragen, den weiterhin herrschenden **Hass** zwischen den ehemals verfeindeten Nationen zu **besiegen**. Von einem solch umfassenden Ziel ist Hannas Aktion weit entfernt. Sie begeht nach dem Aufsetzen ihres Testaments **Selbstmord**, wollte dadurch also eine Art **Abschluss** schaffen, **ohne** mit ihrem Handeln eine **Perspektive für die Zukunft** zu entwerfen.

Ausrichtung auf die Zukunft vs. Abschluss mit der eigenen Vergangenheit

Obwohl also sowohl Hanna als auch die evangelische Kirche mit ihrem Handeln ein **Zeichen für Versöhnung und Sühne** setzen will, liegen diesem doch im Detail ganz **unterschiedliche Herangehensweisen und Motive** zugrunde. Dies zeigt, welch **unterschiedliche Gesichter** Verzeihung und Vergebung haben können, die in jedem Fall eine wichtige **Voraussetzung für Verständnis und Verständigung** darstellen.

Schluss: unterschiedliche Gesichter von Verzeihung und Vergebung

AUßENSEITER

Aufgabenstellung

1 Fassen Sie die vorliegende Kurzgeschichte *Wachsfiguren* von Gabriele Wohmann (Material) zusammen. (35 BE)

2 Charakterisieren Sie den Protagonisten Hase aus der Kurzgeschichte *Wachsfiguren* von Gabriele Wohmann. Vergleichen Sie die Figur Hase mit der Figur Moritz Stiefel aus dem Drama *Frühlings Erwachen* von Frank Wedekind im Hinblick auf ihre Außenseiterrolle. (40 BE)

3 Moritz Stiefel beobachtet aus dem Totenreich seine eigene Beerdigung und das Verhalten und die Gespräche der Trauergäste (3. Akt, 2. Szene, Frank Wedekind: *Frühlings Erwachen*). Verfassen Sie einen inneren Monolog aus seiner Perspektive. (25 BE)

Material **Gabriele Wohmann: Wachsfiguren**

–[1] Ach so, Hase[2] geht auch mit, sagte Lilia mit fallendem Ton.

– Natürlich geht das Häschen mit, rief Tante Else.

Hase stand in seiner gewohnten Abwehrhaltung mit so weit wie möglich weggedrehtem Gesicht. Er spürte Wärme, plötzlich dicht: Tante Else hatte sich neben ihn gekauert, ihre Arme waren zu eifrig.

– Heute geht es mit, nicht wahr, das Häschen, sagte Tante Else.

Es tat Hase leid um Lilia: sie hatte das neue Kleid an mit den roten und schwarzen Spritzern und sah so erwachsen aus. Sie konnte ihn nicht gebrauchen. Er sagte nichts, die Lippen ließen sich nicht bewegen, aber es tat ihm leid. Das wäre nicht der Sonntag, den sie mit diesem Kleid haben könnte.

Onkel Willi kam aus der Küche ins Vorzimmer und ließ die Tür offen, und der heiße Waschgeruch strömte herein. Onkel Willi roch festlich nach den Blumen und Kräutern seiner Rasierpaste. Sein speckiges Gesicht war nicht hart wie an Werktagen, sondern vom heißen Wasser aufgequollen und rot.

– Was macht der Hase für ein böses Gesicht, sagte er mit seiner Sonntagsstimme. Was macht er für'n böses Gesicht, wenn er mitgehen darf, he?

Jahre nach der Operation, die Oberlippe hatte nicht genug Platz, oder was war es sonst, auf jeden Fall fühlte er sich nicht wohl, wenn er lächeln musste.

– Macht er ein böses Gesicht? rief Tante Else. Macht er denn eins?

– Na klar, sagte Onkel Willi, ich kann's nicht verstehn an so einem Tag, wo wir ihn mitnehmen.

Hase spürte, daß er jetzt etwas unternehmen mußte – nie war ein Frieden stabil genug. Er stieß eine Folge bettelnder Laute aus, hob die Hände, zwang sich, den Kopf ganz ihnen allen zuzukehren, das Gesicht zu heben, zu zeigen. Böses Gesicht. Lächeln, schlimmer als Schmerz, Unbehagen wie Krankheit. Kleines schreckliches Gesicht, schartig verzerrt und riesig rot geflügelt von den Ohrschalen. Es tat ihm leid für Lilia, auch ein bißchen für Tante Else, und sogar für Onkel Willi, weil er so weich und sonntäglich gestimmt war.

– Na laßt uns doch gehn, sagte Tante Else. Undankbare Kinder verdienen ja gar nicht, daß man sich so mit ihnen anstellt.

Es tat ihm leid um Lilias Kleid, weil alle Aufmerksamkeit unterwegs, im Omnibus und in der Vorhalle an der Kasse, wie immer auf ihn gezogen war. Häschen mit der Hasenscharte, Mäuschen mit den Fledermausohren. Es tat ihm so leid für Lilia. Wie hieß er eigentlich wirklich? Hatte er einen Namen? Wie die andern: Willi, Elsa, Lilia. Kein Gesicht, keinen Namen. Er lief hinter den andern her mit gesenktem Kopf, fühlte sich schläfrig vor Kummer.

– Da, seht euch das an, sagte Onkel Willi, schleppt man ihn mit, und er hält's nicht für nötig, sich die Figuren zu betrachten. Der Eintritt hat Geld gekostet, hörst du?

– Na laß ihn doch, sagte Tante Else.

Er mußte nur die Anstrengung machen, sich aufrecht vor sie hinzustellen und den Kopf zu heben, ihnen alles zeigen, dann hätte er ein Gesicht. Von unten herauf betrachtete er die Wachsfiguren. Lächelnd und steif und unantastbar, Schöne und Häßliche und Krüppel, Könige, Verbrecher. Irgendwann bekäme er dann auch einen Namen. Jemand würde dem Aufseher melden: da steht eine Figur ohne Namen. Sie fänden einen Namen. Er hielte ihnen sein Gesicht hin, ließe das Licht rot durch die Ohrenflügel fluten.

Im Thronsaal blieb er zurück, erklomm das freie Podest. Er achtete nicht darauf, neben wen er sich gestellt hatte, nahm eine Haltung ein, die ihm bequem vorkam. Ohne zu lächeln, wie angenehm. Er hob das Gesicht und spürte es, spürte Augen und Nase und Lippenwunde, spürte das Licht in den Ohren. Er sah im angrenzenden Saal Lilias Kleid, die Farben schienen aus den Spritzern zu leuchten. Es erleichterte ihn: ein Tag für Lilias Kleid. Er beschloß, es nicht mehr lang hinauszuzögern, sondern so bald wie möglich das Atmen einzustellen.

Quelle: Gabriele Wohmann: Wachsfiguren. In: Habgier. Erzählungen von Gabriele Wohmann. Rowohlt: Reinbek bei Hamburg 1978, S. 41–44.

Hinweis

Die Rechtschreibung entspricht der Textvorlage.

Anmerkungen

1 Die Gedankenstriche am Zeilenanfang kennzeichnen wörtliche Rede.

2 Der Protagonist wird von den Verwandten „Hase“ oder „Häschen“ genannt, weil sein Gesicht von einer Lippen-Kiefer-Gaumenspalte, umgangssprachlich als „Hasenscharte“ bezeichnet, gezeichnet ist. Hierbei handelt es sich um die häufigste angeborene Fehlbildung beim Menschen. Bei mangelnder Akzeptanz durch die Umgebung (zum Beispiel aufgrund von Ausgrenzungen wegen eines Sprachfehlers oder Narben im Gesicht durch eine notwendige Operation) können psychische Probleme die Folge sein.

TIPP **Bearbeitungshinweise**

Teilaufgabe 1: Verschaffen Sie sich zunächst einen **Überblick über den Inhalt** der vorliegenden Kurzgeschichte von Gabriele Wohmann. Erfassen Sie, woraus die **äußere Handlung** besteht und wie diese sich entwickelt. Bestimmen Sie dann, wie die äußere Handlung mit der inneren Handlung zusammenhängt. Wie erleben die Figuren das Geschehen? Welche Probleme werden sichtbar? Leiten Sie davon das Thema der Kurzgeschichte ab und gehen Sie im Hauptteil sowohl auf das äußere als auch auf das **innere Geschehen** ein. Ihrer Zusammenfassung sollten Sie eine **kurze Hinführung** mit den wichtigsten Informationen zum Text und zum Hauptprotagonisten der Kurzgeschichte voranstellen. Die direkte Rede der Figuren sowie die erlebte Rede der Hauptfigur ist zu komprimieren. Denken Sie beim Verfassen der Textzusammenfassung an die Umsetzung entsprechender formaler Vorgaben und grenzen Sie Ihre Zusammenfassung von einer Nacherzählung und einer Wiedergabe ab (mehr Informationen dazu vgl. S. X f.).

Teilaufgabe 2: Beachten Sie die beiden Operatoren und die inhaltlichen **Schwerpunkte in der Aufgabenstellung**. Zunächst sollten Sie den Stoff für beide Teilaufgaben sammeln und diesen ordnen. Charakterisieren Sie die Figur Hase, vom Äußeren zum Inneren: Was sind die äußeren Merkmale von Hase? Wie ist seine **Lebenssituation**? Sein soziales Umfeld? In welchen Situationen wird Hase dargestellt? Wie verhält er sich dabei? Wie erlebt er seine Lage und das Verhalten anderer? Was sind dabei seine **Gedankengänge**? Anstatt die Handlung nachzuerzählen, stellen Sie anhand von konkreten Textbeispielen begründete Annahmen über **Hases Charaktereigenschaften** auf. Sie gelangen dadurch zu einem fundierten Gesamtbild der Figur.
Im Anschluss sollten Sie zum Vergleich überleiten und dabei den Bezug zu *Frühlings Erwachen* herstellen. Beachten Sie den Operator und den inhaltlichen Schwerpunkt des Vergleichs. Stellen Sie **Gemeinsamkeiten, Ähnlichkeiten und Unterschiede zwischen Moritz und Hase** dar und veranschaulichen Sie diese textgestützt. Die wichtigsten Ergebnisse Ihres Vergleichs sollten Sie in einem Schlussteil zusammenfassen (mehr zur Gestaltung von Textvergleichen finden Sie auf S. XIV). Denken Sie beim Verfassen der Charakteristik und des Vergleichs daran, Ihre Textbeobachtungen in einen nachvollziehbaren Zusammenhang zu bringen, mithilfe von Textbelegen abzusichern und durch Belegstellen überprüfbar zu machen.

Teilaufgabe 3: In der Aufgabenstellung wird Ihnen die **Szene III, 2 als Grundlage für den inneren Monolog** vorgegeben. Als Vorbereitung auf die Bearbeitung der Aufgabe empfiehlt sich daher eine detaillierte Auseinandersetzung mit dieser Szene. In III, 2 werden einzelne Gruppen von Figuren nacheinander fokussiert. Ihren inneren Monolog können Sie entsprechend aufbauen und zunächst auf das Verhalten und die Gespräche der erwachsenen und im Anschluss der jugendlichen **Trauergäste** eingehen. Die Auswahl der Aussagen und Verhaltensweisen, auf die Sie aus der Perspektive von Moritz anspielen wollen, ist Ihnen überlassen. Es ist allerdings ratsam, solche in den inneren Monolog einzuarbeiten, die ergiebig sind und Ihnen zudem erlauben, Ihre fundierte **Textkenntnis** unter Beweis zu stellen. Dabei reicht es, beispielsweise durch gekonnte Andeutungen auf Inhalte aus vorigen Szenen zu verweisen – etwa auf **Szene II, 7**, in der sich Moritz sein eigenes Begräbnis vorstellt. Denken Sie beim Verfassen des inneren Monologs daran, der bloßen Wiedergabe der Inhalte der Szene III, 2 vorzubeugen. Es kommt auf Moritz' **Reflexion der Vorkommnisse während des Begräbnisses** und auf die Umsetzung der formalen und sprachlichen Merkmale von inneren Monologen an (mehr Informationen dazu vgl. S. XVII f.).

verwendete Textausgabe: Frank Wedekind: Frühlings Erwachen. Hrsg. von Johannes Diekhans. Erarb. von Stefan Rogal. Schöningh: Braunschweig 2004.

Lösungsvorschlag

TEILAUFGABE 1

Einleitung:

Informationen und Hinführung zum Text

In der 1978 in dem Erzählband *Habgier* erschienenen Kurzgeschichte *Wachsfiguren* von Gabriele Wohmann wird die Selbstaufgabe eines Kindes thematisiert. Der Protagonist der Kurzgeschichte, ein Junge, der **innerhalb der Familie „Hase" genannt** wird, hat eine Lippenspalte, die sein Erscheinungsbild prägt, sein Sprachvermögen beeinträchtigt und die Verständigung erschwert. Hases Körperhaltung und Gesichtsausdruck werden von den Familienmitgliedern fehlgedeutet und verstärken ihre ablehnende Haltung ihm gegenüber.

Zusammenfassung:

Ausgangssituation der Kurzgeschichte

Die Handlung der Kurzgeschichte setzt mit dem **Aufbruch zu einem sonntäglichen Familienausflug** ein. Unter der Aufsicht der Tante und des Onkels sollen Hase und seine Schwester (oder vielleicht Cousine) Lilia ein **Wachsfigurenkabinett** besuchen. Es ist Lilia, die sich besonders auf den Ausflug freut und für diese Gelegenheit ihr neues Kleid anzieht. Als sie erfährt, dass auch Hase am Ausflug teilnimmt, zeigt sie sich darüber enttäuscht.

Missverständnisse in der Kommunikation

Hase kann **Lilias Enttäuschung** nachvollziehen: Sein entstelltes Gesicht wird von ihr und ihrem Kleid ablenken. Die entstandene Situation bereitet ihm Sorge, die er wegen des physischen Schmerzes, den das Sprechen bei ihm auslöst, nicht verbal äußern will oder kann. Sein bekümmertes und von der Familie abgewandtes Gesicht wird von den Erwachsenen **als Bosheit und Undankbarkeit missverstanden**.

Auf dem Weg zum Wachsfigurenkabinett bewahrheitet sich Hases Befürchtung: Er zieht – wie immer – die **Aufmerksamkeit anderer** auf sich. Hase denkt dabei darüber nach, dass er auf seine Hasenscharte reduziert wird, **kein richtiges Gesicht und dadurch keinen richtigen Namen** habe. Um nicht weiter aufzufallen, folgt er den anderen mit gesenktem Kopf – sein Onkel wirft ihm deshalb Desinteresse an der Ausstellung vor und weist auf das bezahlte Eintrittsgeld hin.

Besuch des Wachsfigurenkabinetts

Sich selbst überlassen, nimmt sich Hase die unterschiedlichen **Wachsfiguren, die er für unantastbar hält, zum Vorbild** und entschließt sich, selbst zu einer davon zu werden. Er stellt sich vor, wie ihm dies zu aufrichtiger Beachtung und zu einem eigenen Namen verhelfen würde.

Wachsfiguren als Vorbild

Die Kurzgeschichte endet damit, dass Hase sich in einer ungezwungenen und für ihn angenehmen Haltung zu den Wachsfiguren stellt. Es kommt ihm vor, als ob sein Rückzug Lilia und ihr Kleid zum Strahlen bringen würde. Er fasst den **Entschluss, nicht mehr zu atmen**.

Hases Vorhaben: nicht mehr atmen

TEILAUFGABE 2

Der Protagonist der Kurzgeschichte *Wachsfiguren* von Gabriele Wohmann ist ein – vermutlich noch kleiner – Junge. Er **lebt bei Tante Else und Onkel Willi oder ist bei ihnen zu Besuch**.

Charakterisierung von Hase:

Von den Familienmitgliedern wird der Protagonist Hase oder Häschen genannt (vgl. z. B. Z. 1, 6), was auf seine Lippenspalte zurückzuführen ist. Diese ist zwar operiert worden (vgl. Z. 17), hat aber eine **Lippenwunde** (vgl. Z. 49) und eine **Verzerrung im Gesicht** (vgl. Z. 26) hinterlassen. Mehrfach erwähnt werden zudem Hases große **Ohrenflügel**, die sein Gesicht „riesig rot" (Z. 26) einfassen und kleiner erscheinen lassen. Außer als Häschen wird er daher auch als Mäuschen bezeichnet (vgl. Z. 33). Beide Bezeichnungen tragen zu **Hases Identitätskrise** bei, weil sie ihm sein Aussehen stets vor Augen halten und ihn entmenschlichen. Seinen richtigen Namen glaubt Hase nicht mehr zu kennen (vgl. Z. 33 f.). Er zweifelt sogar daran, überhaupt einen Namen zu haben. Seine **Namenlosigkeit** trägt zu seiner **Ausgrenzung** bei: „Hatte er einen Namen? Wie die anderen: Willi, Else, Lilia. Kein Gesicht, keinen Namen." (Z. 34 f.)

Hases äußere Merkmale

Auswirkungen auf Hases Gefühle

Hase zieht durch sein Gesicht die Aufmerksamkeit anderer auf sich, wodurch er sich unwohl fühlt. Selbst im Beisammensein mit der Familie ist er daher **bemüht, nicht aufzufallen und sein Gesicht zu verbergen** – es „so weit wie möglich" wegzudrehen (vgl. Z. 3).

Unbehagen und Rückzug

Auch nimmt er grundsätzlich eine „Abwehrhaltung" (Z. 3) ein, die vom Erzähler als „gewohnt" (Z. 3) beschrieben wird.

Hase ist durch diese Fehlbildung offensichtlich auch **in seiner Kommunikation beeinträchtigt:** Sein Gesicht schmerzt, die Lippen scheinen unbeweglich zu sein (vgl. Z. 8 f.). Lächeln löst in ihm **Unbehagen** aus (vgl. Z. 25), weshalb er es meidet. Die Personen in seinem Umfeld halten Hases Gesichtsausdruck aus diesem Grund für „böse" (vgl. Z. 16, 19, 24). Hase selbst kann nachempfinden, was sein Gesichtsausdruck und seine gewohnten Reaktionsmuster bei den Erwachsenen bewirken: „Hase spürte, daß er jetzt etwas unternehmen mußte – nie war ein Frieden stabil genug." (Z. 22) Da das Sprechen für Hase kaum möglich ist (vgl. Z. 8 f.), versucht er **paraverbal und nonverbal** zu kommunizieren (vgl. Z. 23 f.).

erschwerte Kommunikation mit anderen Menschen

Trotz seiner Anstrengung **gelingt es Hase kaum, seine Empfindungen zum Ausdruck zu bringen**, auch weil sein Gesichtsausdruck, seine Körperhaltung sowie seine Kommunikationsversuche von den Familienmitgliedern, insbesondere von seinem Onkel, falsch gedeutet werden (vgl. Z. 15 f., 20 f., 37 f.). Auch wenn Tante Else stellenweise Hase vor den Grobheiten und Angriffen ihres Mannes schützt (vgl. Z. 39), kann sie auch selbst aufdringlich sein: „Er [Hase] spürte Wärme, plötzlich dicht: Tante Else hatte sich neben ihn gekauert, ihre Arme waren zu eifrig" (Z. 4 f.). Es fällt außerdem auf, dass **Hase von den Erwachsenen nie direkt angesprochen** und nicht einmal in die Gespräche, die ihn selbst betreffen, als Gesprächspartner einbezogen wird. So stellt Onkel Willi – in Hases Anwesenheit – beispielsweise fest: „Was macht der Hase für ein böses Gesicht" (Z. 15) – und seine Frau greift die Feststellung ähnlich indirekt auf: „Macht er ein böses Gesicht?" (Z. 19), was Hase lediglich zum Gesprächsgegenstand macht.

falsche Deutung von Hases Bemühungen

Kommunikationsverhalten der Tante und des Onkels

Innerhalb der Familie fehlt Hase eine erwachsene Bezugsperson, die ihm liebevolle Zuneigung und Akzeptanz entgegenbringen und Unterstützung anbieten würde. Seine Empfindung – „Es tat ihm leid für Lilia, auch ein bißchen für Tante Else, und sogar für Onkel Willi" (Z. 26 f.) – zeigt, dass Lilia für ihn die wichtigste Person innerhalb der Familie ist. Hase scheint ein **Gespür für ihre Befindlichkeit** zu haben. Er erkennt, dass seine Anwesenheit sie stört (vgl. Z. 8), von ihr und ihrem neuen Kleid ablenkt (vgl. Z. 7 f., 31 f.).

kein unterstützendes Umfeld für Hase

In Wohmanns Kurzgeschichte wird Hase als körperlich, sprachlich und daher auch sozial beeinträchtigt, zurückhaltend und zugleich als einfühlsam, sensibel und harmoniebedürftig dargestellt. Anstatt Zuwendung und Förderung erfährt er innerhalb seiner Familie **Diskriminierung und Aggression**. Er zieht sich daraufhin mehr und mehr

Ausgrenzung durch eigene Familie

in die **eigene Gedankenwelt** zurück: „Er lief hinter den anderen her mit gesenktem Kopf, fühlte sich schläfrig vor Kummer“ (Z. 35 f.). Während des Besuchs im Wachsfigurenkabinett treten seine **Resignation, Isolation sowie die wachsende Identitätskrise** deutlich hervor. Die Wachsfiguren, die er dort betrachtet, werden für ihn zu Identifikationsfiguren. Sie haben wie Hase ihre Makel, sind aber – im Gegensatz zu Hase – unantastbar und haben ihren festen Platz und ihren eigenen Namen (vgl. Z. 42 f.). Dass sich Hase ihnen anschließt (vgl. Z. 46 ff.), zeigt seinen **Wunsch nach Zugehörigkeit wie auch seine Vereinsamung und Verzweiflung**. Zugleich deutet er damit den Rückzug aus dem Leben an. Sein Beschluss, „es nicht mehr lang hinauszuzögern, sondern so bald wie möglich den Atem einzustellen“ (Z. 51 f.), weist allerdings auch auf seine **Todessehnsucht** hin.

zerrüttete Gefühlswelt

Sehnsucht nach Akzeptanz

Vergleicht man die Figur Hase mit der Figur Moritz Stiefel aus dem 1891 erschienenen Drama *Frühlings Erwachen* von Frank Wedekind, so ist festzustellen, dass **beide als Sonderlinge in ihrem sozialen Umfeld gelten und Ausgrenzung erfahren**.

Vergleich zwischen Hase und Moritz Stiefel:

Im Gegensatz zu Hase, der noch sehr jung zu sein scheint und ausschließlich im Familienumfeld dargestellt wird, ist Moritz **ca. 15 Jahre alt** und lebt bei seinen Eltern. In Wedekinds Drama wird er aber vor allem in seiner Rolle als Schüler und zugleich als **Schulkamerad und Freund von Melchior Gabor** gezeigt.

Altersunterschied der Protagonisten

In Wohmanns Kurzgeschichte findet sich nur eine Angabe, die als Hinweis auf eine **Ausgrenzung Hases durch Gleichaltrige** gedeutet werden könnte. Mit dem Spruch – „Häschen mit der Häschenscharte, Mäuschen mit den Fledermausohren“ (Z. 32 f.) – wird vielleicht auf das Hänseln angespielt, das Hase außerhalb der Familie erfährt. Während **Hase wegen seines Aussehens ausgegrenzt** wird, ist der Grund für Moritz’ Ausgrenzung durch Gleichaltrige (aber auch durch seine Lehrer, vgl. S. 20, Z. 35 ff.) ein anderer: Er gehört zu den wenigen in seinem Jahrgang, die die Versetzung wohl nicht schaffen (vgl. S. 9, Z. 11 ff.; S. 20, Z. 10 ff.). **Moritz gilt als schlechter Schüler**, über dessen endgültigen Verbleib in der nächsthöheren Klasse dann doch erst zu einem späteren Zeitpunkt entschieden wird (vgl. S. 20, Z. 16 ff.). Die Gleichaltrigen nehmen dies zum Anlass, Wetten mit Moritz abschließen zu wollen, dass er die Versetzung nicht erreiche. Sie ignorieren dabei **Moritz’ erste Andeutung zu einem möglichen Suizid** (vgl. S. 20, Z. 20 ff.).

verschiedene Formen der Ausgrenzung

Moritz als Außenseiter in der Schule

Moritz versucht, sich schulisch zu beweisen und den Lernstoff nachzuholen, was aber rasch zu einer **Überlastung** führt: „Ich will arbeiten und arbeiten, bis mir die Augen zum Kopf herausplatzen“ (S. 25,

Moritz’ extremes Lernverhalten

Z. 23 f.). Er denkt bereits kurz nach dem Aufstehen an den zu bewältigenden Schulstoff und verbindet selbst Alltagsrituale wie Frühstücken mit Übungseinheiten für die Schule (vgl. S. 25, Z. 9 ff.). Er arbeitet bis tief in die Nacht, hat Schwierigkeiten, in der Schule pünktlich zu erschienen, und schläft im Unterricht ein (vgl. S. 25, Z. 5 ff.). Bei einigen der Mädchen hat er vielleicht deswegen den Ruf, eine „Schlafmütze“ (S. 18, Z. 5) zu sein. **Genauso wie Hase leidet Moritz unter seiner Lebenssituation körperlich und psychisch**. Dieses Leiden wird zusätzlich dadurch verstärkt, dass sich Moritz bereits in der Pubertät befindet, aber **über Sexualität nicht aufgeklärt** ist. Das fehlende Wissen führt dazu, dass er Schwierigkeiten hat, die pubertären Veränderungen richtig einzuordnen und zu bewerten. Er hält sich für geschädigt und unheilbar krank (vgl. S. 12, Z. 2 ff.). Hase erlebt seine Lage ähnlich: „Böses Gesicht. Lächeln, schlimmer als Schmerz, Unbehagen wie Krankheit“ (Z. 24 f.).

Leiden an der schulischen Situation und an Pubertät

Während Hases Sprachlosigkeit körperliche Ursachen hat, ist Moritz auf eine andere Art sprachlos: Die fehlende sexuelle Aufklärung führt zu dem **Unvermögen, über Pubertät und Sexualität unbefangen zu sprechen** (vgl. S. 11, Z. 24 ff.). Moritz verfügt nicht über die passende Begrifflichkeit und empfindet zudem bei Versuchen, sich über das Thema mit Melchior auszutauschen, **qualvolle Scham- und Schuldgefühle** (vgl. S. 12, Z. 2 ff.). So ist „M-hm“ (S. 11, Z. 28) die ganze verschämte Antwort, die er sich auf die Frage seines Freundes nach den nächtlichen Samenergüssen abzwingen kann (vgl. S. 11, Z. 24 ff.). Im Vergleich zu Moritz ist Hases Mitteilungsvermögen noch deutlicher eingeschränkt und so bevorzugt er, seinen Kopf beschämt wegzudrehen, da er aufgrund seines Aussehens bereits **den Blick und die Kontaktversuche anderer als quälend empfindet** (vgl. Z. 3 ff.).

schambesetzte Kommunikation bei Moritz

Hases Vermeidungsstrategien

Ähnlich verzwickt ist die familiäre Situation von Hase und Moritz. Die wahren Bedürfnisse sowohl von Hase als auch von Moritz werden in ihren Familien nicht erkannt bzw. missachtet. Beide werden außerdem von den Familienmitgliedern **mit Erwartungen konfrontiert, die sie nicht erfüllen können**. So rechnet der Onkel mit Hases Dankbarkeit für die Teilnahme an dem Sonntagsausflug. Moritz' Eltern erwarten von ihrem Sohn ein schulisches Fortkommen und lassen keine andere Möglichkeit zu (vgl. S. 9, Z. 13 ff.). Beide Figuren setzen die Erwartungen ihres Umfelds zusätzlich unter Druck. Moritz vermutet, dass seinen Vater der Schlag rühre (S. 25, Z. 31 f.) und seine Mutter ins „Irrenhaus“ komme (vgl. S. 25, Z. 32), wenn er seine schulische Lage nicht verbessert und nicht versetzt wird. Auch Hase nimmt die Spannung wahr, die entsteht, wenn er keine Dankbarkeit für die Mitnahme zum Ausflug zeigt: „[N]ie war ein Frieden

Druck durch Erwartungen der Familie

Befürchtungen der Protagonisten

stabil genug“ (Z. 22). Beide machen sich **Selbstvorwürfe** und versuchen auch, auf eine jeweils unterschiedliche Art, den Erwartungen zu genügen: Moritz will den Lernstoff nachholen (vgl. z. B. S. 20, Z. 22 ff.); Hase unternimmt **verzweifelte Kommunikationsversuche** (vgl. Z. 23 f.).

Suche nach Halt und Identifikation

Sowohl Hase als auch Moritz machen letztendlich die **schmerzhafte Erfahrung, nicht dazuzugehören**. Moritz stellt kurz vor seinem Freitod fest: „Ich passe nicht hinein“ (vgl. S. 39, Z. 18) und auch Hase konstatiert: „Sie [Lilia] konnte ihn nicht gebrauchen“ (Z. 8). Auch wählen sowohl Hase als auch Moritz markante **Identifikationsfiguren für sich** aus: Hase die unbelebten Wachsfiguren (vgl. Z. 41 ff.) und Moritz die Königin ohne Kopf (vgl. S. 26, Z. 25–S. 27, Z. 11). Beide begreifen den Rückzug aus dem Leben als einen **Befreiungsakt**. Hase erklimmt „das freie Podest“ (Z. 46), nimmt eine bequeme und angenehme Haltung zwischen den Wachsfiguren ein und wird zu einer von ihnen. Moritz beschließt: „Ich ziehe die Tür hinter mir zu und trete ins Freie“ (S. 39, Z. 19 f.).

Hase als Wachsfigur, Moritz’ Suizid

Fazit des Vergleichs:

Auch wenn sich insbesondere das Alter, die altersbedingten Interessen und die Gründe für die Ausgrenzung bei Hase und Moritz deutlich voneinander unterscheiden, **ähneln sich die Lebenslagen der beiden Figuren**. Hase leidet unter seiner körperlichen und sprachlichen Beeinträchtigung, insbesondere seinem entstellten Gesicht, der Aufmerksamkeit, die es hervorruft, und den erniedrigenden Reaktionen des Umfelds auf sein Aussehen. Moritz hingegen leider unter den pubertären Veränderungen, über die er zu wenig informiert ist, sowie an seinem ausbleibenden schulischen Erfolg. Beide Figuren haben **Schwierigkeiten, ihre Gefühle und Wünsche zum Ausdruck zu bringen**. Moritz entwickelt zwar seine eigenen Lebensvorstellungen, traut sich aber kaum, diese zu kommunizieren und durchzusetzen. Das mangelnde Selbstwertgefühl der beiden Figuren führt zu **Entmutigung, Resignation** und schließlich zur **Selbstaufgabe**. Hase fühlt sich von seiner Familie, Moritz von seinen Mitschülern, Lehrern, Eltern sowie weiteren Erwachsenen nicht ernst genommen und akzeptiert. Beide erfahren **Diskriminierung und Ausgrenzung** und leiden körperlich und seelisch unter der Situation, in der sie sich befinden. Diese begreifen sie selbst als ausweglos, da ihre Anstrengungen nicht wahrgenommen bzw. missinterpretiert werden, und weil sie, insbesondere von ihren Familien, **kein Verständnis und keine Unterstützung** erfahren. Die Geschichten der beiden Protagonisten verweisen daher auch auf die Verantwortung des sozialen Umfelds für den Tod bzw. die Todesgedanken der Figuren.

Hase und Moritz als Außenseiter

Spirale aus Ausgrenzung und Verzweiflung

Kritik an Familie bzw. Umfeld von Hase und Moritz

TEILAUFGABE 3

„Ich habe mir den Tag ganz anders vorgestellt. Ich dachte, er wird feierlich und andächtig vergehen. Auch habe ich gehofft, meine Eltern und Melchior – die wichtigsten Personen in meinem Leben – am Grab zu sehen. Meine Mutter ist nicht dabei. Melchior fehlt auch. Wo steckt er nur? Warum ist er nicht gekommen?

Moritz' innerer Monolog:

Scheußliches Wetter! Pastor Kahlbauch ist unter seinem Schirm verschwunden. Ich kann seiner Rede nicht folgen. Tod ist Tod. Kein dreifacher – ein Schuss reicht. Amen. Gott sei Dank!

Kommentar zur Predigt des Pastors

Der Junge …? Der Junge war nicht …? Wie? Meinst du das ernst, Papa? Ich begreife es nicht! Ich dachte, du hast dir Sorgen wegen der Schule gemacht, weil ich dir wichtig war … Ich habe dir nie gefallen? Du hast mich nie gemocht? Nie wirklich akzeptiert? Herrgott noch mal! Das ist doch zum Verzweifeln! Und ich habe mir solche Sorgen um euch gemacht … Ich wollte euch nicht bekümmern. Meinst du das wirklich ernst, Papa? Ich kann es kaum glauben. Es schmerzt so sehr, das zu hören.

Enttäuschung über Worte des Vaters

Weinst du etwa?

Pfui Teufel mit den Selbstmördern, Rektor Sonnenstich. Ja, ja, das war von Anfang an klar, dass ich verteufelt … Verhurt werde? Verlumpt? Eh …, was soll das nun bedeuten?

Bezug zu Äußerungen der Lehrer

Das, was ich gemacht habe, war nie gegen dich, Papa, gerichtet! Dass ich nicht hineinpasse, das habe ich schon immer irgendwie gespürt. Ich dachte, mein Tod wäre eine Lösung. Auch für euch eine Erlösung.

Klarstellung an den Vater

Nicht promovieren können! Nicht promovieren können! Vielen Dank, Rektor Sonnenstich, für solche Trostworte. Wie aufbauend, Professor Knochenbruch! Das ist das Letzte, was mein Vater zu hören braucht. Es ist das Letzte, was ich zu hören brauche. Ich dachte, mir wurde eine echte Chance auf Versetzung eingeräumt. Wenn ich nur wüsste, dass es aussichtslos war! … Ich fühle mich betrogen. Ich habe Tag und Nacht gelernt. Ich habe es voller Ernst und aus allen Kräften versucht … auch dir zuliebe, Papa. Ich wollte dich nicht enttäuschen. Ich wollte nicht, dass ihr Kummer habt. Ich wollte nicht versagen, sondern dich und Mama stolz machen … Wo ist denn eigentlich Mama? Meint sie etwa auch, ich bin nicht von ihr? Deswegen ist sie nicht hier? Ich dachte immer, ihr habt mich lieb …

Empörung über Aussage der Lehrer zur Versetzung

Frage nach dem Verbleib der Mutter

Du gehst schon, Papa? Bleibst du nicht länger an meinem Grab?

Hänschen …? Oh, … danke. Das hast du … schön gesagt.

Gedanken zu Hänschen Rilow

Armer Tollpatsch, meinst du, bin ich? Vielleicht hast du auch recht. Meinetwegen! Vielleicht sollte ich noch mehr lernen? Vielleicht tatsächlich mein Bündel schnüren und nach Altona gehen? Einfach mit Ilse zu ihr nach Hause? Kuhwarme Ziegenmilch trinken? Vielleicht, vielleicht, vielleicht … Vielleicht war ich dafür einfach viel zu feige?

Georg, Robert, Ernst und Otto, ich begreife nicht, warum meine Todesart euch so beschäftigt. Was ist das für eine Geschichte mit dem Strick? Mit dem Erhängen? Mein Tod war kein Spielchen! Es war ernst! Todernst! Ja, geht nur euren Aufsatz schreiben. Wenigstens das bleibt mir erspart! Oh, wie sehr mir die Hausaufgaben verhasst waren!

Ärger über die Verbreitung von Gerüchten

Ein Wort hätte es damals gekostet … Hast du mich damals wirklich nicht mehr gehört, Ilse? Was hätte es verändert, wenn ich damals mit dir gegangen wäre? Hätte es etwas ausgemacht?

Nachsinnen über verpasste Gelegenheit mit Ilse

Martha ist auch da. Was macht sie denn hier?

Ein Anemonenregen! Ich bin gerührt: Wenigstens ihr habt Blumen für mich!

Freude über die Blumen

Ganz in blauen Flecken die Martha. Wie? Sie möchte Rosen ausgraben? Schläge für mich riskieren? Warum? Bedeutet das … Bedeute … Bedeutete ich ihr etwas? Wirklich?

Armes Herz, sagst du? Du muss es wissen!

Nein, nein, nein! Lasst die Finger von der Pistole! Alle beide! Es ist kein Spielzeug und auch kein gutes Andenken!“

Warnung an Ilse und Martha

GLEICHBERECHTIGUNG

Aufgabenstellung

1 Fassen Sie den vorliegenden Text *Eine Kanzlerin macht noch keinen Sommer* von Mareike Graepel (Material) zusammen. (35 BE)

2 Analysieren Sie die Argumentationsstruktur des vorliegenden Textes unter Berücksichtigung der sprachlichen Mittel und arbeiten Sie die Intentionen der Verfasserin heraus. (40 BE)

3 Diskutieren Sie als Maßnahme zur Herstellung von Gleichberechtigung die Einführung von Quoten. (25 BE)

Material Mareike Graepel: Eine Kanzlerin macht noch keinen Sommer

Stefanie Lohaus sagt es ohne Zögern: „Entschuldigung, ich bin spät dran, die Kinder sind krank, ich habe mich noch kümmern müssen." Dieser Satz fällt in Deutschland täglich tausendfach – in Stefanie Lohaus' Fall könnte er aber auch von ihrem Lebensgefährten kommen. Sie ist Pressesprecherin der Europäischen Akademie für Frauen in Wirtschaft und Politik, kurz EAF, und hat mit ihrem Partner Tobias Scholz ein Buch über gerechte Aufgabenverteilung geschrieben. Es heißt: „Papa kann auch stillen". Aber: Das Paar ist eine große Ausnahme. In den meisten Fällen sind es die Frauen, die sich im Job abmelden, wenn die Kinder krank sind, nämlich etwa dreieinhalbmal so oft wie Männer, wie die letzte Studie der Deutschen Angestellten Krankenkasse zeigt. Symptomatisch zeigen diese Zahlen, woran die Gleichberechtigung in Deutschland krankt. Stefanie Lohaus sagt: „Ob es in absehbarer Zeit möglich ist, paritätische Verhältnisse in Deutschland zu erreichen, hängt davon ab, ob sich die Gesellschaft dafür entscheidet." Denn auch 70 Jahre, nachdem die Gleichbehandlung von Frauen und Männern im Grundgesetz verankert wurde, bestehen noch immer strukturell bedingte Benachteiligungen. „Und zwar auch für die Politik", so Lohaus, „in keinem Land der Welt herrscht absolute Parität, Deutschland befindet sich in den Rankings zwar im oberen Mittelfeld – aber das reicht nicht, um sich darauf auszuruhen."

Für die Bundestagswahl 2017 waren die Listen der in den Bundestag gewählten Parteien mit einem Frauenanteil von 38 Prozent im Schnitt zwar nicht zufriedenstellend, aber noch vergleichsweise gut besetzt. „Das Problem: Die Demokratie und ihre Spielregeln wurden unter Ausschluss der Frauen gemacht", erklärt Stefanie Lohaus, die sich als Feministin bezeichnet [...]. „Und die Strukturen sind noch immer patriarchisch." Von einem „Meer von grauen Anzügen" sprachen auch die ehemalige Justizministerin Katarina Barley und Familienministerin Franziska Giffey anlässlich des Jahrestags des Frauenwahlrechts und forderten, die Wahllisten der Parteien abwechselnd mit Männern und Frauen zu besetzen.

Während einige Parteien – so wie die Grünen – seit Jahrzehnten Gleichberechtigung praktizieren, schließen andere, wie die AfD, schon die Gründung parteiinterner Frauenorganisationen explizit aus. Deshalb verwundert es nicht, dass Frauen bei den Grünen am stärksten vertreten sind: 58 Prozent der Grünen-Bundestagsabgeordneten sind weiblich, 40 Prozent sind es in der gesamten Partei. Die Partei Die Linke hat immerhin einen Frauenanteil von 54 Prozent im Bundestag, gefolgt von der SPD mit 42 Prozent. Bei den Christdemokraten sind nur ein Fünftel der Bundestagsabgeordneten weiblich, in der Gesamtpartei der CDU sind das 26, in der CSU 21 Prozent. Ähnlich sieht es bei der FDP aus. Das Schlusslicht bildet die AfD mit elf Prozent Frauen in der Bundestagsfraktion und 17 Prozent in der Partei – dort gibt es weder interne Quoten noch Maßnahmen zur Frauenförderung.

„Wir brauchen neue Spielregeln in der Politik", sagt Stefanie Lohaus. Heißt konkret: „Eine Limitierung von Sitzungszeiten, bessere Kinderbetreuung und ein Umdenken bei Redezeiten und -orten. Einige Meetings können auch ohne weiteres per Videochat gehalten werden." Allerdings, so Lohaus: „Parlamente funktionieren noch wie vor hundert Jahren und schließen oft Frauen und Benachteiligte aus, an der Demokratie teilzuhaben." Einzelne Landesparlamente probieren durchaus neue Wege aus: So sollen in Brandenburg von diesem Jahr an die Landeslisten abwechselnd mit Frauen und Männern besetzt werden.[1] Ein erster, aber klarer Schritt Richtung mehr Parität.

[…] Doch der aktuelle Frauenanteil aller Abgeordneten beträgt knapp 31 Prozent – und ist damit so hoch wie im Südsudan. Auch Merkel betonte während der Gedenkstunde zum 100. Jahrestag des Frauenwahlrechts: „Eine Schwalbe macht noch keinen Sommer. Aus der Tatsache, dass es mich gibt, darf kein Alibi werden." Dieses „Totschlagargument" geht auch Stefanie Lohaus gegen den Strich: „Wer sagt, wir haben in Deutschland kein Problem, weil wir ja Frau Merkel haben, unterschätzt die Situation. Auch wenn die Bundeskanzlerin und andere Politikerinnen sicherlich dafür stehen, wie gut Frauen im Netzwerken sind." […]

Angesichts der Tatsache, dass „in naher Zukunft nicht mit einer ausgewogenen Geschlechterverteilung zu rechnen ist und wir in Deutschland keine Branche identifizieren können, die besonders fortschrittlich ist", so Lucie Schibel von der „AllBright-Stiftung"[2], müssten genau diese Fakten eben doch genauso und „dauernd extra" erwähnt werden. In aktuellen Studien fand die Stiftung, die sich für mehr Frauen und Diversität in den Führungspositionen der Wirtschaft einsetzt, heraus, dass es immerhin in den großen Unternehmen schneller geht als in den kleinen: In den Topetagen börsennotierter Unternehmen in Deutschland sitzen derzeit so viele Frauen wie nie zuvor. 61 Topmanagerinnen in 160 Unternehmen der drei Börsenindizes Dax, MDax und SDax saßen 640 Männer gegenüber – klingt nicht viel, hat sich aber immerhin in fünf Jahren fast verdoppelt. Allerdings: Nur drei Frauen schafften es auf die Position der Geschäftsführerin.

In den Hochschulen zeigt sich ein ähnliches Bild. Nur jede vierte Professur in Deutschland wird von einer Frau besetzt. Die Bundeskanzlerin spricht offen darüber, in ihrer Zeit als Physikstudentin die Männer an der Uni als sehr dominant erlebt zu haben. „Die Ursachen für so wenige Professorinnen werden viel debattiert", sagt Nora Szech. Sie selbst ist Professorin und hat den Lehrstuhl für Politische Ökonomie am Karlsruher Institut für Technologie inne, wo – ähnlich wie an vielen anderen technischen Universitäten – Frauen schon im Studium seltener vertreten sind als Männer. „Das liegt aber nicht am Geschlecht – in Asien und in Südeuropa gibt es auch in der Technologie viele Frauen." Sie vermutet, dass der Grundstein für das Interesse schon in der Schule gelegt werde: „Es ist bemerkenswert, dass das ein hausgemachtes und kein globales Phänomen ist."

Es fehle außerdem an Frauennetzwerken in den technischen Bereichen. „Selbst, wenn man leichte positive Entwicklungen sehen kann – im Vergleich zu den Nachbarländern ist Deutschland immer noch Schlusslicht", betont Szech. Eine deutliche Einkommenslücke zwischen Männern und Frauen – Gender Pay Gap genannt – sowie fehlende Quoten verschleppten die Hoffnung auf eine baldige Besserung der Situation. […] Nora Szech ist der Ansicht, dass Quoten helfen könnten, denn „aus purer Freiwilligkeit tut sich einfach zu wenig, da fehlen klare Anreize". Jede einzelne Frau mit höherem akademischem Status habe eine Signalwirkung und motiviere Studentinnen – was dringend notwendig sei. Denn auch in den Universitäten hätten Frauen die gleichen Probleme wie in anderen Branchen: Vereinbarkeit von Beruf und Familie sei extrem schwierig, und zwar finanziell, organisatorisch und auch emotional. „Ich höre von so vielen Nachwuchsforscherinnen, die eine Weile im Ausland tätig sind, dass sie zögern, nach Deutschland zurückzukehren, weil sie sich viel stärker entscheiden müssten."

Ihr Forschungsgebiet – Ethik und Moral in Wirtschaft und Lehre – liefert Nora Szech hervorragende Argumente für weibliche Führungskräfte. Sie rät den Arbeitgebern dazu, mehr auf Frauen zu setzen. Ein stärkerer moralischer Kompass mache sie weniger korrumpierbar, sie überschätzten sich seltener und sie trügen in der Teammischung zu einem besseren Ergebnis bei. Und ein schneller Blick auf die Länder mit etablierten Frauenquoten zeigt: Die Wirtschaft hat darunter nicht gelitten, im Gegenteil.

Die Gesellschaft müsse sich eben „nur" noch für die Gleichberechtigung entscheiden – in Deutschland offenbar eine extrem hohe soziokulturelle Hürde, weil Männer laut Väterreport der Bundesregierung aus dem Jahr 2018 die fehlende soziale Anerkennung von Familienarbeit oder die Anwesenheitskultur in Unternehmen spüren, Angst vor Einkommensverlust haben und glauben, dass Teilzeitarbeit bei Frauen stärker akzeptiert sei. Klar ist aber auch: Die Situation ändert sich nur nachhaltig, wenn viel mehr Männer aktiver Teil der Lösung werden und nicht Teil des Problems bleiben.

geändert nach: © Mareike Graepel, Frankfurter Rundschau (14. 02. 2020), im Auftrag von www.deine-korrespondentin.de (26. 02. 2020). Dieser Text ist als finaler Teil der achtteiligen Serie „Wie emanzipiert ist Europa?", die das Netzwerk DEINE KORRESPONDENTIN zusammen mit der Frankfurter Rundschau in Auftrag gegeben hatte, erschienen. In deutschsprachigen Medien und in der internationalen Berichterstattung kommen Männer drei bis vier Mal häufiger zu Wort als Frauen – DEINE KORRESPONDENTIN möchte das mit fundierten Geschichten über inspirierende Frauen auf der ganzen Welt ändern.

Anmerkungen

1 In Brandenburg wurde das Paritätsgesetz, das die Frauenquote auf Wahllisten für die Landtagswahl anstrebte, mit dem Urteil des Verfassungsgerichts in Potsdam am 23. 10. 2020 gekippt.

2 Die AllBright Stiftung ist eine gemeinnützige schwedisch-deutsche Stiftung, die sich für mehr Frauen und Diversität in den Führungspositionen der Wirtschaft einsetzt. Der Name AllBright verweist auf ein Prinzip, nach dem Führungsteams mit „the brightest", den Begabtesten, zu besetzen sind, anstatt sich auf die Rekrutierung aus einer immer gleichen homogenen Gruppe zu beschränken.

TIPP **Bearbeitungshinweise**

Teilaufgabe 1: Die erste Teilaufgabe besteht darin, den vorliegenden **Text zusammenzufassen**. Dabei ist es erforderlich, sich **auf das Wesentliche zu konzentrieren**. Denn der Text weist eine hohe Informationsdichte auf (z. B. durch Studien, Expertenmeinungen) und es besteht die Gefahr, sich in Details zu verlieren. Um eine gestraffte Darstellung zu erreichen, müssen Sie den **Text in Sinnabschnitte gliedern** und die Informationen, die darin vermittelt werden, in abstrahierter Form wiedergeben. Stellen Sie Ihrer Zusammenfassung eine **Einleitung** voran, in der die wichtigsten Angaben sowie das Kernthema des Textes genannt werden.

Teilaufgabe 2: Die zweite Teilaufgabe zielt auf eine **Textanalyse** ab, bei der Sie die **Argumentationsstruktur** des Textes herausarbeiten und dessen **sprachliche Gestaltung** berücksichtigen sollen. Überlegen Sie hierzu, welche **Funktion** die einzelnen Sinneinheiten bezogen auf das Textganze erfüllen. Folgende Fragen können Ihnen dabei helfen: Wie führt die Autorin zum Thema hin? Worauf legt sie den Schwerpunkt? Welche weiteren Zusammenhänge stellt sie her? Was hebt sie am Ende des Textes besonders hervor? Wenn Sie bei der Analyse **der Textchronologie folgen**, hilft Ihnen das, die eigenen Ausführungen zu strukturieren. Vergessen Sie dabei nicht, auf den **Titel des Textes** einzugehen. Wichtig ist daneben, **Beobachtungen zu auffälligen sprachlichen Mitteln** in Ihre Analyse zu integrieren. Ihre Befunde müssen Sie anhand von passenden **Zitaten** oder Textverweisen belegen. Im Zuge der Untersuchung des Textes sollten Sie auch auf die **Intentionen der Verfasserin** eingehen.

Teilaufgabe 3: Bei der letzten Teilaufgabe müssen Sie eine **Argumentation** verfassen. Es soll die Frage diskutiert werden, ob die Einführung von **Quoten** eine geeignete Maßnahme zur **Herstellung von Gleichberechtigung** ist. Bevor Sie **Pro- und Kontra-Argumente** darlegen, ist es sinnvoll, zunächst den Zweck dieser Maßnahme und mögliche Ansätze bei der Einführung von Quoten zu erläutern. Im Ausgangstext werden mehrere Gründe genannt, die für eine Quotenregelung sprechen. Es werden jedoch auch Informationen gegeben, die nahelegen, dass mehr Gerechtigkeit zwischen den Geschlechtern auch ohne Quote zu erreichen ist. Kennzeichnen Sie durch **Zitate**, wenn Sie sich auf Aussagen im Text berufen. Daneben ist es ratsam, auch **eigene Überlegungen** in die Diskussion einzubringen. So zeigen Sie, dass Sie auch über die im Text genannten Zusammenhänge hinausdenken können. Die angegebene Punktezahl signalisiert Ihnen, dass Sie sich bei der Argumentation **auf die wichtigsten Aspekte beschränken** können.

Lösungsvorschlag

TEILAUFGABE 1

Einleitung: Basissatz

In dem Bericht *Eine Kanzlerin macht noch keinen Sommer*, der am 14. 02. 2020 in der „Frankfurter Rundschau" erschienen ist, macht Mareike Graepel darauf aufmerksam, dass **Geschlechtergerechtigkeit in Deutschland noch lange nicht erreicht** ist, sei es im Bereich der Politik, der Wirtschaft oder der Forschung. In ihrem Artikel zitiert die Autorin verschiedene Studien und lässt mehrere Expertinnen zu Wort kommen, die auf die strukturelle Benachteiligung von Frauen hinweisen.

Zusammenfassung: Grundsatz der Gleichheit auf Probe im Alltag

Zu Beginn des Textes schildert Graepel, wie sich Stefanie Lohaus, eine Pressesprecherin, und deren Mann die Betreuung ihrer Kinder gleichermaßen aufteilen. Die Autorin weist unter Bezugnahme auf eine Studie darauf hin, dass eine solche Rollenverteilung in Deutschland noch die Ausnahme bildet. Demnach tragen nach wie vor **Frauen die Hauptlast bei der Kinderbetreuung**. Um den im Grundgesetz verankerten Grundsatz der Gleichheit zwischen Mann und Frau zu verwirklichen, besteht der Autorin zufolge gesellschaftlicher Handlungsbedarf.

geringer Frauenanteil in der Politik

Sie zitiert die eingangs genannte Pressesprecherin, die **von der Politik größere Anstrengungen** fordert, damit Frauen nicht strukturell benachteiligt werden. In diesem Zusammenhang führt die Autorin den Vorschlag zweier Ministerinnen an, die sich dafür ausgesprochen haben, dass **Wahllisten abwechselnd mit Frauen und Männern besetzt** werden. Anschließend zeigt Graepel anhand von Zahlen auf, dass der **Frauenanteil bei Abgeordneten sowie Parteien im Deutschen Bundestag unterschiedlich stark ausgeprägt** ist. Nach Ansicht der Pressesprecherin könne der Frauenanteil in der Politik durch eine **bessere Vereinbarkeit von Familie und Beruf** erhöht werden. Graepel verdeutlicht zudem, dass Geschlechtergerechtigkeit in der Politik noch lange nicht erreicht ist. Dass die Bundesregierung von einer Kanzlerin geführt wird, ändere nichts an der Tatsache, dass im Durchschnitt **weniger als ein Drittel der Abgeordneten Frauen** sind.

Bereich der Wirtschaft als männliche Domäne

Im folgenden Abschnitt hebt die Verfasserin hervor, dass ebenso im **Bereich der Wirtschaft** Nachholbedarf besteht. Zwar sind vor allem in den großen Unternehmen immer mehr Frauen in Führungspositionen vertreten, wie eine Stiftung, die sich für mehr Frauen und Diversität in der Wirtschaft einsetzt (vgl. Anmerkungen), herausgefunden hat. Die **Geschäftsführung** in börsennotierten Unternehmen bleibe jedoch fast ausschließlich **Männern vorbehalten**.

Auch im **Hochschulbereich** seien die **Geschlechter besonders ungleich verteilt**, so die Autorin weiter. In Deutschland werde nur jede vierte Professur von einer Frau übernommen. Laut Nora Szech, Professorin für politische Ökonomie, sind dafür mehrere Gründe anzuführen. Besonders an technischen Universitäten seien Frauen unterrepräsentiert. Das führt die Wissenschaftlerin auf eine **fehlgeleitete schulische Erziehung** zurück. Daneben **mangele es** Frauen, die an Hochschulen tätig sind, **an Möglichkeiten, sich zu vernetzen**. Angesichts struktureller Probleme, genannt werden die Einkommenslücke zwischen Männern und Frauen sowie Probleme bei der Vereinbarkeit von Familie und Beruf, spricht sich die Wissenschaftlerin **für eine Quotenregelung** aus.

geringe Anzahl an Professorinnen an Hochschulen

Die Wirtschaft könne von einem höheren Frauenanteil profitieren, denn Frauen würden oftmals über **höhere soziale Kompetenzen** verfügen. Zudem weise die in gemischten Teams geleistete Arbeit eine **höhere Qualität** auf.

Erhöhung des Frauenanteils als Chance für die Wirtschaft

Abschließend betont Graepel, dass es bei der Verwirklichung von Geschlechtergerechtigkeit vor allem **auf die Männer ankomme**. Einem Bericht der Bundesregierung aus dem Jahr 2018 zufolge gibt es mehrere Gründe, weshalb sich Männer bisher eher zögerlich an der Familienarbeit beteiligt haben. Dazu zählen eine traditionelle Unternehmenskultur, Angst um Lohneinbußen sowie starre Rollenbilder.

Rolle der Männer bei der Förderung der Gleichberechtigung

TEILAUFGABE 2

In Deutschland herrscht weitgehend die Auffassung, dass auf dem Weg zur Gleichberechtigung schon einiges erreicht worden ist und dass es in Bezug auf die Chancengleichheit im Prinzip keine Rolle mehr spielt, ob man ein Mann oder eine Frau ist. In ihrem Bericht möchte Mareike Graepel darüber **informieren**, dass **Geschlechtergerechtigkeit hierzulande lange noch nicht verwirklicht** ist, da Frauen in verschiedenen Bereichen des Lebens immer noch benachteiligt werden.

Textanalyse
Hauptintention der Autorin

Dass es noch Defizite bei der Durchsetzung des Gleichheitsgrundsatzes gibt, klingt bereits im **Titel des Berichts** an (*Eine Kanzlerin macht noch keinen Sommer*). Damit spielt die Autorin auf die **Redensart** „Eine Schwalbe macht noch keinen Sommer“ an. Diese ist wie folgt zu verstehen: Nur weil man die erste Schwalbe im Jahr am Himmel sieht, bedeutet das nicht, dass der Sommer schon angebrochen ist. Mit der leicht abgewandelten Redensart bringt Graepel also zum Ausdruck, dass allein die Tatsache, dass es zum ersten Mal in der Geschichte der Bundesrepublik eine **Kanzlerin** gibt, **noch nicht**

Erläuterung des Titels

auf eine umfassende **Verwirklichung von Geschlechtergerechtigkeit schließen** lässt.

Dass es Frauen auch heute noch schwerer als Männer haben, verdeutlicht die Autorin gleich zu Beginn des Artikels. Sie **schildert eine Situation**, in der sich eine Frau für ihre Verspätung entschuldigt, da sie sich noch um ihre kranken Kinder kümmern musste (vgl. Z. 1 f.). Mit diesem szenischen Einstieg erzeugt die Autorin **Interesse bei den Leserinnen und Lesern**, von denen einige diese Situation so oder so ähnlich selbst schon erlebt haben dürften. Anhand einer **Studie** belegt die Autorin, dass das beschriebene Beispiel kein Einzelfall ist. Nach Angaben der Deutschen Angestellten Krankenkasse melden sich Frauen im Schnitt dreieinhalbmal so oft als Männer bei ihrem Arbeitgeber ab, wenn die Kinder krank sind (vgl. Z. 7 ff.). Mit einer **Mischung aus Schilderungen und Fakten** möchte die Verfasserin also ihre Leserschaft für das Problem der Benachteiligung von Frauen sensibilisieren.

szenischer Einstieg und Hinführung zum Kernthema

Sensibilisierung der Leserschaft

Im Anschluss zeigt Graepel auf, dass sich dieser Missstand in verschiedenen Lebensbereichen widerspiegelt. Dabei beruft sie sich zum einen auf **Studien**, zum anderen auf die **Einschätzung von Expertinnen**. So lässt sie Stefanie Lohaus, Pressesprecherin der Europäischen Akademie für Frauen in Wirtschaft und Politik, zu Wort kommen; diese betont, Deutschland dürfe sich mit dem, was bisher in der Politik erreicht worden ist, nicht zufriedengeben (vgl. Z. 15 ff.). Dieses Zitat dient als **Überleitung** vom gesamtgesellschaftlichen **zum politischen Bereich**. Auf diesem Gebiet stünden Frauen immer noch einem „Meer von grauen Anzügen" (Z. 23) gegenüber. Diese **Metapher** kennzeichnet die Situation von Frauen in der Politik auf eindrückliche Weise. Das Meer wird mit schier unendlicher Weite assoziiert. Bezogen auf das Zitat heißt das, dass sich politisch engagierte Frauen einer **übergroßen Mehrheit von Männern**, die als graue Anzugträger umschrieben werden, gegenübersehen. Um stärker zwischen den einzelnen politischen Parteien zu differenzieren, legt die Autorin auf Basis von Fakten dar, wie hoch der Frauenanteil bei Abgeordneten und in den Parteien im Bundestag ist (vgl. Z. 27–37).

Defizite in der Bundespolitik

Dominanz der Männer in der Politik

Graepels Ausführungen zur Situation von Frauen in der Politik tragen überwiegend informierenden Charakter. Das spiegelt sich zum einen an der **hohen Dichte von Fachausdrücken** wider (z. B. „Parität", Z. 16; „patriarchisch", Z. 22; „Limitierung", Z. 39). Zum anderen hält sich die Autorin mit Meinungsäußerungen zurück und stellt stattdessen die **Einschätzung von Expertinnen in den Vordergrund**. An manchen Stellen weist der Bericht jedoch eine **subjektive Färbung** auf. So hebt Graepel hervor, dass der Frauenanteil

Information im Vordergrund, daneben subjektive Färbung

bei den Abgeordneten in Deutschland weniger als ein Drittel beträgt und damit „so hoch **wie im Südsudan**" (Z. 47) ist. Durch diesen **Vergleich** wird nahegelegt, Deutschland befinde sich auf der Stufe eines Entwicklungslandes, wenn es um Gleichberechtigung in der Politik geht. Die Tatsache, dass an der Spitze der Regierung kein Kanzler, sondern eine Kanzlerin steht, ist nach Ansicht der Autorin kein Gegenbeweis, sondern ein „**Totschlagargument**" (Z. 49 f.). Mit diesem **abwertenden Begriff** bringt die Verfasserin zum Ausdruck, dass allein die Tatsache, dass eine Frau Kanzlerin geworden ist, noch kein Beleg für eine gelungene Entwicklung beim Thema Gleichberechtigung ist.

aussagekräftiger Vergleich

Im Folgenden verdeutlicht Graepel, dass es um die Gleichberechtigung zwischen Männern und Frauen auch in den **Bereichen Wirtschaft und (universitäre) Bildung** schlecht steht. Ihr argumentatives Vorgehen folgt dabei dem bereits bekannten Muster. Die Verfasserin beruft sich auf **Studien** (vgl. Z. 58–65) und lässt **Expertinnen zu Wort** kommen. Stellvertretend für Frauen in der Wirtschaftsbranche äußert sich Lucie Schibel von der AllBright-Stiftung, die beklagt, dass „wir in Deutschland **keine Branche** identifizieren können, die [in Bezug auf Geschlechtergerechtigkeit] besonders **fortschrittlich** ist" (Z. 55 f.). Als Vertreterin des Hochschulbereichs wird Nora Szech, eine Professorin an der Universität Karlsruhe, zitiert. Szech vertritt die Ansicht, eine **Quotenregelung** könne an den Hochschulen zur Förderung der Geschlechtergerechtigkeit beitragen (vgl. Z. 82 f.), und verweist auf bestehende Schwierigkeiten bei der Vereinbarkeit von Familie und Beruf (vgl. Z. 86 f.).

Ausweitung der Problembereiche

Quotenregelung als möglicher Lösungsansatz

Nachdem die Autorin aufgezeigt hat, dass Männer und Frauen in verschiedenen Lebensbereichen immer noch nicht dieselben Voraussetzungen vorfinden, nennt sie ökonomische Gründe, die für verstärkte Anstrengungen beim Thema Gleichberechtigung sprechen. So sei es geboten, den Frauenanteil in Unternehmen zu erhöhen, denn Frauen seien „**weniger korrumpierbar**, sie **überschätzten sich seltener** und sie trügen in der Teammischung zu einem **besseren Ergebnis** bei" (Z. 92 ff.). Durch diese **Aufzählung** wird hervorgehoben, dass die Erhöhung des Frauenanteils in der Wirtschaft in mehrfacher Hinsicht Chancen bietet.

Gründe für einen höheren Frauenanteil

Abschließend betont Graepel, dass Gleichberechtigung **nur unter Mitwirkung von Männern** erreicht werden könne. Eine Herausforderung bestehe dabei in der **Überwindung des traditionellen Männerbildes**. Laut Väterreport der Bundesregierung aus dem Jahr 2018 ist die Beteiligung von Männern an der Familienarbeit mit Ängsten und fehlender Anerkennung verbunden. Hier gelte es, Abhilfe zu schaffen, denn Männer seien „**Teil der Lösung […] und nicht Teil**

Verweis auf die Rolle von Männern

des Problems" (Z. 102). In Form einer **Antithese** wird hier hervorgehoben, dass sich auch an der Einstellung von Männern etwas ändern muss, um Geschlechtergerechtigkeit zu erreichen.

Intentionen der Verfasserin

Insgesamt bleibt also festzuhalten, dass die Autorin über Defizite bei der Verwirklichung von Geschlechtergerechtigkeit in den Bereichen Wirtschaft, Politik und Bildung **informieren** will. Auf Basis von Studien und Expertenmeinungen will sie davon **überzeugen**, dass man über die Einführung einer **Quotenregelung** nachdenken müsse. Nicht zuletzt macht sie darauf aufmerksam, dass auch bezüglich der **Rollenerwartungen an Männer** ein Wandel nötig sei, um dem Grundsatz der Gleichheit zwischen Männern und Frauen besser gerecht zu werden.

TEILAUFGABE 3

Erläuterungen zur Quotenregelung

In Deutschland sind Männer und Frauen gleichberechtigt. Dennoch ist festzustellen, dass **Frauen** manchmal **nicht die gleichen Chancen** wie Männer haben, vor allem im Beruf. Das führt dazu, dass Frauen in Bereichen wie Wirtschaft und Politik, aber auch an Hochschulen **unterrepräsentiert** sind. **Quotenregelungen sollen diesem Missstand entgegenwirken**. In der Politik könnten Parteien festlegen, dass **Wahllisten** jeweils abwechselnd mit einem Kandidaten und einer Kandidatin gefüllt werden. **Doch auch auf anderen Gebieten** kommt eine Quote infrage, etwa im Bildungsbereich oder in Vereinen. Debatten um die Einführung von Quoten werden zum Teil heftig geführt. Daher soll im Folgenden diskutiert werden, ob diese Maßnahme zur Herstellung von Gleichberechtigung geeignet ist.

Pro-Argument: Durchsetzen der Gleichberechtigung

Zunächst ist anzuführen, dass mit einer Durchsetzung von Quoten in verschiedenen Bereichen die Chance verbunden ist, auf dem Weg zur Verwirklichung von **Geschlechtergerechtigkeit ein großes Stück voranzukommen**. Auch wenn in den letzten Jahren und Jahrzehnten viel erreicht wurde, darf nicht übersehen werden, dass auch 70 Jahre, nachdem der Gleichheitsgrundsatz im Grundgesetz verankert wurde, Frauen **immer noch weniger verdienen** (vgl. Z. 80) und **seltener in Führungspositionen** vertreten sind (vgl. z. B. Z. 62 f.).

wegen veralteten Rollenbildern: Notwendigkeit von Vorgaben

Das liegt unter anderem an **starren Rollenbildern**, die dazu führen, dass Frauen berufliche Ambitionen zugunsten der Familie zurückstellen. Das zeigt sich beispielsweise daran, dass sich Frauen etwa dreieinhalbmal so oft wie ihre männlichen Kollegen bei ihren Arbeitgebern abmelden mit der Begründung, sich um die kranken Kinder kümmern zu müssen (vgl. Z. 8 f.). Ohne **verbindliche Vorgaben**, etwa in Form von Quotenregelungen, werden feste Rollenbilder in Bezug auf die Gleichberechtigung von Männern und Frauen weiterhin ein negatives Potenzial entfalten.

Kritikerinnen und Kritiker weisen jedoch darauf hin, dass wir in einer freiheitlich-demokratischen Ordnung leben und **Zwang kein geeignetes Mittel** ist, um gesellschaftliche Veränderungen voranzubringen. Das Prinzip der Freiheit ist in unserer Gesellschaft fest verankert, etwa in Form der **unternehmerischen Freiheit**. Ebenso können politische **Parteien frei bestimmen**, wie sie sich definieren und welche Satzungen in ihrer Vereinigung gelten sollen. Eine Quotenregelung steht diesem Prinzip entgegen. Die **Justiz** trägt Sorge dafür, dass Verstöße gegen den Grundsatz der Freiheit geahndet werden. So ist es zu erklären, dass das „**Paritätsgesetz**, das die Frauenquote auf Wahllisten für die Landtagswahl [in Brandenburg] anstrebte" (vgl. Anmerkungen), **vom Verfassungsgericht gekippt** wurde. Das Urteil stärkte damit nicht nur das Recht der Parteien, über ihre Satzungen selbst zu bestimmen, sondern auch die Position von Frauen in der Politik. Diese müssen sich nicht dem **Vorwurf aussetzen, allein aufgrund der Quote zu ihrem Amt gekommen zu sein.** Sowohl aus rechtlicher als auch aus gesellschaftlicher Sicht sind also Maßnahmen, die Gerechtigkeit per Quote erzwingen wollen, kritisch zu beurteilen.

Kontra-Argument: Widerspruch zum Freiheitsprinzip

Beispiel: Kippen der Quote bei Wahl in Brandenburg

Meiner Meinung nach sollte **auf die Einführung von Quoten verzichtet** werden. Das Ziel, auf diese Weise für mehr Gleichberechtigung zu sorgen, ist zwar redlich. Allerdings entspricht das gewählte Mittel nicht dem **Grundsatz der Freiheit**, der in unserer Gesellschaft ebenfalls einen hohen Stellenwert hat. Daher sollten aus meiner Sicht **andere Wege** gefunden werden, um Prozesse, die zu mehr Geschlechtergerechtigkeit führen, zu beschleunigen. Dazu zählt etwa die stärkere Präsenz weiblicher Vorbilder in den Medien, eine elternfreundliche Arbeitszeitregelung, ausreichende Möglichkeiten zur Kinderbetreuung oder das Bestreben, Mädchen bereits in der Schule für technische Berufe zu begeistern.

Fazit

BILDUNGSGERECHTIGKEIT IN DER CORONA-KRISE

Aufgabenstellung

1 Fassen Sie den vorliegenden Zeitungsartikel *Bildung in der Corona-Krise: Macht die Schulen auf!* von Michael Wrase (Material) zusammen. (35 BE)

2 Arbeiten Sie aus dem vorliegenden Text *Bildung in der Corona-Krise: Macht die Schulen auf!* von Michael Wrase (Material) die Intentionen des Autors heraus. Analysieren Sie die Argumentationsstruktur und die sprachlichen Mittel, mit denen der Autor seine Intentionen unterstützt. (40 BE)

3 Entwickeln Sie verschiedene Maßnahmen, die dazu dienen, sozialer Benachteiligung in Schulen (auch während einer Pandemie) entgegenzuwirken. (25 BE)

Material Michael Wrase[1]: Bildung in der Corona-Krise: Macht die Schulen auf!

[…] Noch vor den Sommerferien [2020] sollen alle Schülerinnen und Schüler zumindest tageweise wieder in den Präsenzunterricht. Gleichzeitig werden weitreichende Hygienevorschriften eingeführt, und alle sollen einen Mindestabstand von 1,5 Metern zueinander einhalten. Viele fragen: Wozu das Ganze? Kann das gut gehen?

Schon regt sich heftige Kritik. Befürchtet wird ein erhebliches Ansteigen der Infektionen. Dabei wird angenommen, dass sich Kinder durch den engen Kontakt in der Schule besonders schnell und unkontrolliert anstecken. Politiker wie der SPD-Gesundheitsexperte Karl Lauterbach[2] halten die Schulöffnungen zum jetzigen Zeitpunkt daher für falsch und gefährlich. Die Entscheidung der Bundesländer wird teilweise als Klientelpolitik[3] gebrandmarkt, zugunsten der Eltern, die Entlastung brauchen, zugunsten der Wirtschaft, die auf Arbeitskräfte angewiesen ist und so schnell wie möglich zur Normalität zurückkehren will. Auf Kosten der Gesundheit von uns allen.

Die Vehemenz der Kritik ist erstaunlich, hat doch selbst das vorsichtig agierende Robert Koch-Institut […] eine schrittweise und altersbezogene Wiedereröffnung der Schulen ausdrücklich als „fachlich vertretbar" eingestuft. Vor allem verwundert es, wenn Politiker wie Lauterbach in ihren Statements die sozial- und bildungspolitischen Folgen der Schließung von Bildungseinrichtungen völlig außer Betracht lassen. Denn genauso, wie es auf der einen Seite um den Schutz der Gesundheit aller Bevölkerungsgruppen geht, steht auf der anderen Seite doch viel mehr auf dem Spiel als rein wirtschaftliche Interessen oder der Wunsch nach Rückkehr in den erwünschten Arbeits- und Schulalltag. […]

Kinder- und Jugendliche haben ein Recht auf Bildung. Es ist ein Menschenrecht, das bereits in der Allgemeinen Erklärung der Menschenrechte von 1948 verankert ist und in einer Reihe verbindlicher Übereinkommen wie etwa der UN-Kinderrechtskonvention garantiert wird. Es ist ein elementares Recht, weil es die Grundlage für Teilhabe und Chancengerechtigkeit schafft. Dieses Recht ist momentan für viele Kinder, gerade auch solche aus ärmeren Familien, ausgesetzt. Die weiteren Schritte zur Wiedereröffnung der Schulen sind daher kein gesundheitspolitisches Vabanquespiel[4], sondern aus menschenrechtlicher Sicht notwendig und richtig.

Betroffen sind vor allem die Kinder, die nicht das Glück haben, in eine Familie hineingeboren zu sein, in der ihre Eltern die Rolle von Ersatzlehrern im sogenannten Homeschooling übernehmen können – weil sie aus sozial benachteiligten Lebensverhältnissen kommen, nicht Deutsch als Muttersprache sprechen oder sonst mit den akademischen Bildungsinhalten nicht vertraut sind. Für Kinder aus Familien mit weniger Geld ist nicht selten schon der Zugang zu einem leistungsfähigen Computer oder Internetanschluss eine hohe Hürde – vom selbst organisierten Umgang mit digitalen Lernräumen oder schicken Lern-Apps ganz zu schweigen. Diesen Schülern fehlt in beengten Wohnverhältnissen oft die angemessene Lernumgebung, ihnen fehlt die Struktur des Schulalltags und nicht zuletzt der unmittelbare Kontakt zu ihren Lehrern.

In der Bildungsforschung besteht Einigkeit. Mit jedem Tag Abstand zur Schule wächst der Lernabstand zwischen den Kindern abhängig von ihrer Herkunft und ihrem Bedarf an Lernunterstützung. So steht es auch in einem offenen Brief an die Kultusministerkonferenz, den renommierte Vertreterinnen und Vertreter aus der Bildungswissenschaft und -praxis verfasst haben. Sie fordern, sozial benachteiligte Kinder bei der schrittweisen Öffnung der Schulen bevorzugt zu berücksichtigen. […]

Eingriffe in Menschenrechte der Kinder, wie sie durch die Schließung der Schulen und Kitas geschehen, können natürlich aus Gründen des Gesundheitsschutzes gerechtfertigt sein. Den Staat trifft eine Schutzpflicht für die Gesundheit in der Schule. Das Recht auf Leben und Gesundheit hat völkerrechtlich und auch im Grundgesetz einen hohen Rang. Aber es steht eben nicht allein und über allen anderen Rechten.

Vor allem muss die Verhältnismäßigkeit beachtet werden. Das heißt konkret, dass die Schulschließungen überhaupt geeignet sein müssen, die gesundheitlichen Gefahren abzuwehren. Und sie müssen erforderlich und zumutbar sein. Das wiederum bedeutet, dass man genau schauen muss, ob es nicht weniger einschneidende Maßnahmen gibt, mit denen das Ziel ebenso gut erreicht werden kann.

[…]

Beim vorliegenden Informations- und Wissensstand wäre es kaum vertretbar, die Schulen weiter komplett geschlossen zu halten und damit das Menschenrecht auf Bildung für alle Kinder einzuschränken. Die von den Kultusministern angekündigte behutsame schrittweise Öffnung der Schulen ist der richtige Weg, wenn dies durch ein effektives Monitoring[5] der Gesundheitsbehörden begleitet wird. Das Recht auf Bildung muss für alle Kinder verwirklicht werden.

[…] Sie müssen die Förderung erhalten, die es für einen guten Bildungsstand braucht, gegebenenfalls ergänzt durch eine Förderung über den Sommer.

Daran wird man die Politik messen müssen. Aus menschenrechtlicher Sicht ist außerdem zentral, sozial benachteiligte Schüler und diejenigen, die auf besondere pädagogische Unterstützung angewiesen sind, bevorzugt in die Schulen zurückzuholen. Ihre Unterstützung steht jetzt im Vordergrund, um ein weiteres Auseinandergehen der Bildungsschere zu verhindern.

geändert nach: Wrase, Michael: Bildung in der Corona-Krise: Macht die Schulen auf!, ZEIT Online, 04. 05. 2020. https://www.zeit.de/gesellschaft/2020-05/bildung-coronavirus-krise-schuloeffnungen-menschenrecht (abgerufen am 25. 08. 2020).

Anmerkungen

1 Michael Wrase, Professor für Öffentliches Recht mit den Schwerpunkten Sozial- und Bildungsrecht an der Stiftung Universität Hildesheim
2 *Prof. Karl Wilhelm Lauterbach (*1963):* deutscher Politiker (SPD), Mediziner, Gesundheitsökonom und Epidemiologe; seit 2005 Mitglied des Deutschen Bundestages.
3 die Interessen bestimmter Gruppen vertretende Politik
4 *Vabanque (franz.):* Im übertragen Sinne bezeichnet Vabanque eine riskante Vorgehensweise, bei der man alles aufs Spiel setzt.
5 systematische Überwachung aktiv laufender Prozesse

TIPP **Bearbeitungshinweise**

Teilaufgabe 1: Sie sollten mit einem **Einleitungssatz** beginnen, in dem Sie den Titel des Textes, den Namen des Autors sowie das Veröffentlichungsdatum und den Erscheinungsort angeben. Benennen Sie dann knapp das **Hauptthema des Textes** und die **Intention des Verfassers**. Im Anschluss daran geben Sie in gekürzter Form und in eigenen Worten zentrale Aussagen aus Michael Wrases Text wieder. Ihre Zusammenfassung sollte **sachlich formuliert** sein. Wenden Sie den Konjunktiv an, um die Auffassung von Michael Wrase wiederzugeben, und schreiben Sie im Präsens. Nimmt der Autor auf Vergangenes Bezug, dann verwenden Sie die Zeitform des Perfekt.

Teilaufgabe 2: Untersuchen Sie den Zeitungsartikel gründlich im Vorfeld, unterstreichen Sie Textpassagen, notieren Sie sich **inhaltliche sowie sprachliche Besonderheiten** und gliedern Sie den Artikel in Sinnabschnitte. Nach der Analyse sollten Sie die **Intention des Autors** darlegen. Hilfreich für die Formulierung Ihrer Ergebnisse sind aussagekräftige Verben, z. B.: „Der Autor informiert, kommentiert, appelliert, fordert, deckt auf, beklagt, warnt …"
Mit der **Darlegung der Argumentationsstruktur** zeigen Sie auf, wie der Text inhaltlich aufgebaut ist und welche Argumenttypen mit welcher Wirkungsabsicht verwendet werden. Stellen Sie dar, inwiefern der Autor sachverständig, tiefgründig oder ausgewogen argumentiert und ob er seine Thesen ausreichend begründet und mit stichhaltigen Beispielen belegt.
Mithilfe der **Sprachanalyse** sollen Sie zeigen, welche Wirkung die Formulierungen von Michael Wrase bei seiner Leserschaft erzeugen. Achten Sie dabei unter anderem auf die Wortwahl, den Satzbau, die Satzzeichen sowie die rhetorischen Stilmittel. In einem abschließenden **Fazit** sollten Sie Ihre Analyseergebnisse zusammenfassen.

Teilaufgabe 3: Diese Aufgabe sieht vor, dass Sie **eigene Lösungsansätze zu dem genannten Problem** der sozialen Benachteiligung in Schulen formulieren. Dafür sollten Sie einleitend kurz den jeweiligen Missstand benennen, auf den Sie sich beziehen. Auf der Basis Ihrer eigenen Erfahrungen – auch im Hinblick auf die Coronapandemie – und Ihres Hintergrundwissens sollen Sie dann strukturiert und begründet darstellen, welche Maßnahmen Sie entwickeln würden. Obwohl die Aufgabenstellung viel Raum für Kreativität lässt, sollten Sie auf eine **nachvollziehbare und logische Gedankenführung** Wert legen. Thematisieren Sie beispielsweise auch immer die Umsetzbarkeit der von Ihnen vorgeschlagenen Maßnahmen.

Lösungsvorschlag

TEILAUFGABE 1

Michael Wrase fordert in seinem Kommentar *Bildung in der Corona-Krise: Macht die Schulen auf!*, erschienen in „ZEIT Online“ am 04. 05. 2020, noch während der Pandemie eine **Schulöffnung für alle Kinder und Jugendlichen** unter Beachtung von Schutzmaßnahmen und rechtfertigt diesen Schritt mit dem Menschenrecht auf Bildung.

Einleitung: Basisinformationen zum Text

Am Anfang des Textauszuges steht die Absichtserklärung der Bundesländer, vor den Sommerferien 2020 die Schulen schrittweise unter Einhaltung der Gesundheitsvorschriften zu öffnen. Gegen diese geplante Maßnahme rege sich Widerstand. SPD-Politiker Karl Lauterbach sei gegen eine Schulöffnung, da er deswegen eine **Ansteckungswelle** befürchte. Den Bundesländern werde im Falle einer Öffnung vorgeworfen, sie beugten sich den Wünschen der Wirtschaft, der die Arbeitskräfte fehlten, sowie der überlasteten Eltern. Dem hält der Autor die Empfehlung des Robert Koch-Instituts entgegen, das für eine **altersgemäß angepasste Öffnung der Institutionen** sei. Mit Hinweis auf Lauterbachs einseitige Haltung für den Gesundheitsschutz kontert der Autor, dass es daneben auch ein **Recht auf Bildung** gebe.

Zusammenfassung:

Debatte um Schulöffnungen 2020

Die **Allgemeine Erklärung der Menschenrechte** von 1948 sowie die **UN-Kinderrechtskonvention** garantierten das allgemeine Recht auf Bildung. Vor allem Kinder aus weniger begüterten Familien profitierten davon und erhielten die Möglichkeit, an der gesellschaftlichen Entwicklung chancengerecht teilzuhaben. Auf dieses Recht müssten die Kinder derzeit verzichten.

Rechte von Kindern und Jugendlichen

Konkrete Benachteiligungen und damit fehlende Chancengerechtigkeit würden beispielsweise dadurch entstehen, dass viele Schülerinnen und Schüler zuhause nicht ausreichend Deutsch sprechen oder aus einem bildungsfernen Haushalt kommen. Darüber hinaus drücke sich materielle Armut in **fehlender technischer Ausstattung** für die Distanzbeschulung aus. Auch mangele es manchen Kindern an einer passenden **Lernumgebung**, einer zum Lernen geeigneten **Tagesstruktur** sowie dem persönlichen Kontakt zu den Lehrkräften.

Schwierigkeiten bei Distanzunterricht

Michael Wrase sieht durch die Distanzbeschulung eine **wachsende Bildungsbenachteiligung für diese Kinder** und beruft sich auf einen offenen Brief von Experten aus dem Bildungssektor an die Kultusministerkonferenz, der ebenfalls die Schulöffnung fordere.

Chancenungleichheit

Zwar sei der Staat für den Gesundheitsschutz der Bevölkerung zuständig, um dessen völkerrechtlich und im Grundgesetz festgeschriebenes **Recht auf Leben und Gesundheit** zu gewährleisten. Jedoch käme es auf die **Verhältnismäßigkeit** an und die Maßnahmen müssten im Hinblick auf deren Eignung zur Gefahrenabwehr, auf die Erforderlichkeit und Zumutbarkeit geprüften werden. Weniger radikale Möglichkeiten müssten erwogen werden.

juristische Abwägung der Maßnahmen

Der Autor kommt zu dem Schluss, dass – zum Stand der Veröffentlichung – die Schulen unter Einhaltung der an die Entwicklung angepassten Hygienemaßnahmen wieder öffnen sollten, um das Recht auf Bildung zu gewährleisten. Möglicherweise könnten über den Sommer **Fördermaßnahmen** installiert werden, um gerade Kindern und Jugendlichen aus sozial weniger privilegierten Familien einen Anschluss zu ermöglichen und damit die Distanz zwischen den Bildungsniveaus zu verringern.

Wrases Plädoyer für Schulöffnungen

TEILAUFGABE 2

Intention des Autors:

Michael Wrase kommentiert das Vorhaben der Kultusministerien, die Schulen vor den Sommerferien 2020 für Kinder und Jugendliche zu öffnen. Er bleibt dabei vage, welche Bundesländer diesen Plan verfolgen. Er appelliert an die Politik, insbesondere die Kultusministerien der Bundesländer, **auch während der Pandemie den Schulbetrieb situationsangemessen für alle Kinder und Jugendlichen wieder aufzunehmen**. Er rechtfertigt diesen Schritt, indem er eine Grundrechtsabwägung zwischen staatlich verordnetem Gesundheitsschutz der Bevölkerung und dem Recht auf Bildung und Teilhabe an der Gesellschaft vornimmt.

Wrases Appell an Politik

Argumentationsstruktur:

Wrase skizziert, welchen Widerstand diese Bestrebungen hervorrufen würden. Die Gegner führen als Autorität den SPD-Politiker Karl Lauterbach an, der eine schnelle Ansteckungswelle bei Schulöffnung prognostiziere. Außerdem gäbe es Vorwürfe, die Bundesländer würden eine **einseitige Interessenpolitik** vertreten und dem Druck der Wirtschaft, einiger überlasteter Eltern sowie dem Wunsch nach Normalität nachgeben (vgl. Z. 5–12). Erneut lässt der Autor offen, wer diese Vorwürfe erhebt und wie sie konkret lauten.

Im Anschluss dementiert der Autor die gegnerischen Argumente. Beispielsweise stellt er dem Mediziner Karl Lauterbach die **Autorität des Robert Koch-Instituts** (RKI) entgegen, das eine Schulöffnung für „vertretbar" (Z. 15) halte. Darüber hinaus wirft er dem SPD-Politiker Lauterbach eine einseitige Beachtung des Gesundheitsschutzes unter Missachtung der „sozial- und bildungspolitischen" (Z. 16) Konsequenzen vor.

Kritik an Argumenten der Gegner

Um seiner Forderung nach Schulöffnung mehr Gewicht zu verleihen, informiert Michael Wrase die Leserschaft über **Fakten zum Recht auf Bildung** in der Allgemeinen Erklärung der Menschenrechte von 1948 sowie der UN-Kinderrechtskonvention (vgl. Z. 22–26). Beispielhaft hebt er nachfolgend konkrete Situationen der Benachteiligung von besonders schutzwürdigen Kindern und Jugendlichen in der Homeschooling-Situation hervor. Sie seien besonders auf die Einhaltung des Grundrechts auf Bildung angewiesen, da sie **keine optimalen Voraussetzungen für Distanzunterricht** hätten (vgl. Z. 30–39).

Informationen zur Rechtslage

erhöhte Dringlichkeit bei leistungsschwachen Schülern

Mit dem vagen Hinweis auf einen offenen Brief von namhaften „Vertreterinnen und Vertretern aus der Bildungswissenschaft- und praxis" (Z. 43 ff.) an die Kultusministerkonferenz, versucht er seine Forderung mit einem **Expertenargument** zu stärken. Es werden im Textauszug jedoch keine näheren Angaben zu diesem Brief gemacht, sondern lediglich die Kernaussage aus dem erwähnten offenen Brief zusammengefasst. Wrase behauptet, dass in diesen Kreisen „Einigkeit" (Z. 40) bestehe und diese Fachleute aus dem Bildungssektor forderten, „sozial benachteiligte Kinder bei der schrittweisen Öffnung der Schulen bevorzugt zu berücksichtigen" (Z. 44 f.).

offener Brief von Expertinnen und Experten

Es folgt eine Einräumung, in der Wrase dem Staat eine Schließung von Kindertagesstätten und Schulen zugunsten des Gesundheitsschutzes mit Hinweis auf Völkerrecht und Grundgesetz zubilligt (vgl. Z. 46–50). Er fügt jedoch eine Einschränkung hinzu, indem er auf die Verhältnismäßigkeit hinweist. Der Autor konkretisiert diesen Aspekt, indem er die juristischen **Kriterien für die Verhältnismäßigkeit von Schutzmaßnahmen** anführt: die Eignung der Schutzmaßnahme, um die Gesundheitsgefahr abzuwenden (vgl. Z. 51 ff.), deren Erforderlichkeit bzw. Zumutbarkeit sowie die Prüfung, ob weniger gravierende Maßnahmen ebenso zum Erfolg führen würden (vgl. Z. 53 ff.).

Einräumung: Verhältnismäßigkeit der Pandemie-Maßnahmen

Zusammenfassend stellt Wrase fest, dass es nicht vertretbar sei, die Schulen weiterhin vollständig geschlossen zu halten (vgl. Z. 57 ff.). Er bezieht sich dabei auf den Beginn des Artikels, indem er dem Plan der Kultusministerien zur langsamen, an die Pandemie angepassten Schulöffnung unter Einhaltung von Schutzmaßnamen ausdrücklich zustimmt. Er fordert darüber hinaus, dass sozial benachteiligte Schülerinnen und Schüler **Förderkurse während der Sommerzeit** erhalten sollten, um Bildungslücken aufzuarbeiten. Mit dem Appell, gerade diese Schülerinnen und Schüler bei der Schulöffnung zu bevorzugen, schließt Michael Wrase seinen Kommentar. Und er warnt die Politik, dass sie für das Auseinanderklaffen der „Bildungsschere" (Z. 68 f.) verantwortlich sei.

Wrases Schlussfolgerung

Forderung nach weiteren Fördermaßnahmen

Bereits im **Titel** appelliert Michael Wrase mit dem einleitenden Imperativ an die Politik: „Macht die Schulen auf!". Das Ausrufezeichen unterstreicht, wie ernst und eilig es dem Professor für Öffentliches Recht damit ist. Im ersten Absatz stellt er seine Forderung auf, wobei schnelles Handeln für ihn eine entscheidende Größe darstellt, denn er beginnt diesen Absatz mit dem gesetzten Zeitpunkt „Noch vor den Sommerferien ...". Dass er von seiner Forderung keine Schulform ausnimmt und eine breitflächige Öffnung für nötig hält, verdeutlicht seine umfassende Mengenangabe „alle Schülerinnen und Schüler". Seine Einschränkung „zumindest tageweise" (Z. 1 f.) stellt ein **Zugeständnis an mögliche Kritiker** dar. Um diese für sich zu gewinnen sowie um Eltern zu beruhigen, schließt er direkt im Anschluss die Versicherung an, dass diese Öffnung „[g]leichzeitig" (Z. 2) mit den gängigen Schutzmaßnahmen einhergehen solle. Damit stellt er sich als verantwortungsbewusst dar.

sprachlich-argumentative Mittel:

Schulöffnung für alle

Die Sorgen einer großen Anzahl von Kritikern fasst er mit den zwei anschließenden, allgemeinen Fragen **in einfachen, teils elliptischen Sätzen und in umgangssprachlicher Formulierung** zusammen: „Wozu das Ganze? Kann das gut gehen?" (Z. 4). Michael Wrase lädt die Leserschaft dazu ein, sich auf die weiteren Ausführungen einzulassen, und zeigt damit auch ein Bewusstsein dafür, dass sein Ansatz in der Gesellschaft kontrovers gesehen wird („heftige Kritik", Z. 5).

Wirkung der offenen Fragen

Die Kritik an der Schulöffnung stellt er mit jeweils **zweifacher Verstärkung** dar, wodurch die Bedrohung größer erscheint: Kinder würden sich „besonders schnell und unkontrolliert" infizieren. Experte Karl Lauterbach halte die Öffnung für „falsch und gefährlich" (Z. 9). Michael Wrase fasst die Position der Schulöffnungsgegner am Absatzende zusammen: „Auf Kosten der Gesundheit von uns allen" (Z. 12), wobei der **Schulterschluss mit der Leserschaft** durch das verbindende „uns" heraussticht – es unterstreicht, dass alle von der Situation gleichermaßen betroffen seien.

Wrases Darstellung der Gegenseite

Hinwendung zur Leserschaft

Der Jurist Wrase formuliert seine **Kernthese in einem prägnanten Satz:** „Kinder- und Jugendliche haben ein Recht auf Bildung." (Z. 22) Im Anschluss informiert er die Leserinnen und Leser über diesen historisch gewachsenen Rechtsanspruch auf Bildung (vgl. Z. 22 ff.) und belegt seine Fachkenntnis weiter, indem er sich auf die „UN-Kinderrechtskonvention" (Z. 24 f.) beruft. Mit diesem zweifachen Hinweis versucht Michael Wrase der Leserschaft deutlich zu machen, um welches wesentliche Grundrecht es geht, das es hier im Verhältnis zum Recht auf Gesundheit zu verteidigen gelte. Den **Vorwurf der Kritiker, eine Schulöffnung sei gesundheitspolitisch riskant** („Vabanquespiel", Z 28), entkräftigt er mit dem Hinweis auf das Menschenrecht (vgl. Z. 29).

präzise Benennung der rechtlichen Problematik

Pochen auf Grundrecht

Im Anschluss führt Wrase konkrete Beispiele für diese mangelnde Teilhabe und fehlende Chancengleichheit bei Schülerinnen und Schülern während einer Homeschooling-Phase an. Er startet mit einer Art **Definition der möglichen Opfer dieser Situation:** „Betroffen sind vor allem die Kinder, die nicht das Glück haben […]" (Z. 30). Die Verneinung („nicht das Glück") stellt heraus, dass die sozial benachteiligten Kinder sich nicht in einer schuldhaft verursachten Situation befänden – Wrase betont dadurch noch einmal den **Schutzauftrag**, den die Gesellschaft für diese Kinder habe.

Verantwortung gegenüber benachteiligten Kindern

Michael Wrase führt die Schwierigkeiten auf: Betroffen seien Kinder aus sozial benachteiligten Elternhäusern, in denen die Eltern nicht „die Rolle von Ersatzlehrern" (Z. 31) übernehmen könnten, u. a. weil kein Deutsch als Muttersprache gesprochen werde oder es sich um bildungsferne Haushalte handele (vgl. Z. 32 ff.). Die **Akkumulation der Widrigkeiten** verstärkt den Eindruck der Benachteiligung. Die Alliteration „hohe Hürde" (Z. 36) impliziert das **Bild eines kaum überwindbaren Hindernisses** und die Unerreichbarkeit des Zieles dahinter und trennt noch einmal zwischen Kindern, die Zugang zur Technikausstattung haben, und anderen, die diese Möglichkeiten nicht haben. Er zählt im Anschluss weitere **Dimensionen der Benachteiligung** auf: „beengt[e] Wohnverhältniss[e]" (Z. 37 f.), mangelnde „Struktur des Schulalltags" (Z. 38 f.) und den fehlenden „Kontakt zu […] Lehrern" (Z. 39).

Auflistung von Nachteilen des Distanzunterrichts

Der Autor Wrase **stellt die Menschenrechte der Kinder dem Gesundheitsschutz gegenüber** (vgl. Z. 46 f.). Zunächst räumt er ein, dass die Schließungen von Kindertagesstätten und Schulen sowohl völkerrechtlich wie auch durch das Grundgesetz gerechtfertigt seien (vgl. Z. 48 ff.). Im Anschluss schränkt er am Absatzende dieses Recht jedoch mit Verweis auf andere Rechte ein: „Aber es steht eben nicht allein und über allen anderen Rechten." (Z. 50). Die Wortwahl macht das Dilemma deutlich, für das der Autor auf diese Weise auch Verständnis signalisiert. Wrase rückt daraufhin den Aspekt der „Verhältnismäßigkeit" (Z. 51) in den Fokus und **bedient sich juristischer Definitionen**, wenn er fordert, dass sowohl die Geeignetheit der Mittel, deren Erforderlichkeit, Zumutbarkeit und Angemessenheit gegeben sein müssten (vgl. Z. 52 f.).

juristische Expertise des Autors

Wrases Verständnis für problematische Lage

Mit Hinweis auf die dynamische Entwicklung fordert er erneut, dass die Schulen, wenigstens teilweise, wieder geöffnet werden müssten, damit das Recht der Kinder auf Bildung nicht weiter eingeschränkt werde (vgl. Z. 57 ff.). Mit Rückbezug auf den Anfang des Artikels lobt er daher das Vorhaben der Kultusministerien, **eine der Pandemieentwicklung angepasste Öffnung der Schulen** vorzunehmen und begrüßt, dass die Gesundheitsbehörden diese Entwicklung eng

Unterstützung für Vorhaben der Kultusministerien

begleiteten, um Fehlentwicklungen und Ansteckungssteigungen entgegenwirken zu können. Sein **Fazit** lautet: Die Öffnung sei der „richtige Weg“ (Z. 60) unter der Bedingung, dass „dies durch ein effektives Monitoring der Gesundheitsbehörden begleitet wird“ (Z. 60 f). Der Fachbegriff des „Monitoring“ signalisiert, dass er **wissenschaftliche Erkenntnisse** miteinbeziehen will, somit also keinen radikalen, sondern situationsangemessenen Ansatz verfolgen möchte. Den Absatz beschließt er mit dem **Appell:** „Das Recht auf Bildung muss für alle Kinder verwirklicht werden.“ (Z. 61 f.)

medizinisches Fachvokabular

Abschließend fordert Wrase dazu auf, die Politik anhand der getroffenen Maßnahmen zu bewerten, womit er den **Handlungsdruck auf die Verantwortlichen erhöhen** möchte: „Daran wird man die Politik messen müssen.“ (Z. 65) Er wiederholt seine Forderung, „sozial benachteiligte Schüler und diejenigen, die auf besondere pädagogische Unterstützung angewiesen sind“ (Z. 66 f.), ihr Menschenrecht auf Bildung durch Schulöffnung wieder zurückzugeben. Am Ende seines Kommentars führt Wrase die **Metapher der offenen „Bildungsschere“** (Z. 68 f) an. Der Leserschaft bleibt somit das anschauliche Alltagsbild einer geöffneten Schere im Kopf. Diese Schere steht als **Symbol für die Gefahr eines fortschreitenden Auseinanderklaffens der Bildungsniveaus**, auf die Wrase hinweisen möchte.

Erhöhen des Drucks auf Politik

metaphorische Ausdrucksweise

TEILAUFGABE 3

Maßnahmen gegen soziale Benachteiligung in Schulen:

Michael Wrase benennt mehrere Aspekte der Benachteiligung, die durch Fördermaßnahmen abwendbar wären. Beispielsweise haben nicht alle Schülerinnen und Schüler den **Zugang zu Computern oder Tablets**, was während der Pandemie einen großen Nachteil darstellt. Daher sollte jede Schule moderne Leihgeräte mit der nötigen Basissoftware vorrätig haben und diese **auf Nachfrage für die Heimnutzung ausleihen**, idealerweise zeitlich unbegrenzt für die Dauer der verbleibenden Schulzeit. Für die Wartung der Computer werden **IT-Experten** benötigt, hierfür bedarf es möglicherweise spezieller Schulungen der zuständigen Personen oder Kooperationen mit externen Institutionen. Die Erstanschaffung stellt einen erheblichen **Kostenfaktor** dar, den die Schule mit Spendenaufrufen, Verkaufsaktionen oder ähnlichen publikumswirksamem Aktivitäten verringern könnte. Die Ausgabe der Geräte ließe sich über das in der jeweiligen Schule bestehende **Ausleihsystem** für Bücher organisieren.

Verleihen von Laptops etc. an Schüler

Vorschläge zur Finanzierung

Ein weiteres Problem stellt der **Internet-Zugang** dar. Gerade während der Pandemie war es für einige Schülerinnen und Schüler schwierig, zuhause ohne WLAN-Empfang dem Distanzunterricht zu folgen oder rechtzeitig Arbeitsaufträge zu erhalten. Daher sollte es **in der**

Einrichtung von Arbeitsplätzen in Schulen

Schule entsprechende Arbeitsplätze mit WLAN-Zugang sowie Kopfhörern und Mikrofonen geben, die am Vormittag und Nachmittag von Schülerinnen und Schülern genutzt werden können. Je nach Jahrgangsstufe und Schulform ist im Vorfeld festzulegen, wie lange im Internet gesurft werden kann und welche Internet-Seiten möglicherweise gesperrt werden.

Bereitstellen von Lernmaterial

Michael Wrase beklagt auch den sich vergrößernden Leistungsrückstand. Um diesen auszugleichen, sollte die Schule **zusätzliches Lernmaterial mit Lösungsteil** anschaffen, sodass sich motivierte Schülerinnen und Schüler selbstständig um die Schließung von Lernlücken kümmern können. Dies ist beispielsweise gut möglich für das Fach Deutsch beim Lernen der korrekten Rechtschreibung und in Mathematik für den richtigen Einsatz von Rechenformeln. Je nach Fach sollten hier auch **unterschiedliche Lerntypen** angesprochen werden, um die Schülerinnen und Schüler zur Auseinandersetzung mit den Themen anzuregen. Denkbar wären themenbezogene **Online-Lernspiele** mit Erfolgsmessung oder **filmisch umgesetzte Tutorials**. Idealerweise reserviert die Stundenplanung auch **zusätzliche Nachhilfestunden** und richtet einen **Betreuungsdienst** ein, sodass die Schülerinnen und Schüler Ansprechpartner haben, sollten sie mehr Hilfe benötigen.

vielfältiges Lern- und Betreuungsangebot

zusätzliche Unterrichtsstunden

Die Bereitstellung von Personal, geeigneten Räumen sowie passendem Lehr- und Lernmaterial in ausreichender Menge wird problematisch sein. Daher könnte vorübergehend ein **Zusatzunterricht in den späten Nachmittagsstunden oder sogar an Samstagvormittagen** stattfinden – auf diese Weise stehen die nötigen Räume zur Verfügung. **Lehramtsstudenten** könnten für diese zusätzlichen Stunden eingesetzt werden. Eine Win-Win-Situation: Die Studierenden könnten auf diese Weise erste Berufserfahrungen sammeln.

Notbetreuung bei Schulschließung

Diese Betreuung wäre auch im Falle einer länger anhaltenden Distanzphase bei eigentlich geschlossener Schule wichtig für Schülerinnen und Schüler, die **zuhause keine optimalen Möglichkeiten zum Lernen** haben. Schule am Samstagvormittag könnte ihnen einen regelmäßigen festen zeitlichen Rahmen, einen voll funktionsfähigen Arbeitsplatz für Hausaufgaben sowie pädagogische Unterstützung bieten.

abschließender Appell

Die Umsetzung von Fördermaßnahmen hängt maßgeblich von den vorhandenen Ressourcen und dem **Engagement aller beteiligten Personen** ab. Soziale Benachteiligung in Schulen kann nur mit vereinten Kräften bekämpft werden!

Um Ihnen die Prüfung 2022 schnellstmöglich zur Verfügung stellen zu können, bringen wir sie in digitaler Form heraus.

Sobald die Original-Prüfungsaufgaben 2022 freigegeben sind, können sie als PDF auf der Plattform **MyStark** heruntergeladen werden (Zugangscode vgl. Farbseiten vorne im Buch).

Prüfung 2022

www.stark-verlag.de/mystark